国家骨干高职院校建设项目成果

会计电算化专业系列教材

会计综合实训

赵宝芳　主编

郎　琳　刘立戎　副主编

科学出版社

北京

内 容 简 介

本书是哈尔滨职业技术学院骨干院校建设项目会计电算化专业校企合作共同开发的特色教材。本书以仿真的会计工作任务为背景进行教学设计，由三个实训情境组成。实训情境一是新开办商贸企业会计业务处理，实训情境二是制造企业会计业务处理，实训情境三是商贸企业会计业务处理，每个实训情境均包括实训目标、实训任务、任务要求等内容。学生通过资讯、计划、决策、实施、检查与评价等步骤自主完成实训，实现所学专业课程的有机、立体、实践结合，为学生毕业后实现零距离上岗奠定基础。

本书可作为高职院校会计电算化、会计、财务管理、会计与审计等专业的会计综合实训用书，也可作为财会人员的培训用书及相关从业人员的自学参考书。

图书在版编目（CIP）数据

会计综合实训／赵宝芳主编 . —北京：科学出版社，2015.7
（国家骨干高职院校建设项目成果·会计电算化专业系列教材）
ISBN 978-7-03-045263-4

Ⅰ . ①会…　Ⅱ . ①赵…　Ⅲ . ①会计学−高等职业教育−教材
Ⅳ . ① F230

中国版本图书馆 CIP 数据核字（2015）第 174018 号

策划编辑：宋　丽
责任编辑：龚亚妮／责任校对：陶丽荣
责任印制：吕春珉／封面设计：东方人华平面设计部
版式设计：金舵手世纪

科 学 出 版 社 出版
北京东黄城根北街16号
邮政编码：100717
http://www.sciencep.com

天津翔远印刷有限公司 印刷

科学出版社发行　各地新华书店经销

*

2015年9月第 一 版　　开本：787×1092 1/16
2019年1月第五次印刷　　印张：37 3/4
字数：505 000

定价：95.00元

（如有印装质量问题，我社负责调换〈翔远〉）

销售部电话 010-62134988　编辑部电话 010-62135120-2027（VZ02）

哈尔滨职业技术学院会计电算化专业教材
编审委员会

本书编写人员

主　编　赵宝芳

副主编　郎　琳　刘立戎

编　委　陆涵燕　王　东

主　审　孙百鸣　田姝华

WRITTEN DESCRIPTION

编写说明

《国家中长期教育改革和发展规划纲要（2010—2020 年）》指出："职业教育要面向人人、面向社会，着力培养学生的职业道德、职业技能和就业创业能力。""把提高质量作为重点，以服务为宗旨，以就业为导向，推进教育教学改革。实行工学结合、校企合作、顶岗实习的人才培养模式。"教育部在《关于推进高等职业教育改革创新引领职业教育科学发展的若干意见》中提出，要深化工学结合、校企合作、顶岗实习的人才培养模式改革，实现专业与产业对接，教学内容与职业标准对接，教学过程与生产过程对接，学历证书与职业资格证书对接，职业教育与终身教育对接，校企合作共同开发专业课程和教学资源，推行项目导向、任务驱动等学做一体的教学模式等，对职业教育教学改革提出了新的更高的要求。

为深入贯彻落实《国家中长期教育改革和发展规划纲要（2010—2020 年）》及教育部《关于全面提高高等职业教育教学质量的若干意见》、教育部财政部《关于实施国家示范性高等职业院校建设计划加快高等职业教育改革与发展的意见》、教育部《关于推进高等职业教育改革创新引领职业教育科学发展的若干意见》等有关文件精神，有效促进高职高专院校转变教育教学理念，推进教育教学改革，加快专业和课程建设，提升专业办学质量，突出专业办学特色，交流先进的教育教学经验，展示国家骨干高职院校重点专业及核心课程改革成果，做好宣传推广与共享，由国家骨干高职院校哈尔滨职业技术学院与科学出版社联合策划了"国家骨干高职院校建设项目成果会计电算化专业系列教材"编写项目，组织编写了会计电算化专业核心课程教材 7 本，专业群共享教材 2 本，本系列教材的主要特色如下：

1. 更新理念，确定教材编写思路。本系列教材从高职高专教育的特点出发，按照高职高专教育"以服务为宗旨，以就业为导向，注重实践能力培养"的原则，更新教材开发理念，确定了以教育部会计类专业教学标准为参照，校企合作组建开发团队，融入最新会计制度，安排教材内容，创造仿真性教学环境，实施以学生为主体的行动导向教学等教材编写与使用思路，更加有利于会计类专业教学。

2. 校企合作，组建教材开发团队。9本书均由学校与企业会计人员组成开发团队，深入行业企业调研，找准会计类核心课程改革的关键节点，摸清会计职业对工作人员的知识、能力、素质要求，校企合作开发教材编写提纲和体例框架。

3. 对接标准，开发教材内容体系。对接教育部新修订的《高等职业学校专业教学标准（试行）》和《会计从业人员资格考试标准》，融入会计软件应用（用友平台）高级电算化员级职业资格考试内容，重新构建学习情境与任务驱动相结合的教材体系，突出学生会计职业能力培养，实现教学内容的针对性和实用性，使岗、证、课深度融合，学生可考取会计从业资格证书、会计电算化证书、ERP工程师证书，提高会计职业能力。

4. 工学结合，突出会计职业能力培养。本系列教材以企业会计工作过程为导向开发具体教学内容，对接会计岗位工作过程安排教学过程，对会计的典型工作任务设计学习性工作任务，构建仿真的会计职业环境，对每个特定的任务采用直观生动的软件画面、清晰的操作步骤说明和典型的应用实例，指导学习者去完成学习任务，工学有机结合，有效培养学生的会计职业能力。

本系列教材完全摆脱了传统教材编写和使用模式，按照工作过程导向和任务驱动方式进行开发，归纳提炼了典型工作任务，设计了学习情境描述、任务单、资讯单、计划单、决策单等组成的教材体例框架，实施过程中以分组方式组织教学，采用引导文教学法、行动导向教学法、头脑风暴教学法等先进的教学方法，让学生在做中学、学中练，实现会计电算化专业工学真正结合，强化学生会计应用能力培养。

在本系列教材的编写过程中，行业企业及黑龙江省高职高专财经类专业教学指导委员会对本系列教材体系构架和教材编写模式确定及部分课程教材编写大纲论证提出了很好的建议，同时本书也参考了相关的教材和资料，对此我们表示衷心的感谢！

本系列教材适合于高等职业院校会计类专业工作过程导向课程改革使用，由于实践周期短，缺点在所难免，仅以此系列教材为国家示范性高职院校和国家骨干高职院校建设贡献应有的力量。

哈尔滨职业技术学院国家骨干高职院校会计电算化专业教材编审委员会

2014年6月

PREFACE

"会计综合实训"课程是会计电算化、会计、会计与审计、财务管理等专业职业岗位能力核心课，是专业课程体系中的实践总结性课程，实现了与会计课程有机、立体、实践的结合。为落实财政部《会计行业中长期人才发展规划（2010—2020年）》会计人才教育规划目标，必须以校企合作、工学结合为主抓手，不失时机地推进会计教育教学改革。为此，我们组织企业会计人员和双师型骨干会计教师共同参与课程改革，共同编写了与企业会计实际工作一致、高度仿真的《会计综合实训》，以利于学生自主学习、独立操作。本书具有如下特点：

一是拓展了实训业务范围，增加了教学自主性。本书的实训主体涉及多个行业与领域，既有制造企业的会计业务处理又有商贸企业的会计业务处理；既包括新开办企业筹建等会计业务内容，又包括成熟企业的会计业务核算内容。因此，在教学中教师和学生可根据学生的具体情况选择学习内容和组织教学，实现必修和选修相结合，从而增强学生学习的自主性，充分发挥教师的场外"教练"指导作用。

二是以"实训情境"为导向，以"工作任务"为核心，增加了职业实训的内容。实训不再是对会计资料的感性认识，而是加入了提升学生思考、创造性思维与创新意识的内容，通过咨询、计划、决策、实施、评价等教学环节，培养学生分析问题、解决问题的能力。

三是增加了会计职业道德教育、诚信教育、法制教育的内容，方便对学生的实训情况进行考核评价。以往的实训中，许多教师都提到了提高学生的团队精神、职业态度和办事能力，但具体考核时却因缺少此方面的内容而不知从何着手。本教材对项目实训考核进行了细化，便于对学生团队精神、职业态度和办事能力的综合考核。

四是教学模式创新，利于实现教学目标。"仿真性环境、真实性业务，与时俱进、图文并茂地体现会计工作客观实际"的教学模式,将"企业搬进课堂",解决了学校为学生找实习单位难的问题。通过模拟仿真,改变教学方式和教学方法,缩短了理论与实践的距离。

本书由哈尔滨职业技术学院赵宝芳任主编,哈尔滨职业技术学院郎琳、刘立戎任副主编,哈尔滨职业技术学院陆涵燕和王东参加了编写,哈尔滨职业技术学院孙百鸣、黑龙江新基石会计师事务所田姝华任主审。全书由三个实训情境组成,实训情境一由刘立戎和郎琳编写,实训情境二由赵宝芳和王东编写,实训情境三由陆涵燕和赵宝芳编写,最后由赵宝芳总纂定稿。

在本书的编写过程中,得到了哈尔滨职业技术学院领导、老师以及企业会计人员的大力支持,并参阅了许多同类教材,在此对相关教材的作者一并表示感谢。

本书是对"情境导向,任务驱动"教学模式的一次尝试,由于时间和水平所限,书中错误在所难免,敬请各位同仁和广大读者批评指正。

编　者

2014 年 11 月

CONTENTS

目　录

实训情境一

新开办商贸企业会计业务处理

➤ 熟悉企业筹建过程中企业设立登记、开立账户、纳税登记等工作内容及申报所需的相关资料。

➤ 能完成小规模纳税人转为一般纳税人（辅导期）的业务办理。

➤ 能完成辅导期一般纳税人转正的业务办理。

➤ 能运用所学理论、知识和技能分析和解决新开办商贸企业会计工作中遇到的具体问题，能进行有效的计划、组织、实施、归纳和总结。

➤ 通过实训，能表现出良好的职业道德、较强的责任意识，以及有效的沟通和协调能力，能有效发挥和利用团队的合作力。

➤ 完成企业筹建：根据给定的企业资料完成企业的设立登记、开户、纳税登记、注册等工作。

➤ 完成小规模纳税人的业务处理：根据企业情境资料，完成小规模纳税人的会计业务处理及纳税申报工作。

➤ 完成辅导期一般纳税人的业务处理：根据企业情境资料，完成辅导期及一般纳税人转正的业务处理及纳税申报。

公民王新年（身份证号码：23100119660606123×，签发机关：哈尔滨市公安局南岗分局）出资 102 万元、李北（身份证号码：23100119730606123×，签发机关：哈尔滨市公安局南岗分局）出资 98 万元，二人拟共同注册成立哈尔滨冰城经贸实业有限公司，主要经营家用电器、计算机及耗材、制冷设备及空调的批发及零售。二人已共同起草公司章程，出资已存入银行并收到黑龙江新基石会计师事务所验资报告。同时，二人在哈尔滨南岗区哈西新区中兴大道 123 号租入办公用房 10 间，现委托拟任的会计人员李玉为其完成公司设立登记、开立银行账户、税务登记及申报、会计核算等相关会计工作。

任 务 单

学习领域	会计综合实训		
实训情境一	新开办商贸企业会计业务处理	学　时	24
布置任务			
实训目标	1. 体验会计职业环境，熟悉新设立企业的会计工作内容及流程，具备完成新设立企业会计工作的能力； 2. 能运用所学理论、知识和技能完成企业设立登记、银行开户、税务登记、纳税申报、会计核算等具体工作； 3. 通过实训，能有效提升学生的综合职业能力。		
任务描述	根据信息单中企业情境资料及信息单有关内容，完成以下任务： 1. 哈尔滨冰城经贸实业有限公司筹建设立的相关工作； 2. 一般纳税人辅导期的会计业务处理； 3. 一般纳税人辅导期转正的会计业务处理。		
学时安排	资讯 6 学时　｜　计划 2 学时　｜　决策 2 学时　｜　实施 12 学时　｜　检查 1 学时　｜　评价 1 学时		
提供资料	1. 企业名称预先核准通知书； 2. 全体股东共同委托代理人名称； 3. 哈尔滨冰城经贸实业有限公司章程； 4. 黑龙江新基石会计师事务所验资报告； 5. 房屋租赁合同； 6. 开立单位银行结算账户申请表； 7. 税务登记表； 8. 增值税一般纳税人认定审批登记表； 9. 辅导期一般纳税人建议转正实地调查工作底稿； 10. 受理文书回执单； 11. 增值税一般纳税人认定申请书； 12. 相关业务办理的原始凭证； 13. 增值税纳税申报表。		

学习领域	会计综合实训		
实训情境一	新开办商贸企业会计业务处理	学　时	24

布置任务	
对学生的要求	1. 实训前要求： （1）预习并熟悉实训情境一的内容、任务及要求。 （2）学生预分组及预分工。学生每四人一组，要求性别、性格、爱好、学习能力均不同，并选出小组负责人。 （3）完成咨询，并形成书面记录。 2. 实训要求： （1）具有一定的工商、税务、会计等方面的专业知识和技能，团队合作完成企业筹建、小规模纳税人、辅导期一般纳税人及转正的会计业务处理及纳税申报工作。 （2）具有良好的职业道德和工作习惯。工作认真、一丝不苟、诚实守信、严谨、无抄袭、不偷工减料、无旷工、不迟到、不早退，不中途离开现场，不做与工作无关的事情，时间观念强且工作不拖拉。 （3）具有一定的办事能力和团队合作精神，能准确表述需求并相互帮助，能借助团队和他人的力量完成实训任务或帮助他人完成实训任务。 （4）具有敬业精神，工作有始有终，能正确面对困难和曲折，保持良好的工作环境，高质量地完成各项工作。 （5）按要求完成实训任务。 3. 实训后要求： 按实训要求在规定的时间内完成实训任务并上交实训资料（包括资讯单、计划单、决策单、实施单、填写的各种申报表、编制的记账凭证等）。每小组上交一套。

资　讯　单

学习领域	会计综合实训		
实训情境一	新开办商贸企业会计业务处理	学　时	24
资讯方式	在实训室利用互联网、实训教材、实训指导书及信息单查询问题；咨询任课教师。		
资讯问题	1. 企业筹建包括哪些内容？ 2. 企业筹建的业务流程是什么？ 3. 企业筹建需要提供哪些资料？ 4. 企业如何办理税务登记？需要提供哪些资料？ 5. 企业如何办理银行开户？应提供哪些资料？ 6. 新开设企业申购发票需要提交哪些资料？ 7. 一般纳税人的申请需提交哪些资料？常规业务有哪些？如何进行纳税申报？ 8. 辅导期纳税人转正需提交哪些资料？ 9. 纳税人无应税收入是否也要进行纳税申报？		
资讯引导	问题的解答可参考下列资讯引导： 1. 实训情境一中的任务单、信息单、实训情境描述； 2.《企业设立及会计相关业务》，王爱国、侯君邦、韩志刚主编，高等教育出版社，2011； 3.《会计岗位综合实训》，隋秀娟、何丽、徐晓静主编，上海财经大学出版社，2010； 4.《会计模拟综合实验教程》（第 2 版）樊彩霞、刘欣华主编，中国纺织出版社，2009； 5.《中华人民共和国增值税暂行条例实施细则》，中华人民共和国财政部、国家税务总局令（50 号），2008； 6.《增值税一般纳税人资格认定管理办法》，国家税务总局令（22 号），2010； 7.《关于印发〈增值税一般纳税人纳税辅导期管理办法〉的通知》，国家税务总局（40 号），2010；		

学习领域	会计综合实训		
实训情境一	新开办商贸企业会计业务处理	学　时	24
资讯引导	8. 《中华人民共和国税收征收管理法实施细则》，中华人民共和国国务院令（628 号），2012； 9. 《关于印发〈营业税改征增值税试点有关企业会计处理规定〉的通知》，财政部（13 号），2012； 10. "中华人民共和国国家工商行政管理总局" 网站 (http://www.saic.gov.cn)； 11. "黑龙江省工商行政管理局" 网站 (http://www.hljaic.gov.cn)； 12. "黑龙江省国家税务局" 网站 (http://221.212.153.203/tax/ww/index.html)； 13. "黑龙江省地方税务局" 网站 (http://www.hljtax.gov.cn/wwqt/index.html)； 14. "哈尔滨市国家税务局" 网站 (http://221.212.153.203/tax/ww/col/col200950/col200950.html)； 15. "哈尔滨市地方税务局" 网站 (http://www.hrbtax.gov.cn)。		

信 息 单

【任务导入】

1.1　拟设立公司的基本信息及相关资料

拟设企业名称：哈尔滨冰城经贸实业有限公司

注册地址：哈尔滨市南岗区哈西大街中兴大道 123 号

法定代表人：王新年

注册资金：200 万元

联系电话：0451-88667799

企业类型：有限责任公司

经营范围：批发与零售：家用电器、计算机及耗材、空调及制冷设备

临时专用存款银行账号：012314725836111

基本存款账户：012314725836222

开户银行：中国工商银行哈尔滨市南岗支行

拟定经营期限：2014 年 1 月 1 日至 2023 年 12 月 31 日

从业人数：10 人

邮编：150011

1.2　企业设立过程中涉及的相关业务资料

1.2.1　拟设立企业名称相关信息

拟设立企业的名称为哈尔滨冰城经贸实业有限公司，备选名称有 3 个，分别是哈尔滨冰城经贸有限公司、哈尔滨冰花经贸有限公司、哈尔滨冰花经贸实业有限公司。企业名称预先核准申请书见表 1-1。

表 1-1　企业　　　　核准申请书

申请企业名称				
备选企业名称 （请选用不同的字号）	1.			
	2.			
	3.			
经营范围				
	（只需填写与企业名称行业表述一致的主要业务项目）			
注册资本（金）				
企业类型				
住所地				
投　资　人				
姓名或名称	证照号码		投资额（万元）	投资比例

（投资人写不下的，可另备页面载明并签名盖章）

1.2.2　股东委托代理信息

全体股东共同委托杨刚（性别：男）办理企业名称设立工作。杨刚手机号为15645156789，固话为 0451-88665544，身份证号为 231011197102031234，发证机关为哈尔滨市公安局南岗分局，地址为哈尔滨市南岗区哈双路 123 号，身份证有效期限为2007.01.01～长期，填表日期为 2014 年 1 月 2 日，委托日期为 2014 年 1 月 1 日至 2014年 6 月 30 日。委托事项及其权限有：办理企业名称的设立等、同意核对登记材料中复印件并签署核对意见、同意修改自备文件错误、同意修改有关表格的填写错误、同意领取营业执照和有关文书。全体股东共同委托代理证明见表 1-2。

表 1-2　　定代表　者共同委托代理人的证明

<table>
<tr><td colspan="2">指定代表或者共同委托代理人的证明</td></tr>
<tr><td colspan="2">申请人：＿＿＿＿＿＿＿＿＿＿＿＿＿＿＿＿＿＿＿＿＿＿＿＿＿＿＿＿＿＿＿＿＿＿＿</td></tr>
<tr><td colspan="2">指定代表或者委托代理人：＿＿＿＿＿＿＿＿＿＿＿＿＿＿＿＿＿＿＿＿＿＿＿＿＿</td></tr>
<tr><td colspan="2">委托事项及权限：</td></tr>
<tr><td colspan="2">1. 办理＿＿＿＿＿＿＿企业名称的设立□变更□注销□备案＿＿＿＿手续。</td></tr>
<tr><td colspan="2">2. 同意□不同意□核对登记材料中复印件并签署核对意见。</td></tr>
<tr><td colspan="2">3. 同意□不同意□修改自备文件错误。</td></tr>
<tr><td colspan="2">4. 同意□不同意□修改有关表格的填写错误。</td></tr>
<tr><td colspan="2">5. 同意□不同意□领取营业执照和有关文书。</td></tr>
<tr><td colspan="2">指定或者委托的有效期限：　　年　月　日至　　　年　月　日</td></tr>
<tr><td rowspan="3">指定代表或委托代理人联系电话</td><td>签字：</td></tr>
<tr><td>固定电话：</td></tr>
<tr><td>移动电话：</td></tr>
</table>

姓　名	**杨　刚**		
性　别	**男**	民族	**汉**
出　生	1971 年 2 月 3 日		
地　址	哈尔滨市南岗区哈双路123号		
公民身份证号码	231011197102031234		

申请人盖章或签字：
年　月　日

注：手工填写表格和签字请使用黑色或蓝黑色钢笔、毛笔或签字笔，请勿使用圆珠笔。

1.2.3　哈尔滨冰城经贸实业有限公司章程（见表 1-3）

表 1-3　哈尔滨冰城经贸实业有限公司

哈尔滨冰城经贸实业有限公司
第一章　总　则

第一条　为了适应建立现代企业制度的需要，规范本公司的组织和行为，保护公司、股东及职工的合法权益，根据《中华人民共和国公司法》、《公司登记管理条例》制定本章程。

第二条　本公司（以下统称"公司"）依据法律、法规和本章程，在国家宏观政策指导下，依法开展经营活动。

第三条　公司的宗旨……

第四条　……

第二章　公司的名称和住所

第五条　公司名称：哈尔滨冰城经贸实业有限公司。

第六条　公司地址：哈尔滨市南岗区哈西大街中兴大道 123 号。

第七条　公司的经营场所：哈尔滨市南岗区哈西大街中兴大道 123 号。

第三章　公司的经营范围和经营期限

第八条　公司的经营范围：……

第九条　公司的经营期限：……

第四章　公司注册资本

第十条　公司股东出资额为人民币 200 万元。

第十一条　　公司的注册资本为人民币 200 万元。

第五章　股东姓名

第十二条　　公司由以下股东出资设立：王新年、李北。

第十三条　　各股东出资情况：

出资股东	出资金额（万元）	出资比例（%）
王新年	102	51
李　北	98	49
合　计	200	100

第十四条　　公司股东人数符合《中华人民共和国公司法》的规定。

第六章　股东的权利和义务

第十五条　　公司的股东，均依法享有下列权利：

（一）分配红利。

（二）优先购买其他股东转让的出资。

……

第十六条　　公司股东承担下列义务：

（一）遵守本章程，执行董事会的决定。

……

第十七条　　公司设置股东名册，记载下列事项：

（一）股东的名称、住所、出资方式、出资额。

（二）登记为股东的日期。

（三）其他有关事项。

第七章　股东出资方式

第十八条　　……

第十九条　　……

第二十条　　……

第二十一条　……

第八章　股东转让出资的条件

第二十二条　……

第二十三条　……

第九章　公司的机构及其产生办法、职权和议事规则

第二十四条　……

第二十五条　……

第二十六条　……

第二十七条　……

第二十八条　……

第十章　公司的法定代表人

第二十九条　董事长为公司的法定代表人。

第三十条　　董事长由董事会产生和更换。

第三十一条　董事长行使下列职权。

……

第十一章　经营管理

第三十二条　……

第三十三条　……

第三十四条　……

第十二章　劳动人事管理

第三十五条　……

第三十六条　……

第三十七条　……

实训情境 一

新开办商贸企业会计业务处理

第十三章　公司利润分配和财务会计

第十四章　公司利润分配和财务会计

第十五章　公司的解散事由与清算方法

第十六章　股东认为需要规定的其他事项

第十七章　附则

股东签名（签字）王新年　　李北　　　　　　　　　　　　（签字并按手印）

2014 年 1 月 1 日

1.2.4　公司股东会关于审议公司章程、选举执行董事和监事的会议决议（见表 1-4）

表 1-4　公司股东会关于审议公司　　、　　　行　事和　事的会议决议

哈尔滨冰城经贸实业有限公司股东决议

一、会议时间：2013 年 12 月 31 日。

二、会计地点：101 办公室。

三、会议决议：

1. 经全体股东讨论，一致同意设立公司，并通过本公司章程。

2. 会议一致选举王新年为公司的执行董事兼经理，为公司的法定代表人。

3. 会议一致选举刘伟为公司监事。

4. 公司股东已对以上人员的任职资格进行了审查，符合《中华人民共和国公司法》及其他法律法规的规定。

哈尔滨冰城经贸实业有限公司　王新年、李北

2013 年 12 月 31 日

1.2.5 租赁合同及房屋产权证

租赁合同见表 1-5 所示，房屋产权证略。

表 1-5 房屋租赁合同

房屋租赁合同

出租方（以下简称甲方）：哈尔滨远大房屋开发有限公司

承租方（以下简称乙方）：哈尔滨冰城经贸实业有限公司

根据《中华人民共和国合同法》及相关法律法规的规定，在平等、自愿的基础上，甲方将房屋出租给乙方使用，乙方承租甲方房屋，为明确双方权利义务，经协商一致订立本合同。

第一条　甲方保证所出租的房屋符合国家对赁赁房屋的有关规定。

第二条　甲方提供租赁房屋的相关情况说明：

1. 甲方出租给乙方的房屋位于哈尔滨南岗区中兴大道 123 号 G5 号楼的 101～110 室，共 10 间房屋，出租给乙方用于办公及生产经营。

2. 该房屋的装修、设施及设备情况见合同附件。合同附件是双方交付房屋的依据。

3. 甲方应提供房产证、营业执照、总经理和经办人的身份证、房屋租赁批复相关文件。乙方提供总经理和经办人的身份证及承租房屋的批复相关文件。双方验证后并将复印件留存对方备案。

第三条　房屋租赁期限及用途：

1. 该房屋的租赁期 3 年，期限自 2013 年 12 月 22 日至 2016 年 12 月 21 日。

2. 乙方承租的房屋只能用于居住，其结构只能围绕居住做简单的改动或装修，并于租赁期满时恢复原装修。

3. 租赁期满时，若续租需提前两个月书面通知甲方，经甲方同意后，就有关事宜达成一致重新签订合同。

第四条　租金及支付方式。每间房屋的月租金是 5 000 元，年租金是 60 000 元，共计 10 间，总面积 2 000 平方米。月租金总额为大写人民币伍万元整，年租金总额为陆拾万元整。租金按月支付，于每月末前支付，否则将按日收取 5% 的滞纳金、没收房屋维修保证金并收回房屋。签订租赁合同日支付房屋维修保证金 10 万元。

第五条　合同生效时间。本合同自双方签章后生效，合同共两份双方各持一份，具有同等法律效力。

第六条　其他。除上述合同条款外，如有未尽事宜，需双方在遵守合同法的基础上，相互协商解决，如未能解决，通过仲裁机构解决。

甲方：哈尔滨远大房屋开发有限公司　　　　乙方：哈尔滨冰城经贸实业有限公司

签约代表：王长林印　　　　　　　　　　　签约代表：王新年印

签约日期：2013 年 12 月 23 日　　　　　　签约日期：2013 年 12 月 23 日

签约地点：哈尔滨远大房屋开发有限公司　　签约地点：哈尔滨远大房屋开发有限公司

1.2.6 股东身份证原件及复印件（见图 1-1 和图 1-2）

姓　名	王新年		
性　别	男	民　族	汉
出　生	1966 年 6 月 6 日		
地　址	哈尔滨市南岗区哈双路 123 号		
公民身份证号码	23100119660606123x		

图 1-1　王新年身份证复印件

姓　名	李北		
性　别	男	民　族	汉
出　生	1973 年 6 月 6 日		
地　址	哈尔滨市南岗区哈双路 123 号		
公民身份证号码	23100119730606123x		

图 1-2　李北身份证复印件

1.2.7 银行询证函、验资报告及实收资本明细（见表1-6～表1-9）

表1-6 银行 证

银行 证

中国工商银行哈尔滨南岗支行：

本公司（筹）聘请的黑龙江新基石会计师事务所正在对本公司（筹）注册资本的实收情况进行审验。按照国家法规的相关规定和中国注册会计师审计准则的相关规定，应发询证本公司（筹）投资者（股东）向贵行缴出存的出资额。下列数据及事项与贵行记录相符，请在本函下端"数据及事项证明无误处"签章证明。如有不符，请在"列明不符事项"处列明不符事项。有关询证函费用可直接从本公司（筹）存款账户中收取。回函直接寄至黑龙江新基石会计师事务所田姝伟收。

地址：哈尔滨南岗区东大直街200号

邮编：150010，电话：0451-87878787　　　　传真：0451-87878787

截至2014年1月3日，本公司（筹）投资者（股东）缴入的出资额列示如下：

缴款人	缴入日期	银行账号	币种	金额	款项用途	备注
王新年	2013.12.25	012314725836111	人民币	102万元	投资款	
李北	2013.12.25	012314725836111	人民币	98万元	投资款	
合计金额（大写）						

公司（筹）

法定代表人或委托代理人：（签章）田姝伟

2014年1月2日

结论：1. 数据及事项证明无误

　　　2014年1月2日　　　　　　　　经办人：崔海印　　　　　银行盖章

2. 如果不符请列明不符事项

　　　年　月　日　　　　　　　经办人　　　　银行盖章

表1-7 验资报告

验资报告

哈尔滨冰城经贸实业有限公司（筹）：

我们接受委托，审验了贵公司（筹）截至2014年1月1日申请设立登记的注册资本实收情况。按照法律法规及协议、章程的要求出资，提供真实、合法、完整的验资资料，保护资产的安全、完整是全体股东及贵公司（筹）的责任。我们的责任是对贵公司（筹）注册资本的收受情况发表审验意见。我们的审验是依据《中国注册会计师审计准则第1602号–验资》进行的，在验证过程中，我们结合贵公司（筹）的实际情况，实施了检查等必要的审验程序。

根据协议、章程的规定，贵公司（筹）申请登记的注册资本为人民币200万元，由全体股东于2013年12月25日一次缴足。经我们审验，截至2014年1月1日，贵公司（筹）已收到全体股东缴纳的注册资本合计人民币200万元。各股东全部以货币出资。

本验资报告供贵公司申请办理设立登记及据以向全体股东签发出资证明时使用，不应被视为是对贵公司验资报告日后资本保全、偿债能力和持续经营能力的保证，因使用不当造成的后果，与执行本验资业务的注册会计师及本会计师事务所无关。

附件：1. 注册资本实收情况明细表。

　　　2. 验资事项说明。

黑龙江新基石会计师事务所　　　　　　　中国注册会计师：李琳萍

地址：哈尔滨南岗区东大直街200号　　　报告日期：2014年1月2日　赵美美

表 1-8　注册资本实收情况明细表

截至 2014 年 1 月 1 日

被审验单位名称：哈尔滨冰城经贸实业有限公司

货币单位：人民币万元

股东名称	认缴注册资本		实际出资情况						其中	
	金额	出资比例（%）	货币	实物	知识产权	土地使用权	合计	金额	占注册资本总额比例（%）
王新年	102	51	102				102	102	51
李　北	98	49	98				98	98	49
合　计	200	100	200				200	200	100

黑龙江新基石会计师事务所　　　　　　　　　中国注册会计师

黑龙江省哈尔滨市　　　　　　　　　　　　电话：0451－88667788
　　　　　　　　　　　　　　　　　　　　传真：0451－88667788

表 1-9　验资事项说明

验资事项说明

一、组建及审批情况

拟设立哈尔滨冰城实业经贸有限公司，经哈尔滨南岗区工商行政管理局核发的（哈）名称核准 [私] 字 [2014] 第 667 号《企业名称预先核准通知书》核准，由王新年（以下简称甲方）和李北（以下简称乙方）共同出资，现正在办理工商注册登记。

二、注册资本及出资规定

根据哈尔滨冰城实业经贸有限责任公司合同、协议章程的规定，哈尔滨冰城实业经贸有限责任公司的注册资本为 200 万元，由甲乙双方公别于 2014 年 1 月 1 日前缴足。甲方应出资 102 万元，占注册资本的 51%，出资币种为人民币，全部为货币资金；乙方应出资 98 万元，占注册资本的 49%，出资币种为人民币，全部为货币资金。

三、实际出资情况

（一）王新年实际缴纳出资人民币 102 万元，货币出资 102 万元，于 2013 年 12 月 25 日存入贵公司在中国工商银行哈尔滨南岗支行开立的人民币临时存款账户 012314725836111 账号内。

（二）李北实际缴纳出资人民币 98 万元，货币出资 98 万元，于 2013 年 12 月 25 日存入贵公司在中国工商银行哈尔滨南岗支行开立的人民币临时存款账户 012314725836111 账号内。

（三）截至 2014 年 1 月 1 日，贵公司已收到全体股东缴纳的注册资本合计人民币 200 万元，实收资本占注册资本的比例为 100%。符合公司法有关全体股东的货币出资金额不得低于有限责任公司注册资本的 30% 的规定事项的说明。

四、其他

无

1.2.8　企业名称预先核准通知书（见表 1-10）

表 1-10　企业　　　　　核准通知书

企业名称预先核准通知书

（哈）名称预核私字 [2014] 第 101 号

根据《企业名称登记管理规定》和《企业名称登记管理实施办法》及有关法律行政法规规定，准予预先核准下列由 2 个投资人出资，注册资本（金）200 万元（人民币），住所设在哈尔滨市南岗区哈西大街中兴大道 123 号的企业名称为：

哈尔滨冰城经贸实业有限公司

投资人名称及投资额、投资比例：

投资人名称	投资额（万元）	投资比例
王新年	102	51%
李北	98	49%

该预先核准的企业名称保留至 2014 年 7 月 25 日。保留期内，不得用于经营活动，不得转让。经企业登记机关设立登记，颁发营业执照，企业名称正式生效。

哈尔滨市工商行政管理局

核准日期：2014 年 1 月 2 日

注：

1. 本通知书在保留期满后自动失效。有正当理由，在保留期内未完成企业设立登记，需延长保留期的，全体投资人应在保留期届满前 1 个月内申请延期。延长的保留期不超过 6 个月。

2. 企业设立登记时，应将本通知书提交登记机关，存入企业档案。

3. 企业设立登记时，有关事项与本通知书不一致的，登记机关不得以本通知书核准的企业名称登记。

4. 企业名称涉及法律、行政法规规定必须报经审批，未能提交审批文件的，登记机关不得以通知书预先核准的企业名称登记。

5. 企业名称核准与企业登记不在同一机关办理的，登记机关应当自企业登记之日起 30 日内，将加盖登记机关印章的该企业营业执照复印件，报送名称预先核准机关备案，未备案的，企业名称不受保护。

1.2.9 企业法定代表人信息、公司设立登记申请表

申请设立登记时间是 2015 年 1 月 2 日，申请营业执照副本数量是 2 本，营业期限是 10 年，企业法人、营业执照及相关信息见表 1-11 ～表 1-14。

表 1-11 法定代表人 息

姓名	王新年	联系电话	15945166666
职务	董事长兼总经理	任免机构	出资人
证件类型	身份证		
证件号码	23100119660606123×		

姓　名 **王新年**
性　别 **男** 民族 **汉**
出　生 **1966** 年 **6** 月 **6** 日
地　址 **哈尔滨市南岗区哈双路123号**
公民身份证号码 23100119660606123x

（身份证件复印件粘贴处）此复印件与原件一致

法定代表人签字： 2014 年 1 月 1 日

以上法定代表人信息真实有效，身份证件与原件一致，符合《中华人民共和国公司法》、《企业法人法定代表人登记管理规定》关于法定代表人任职资格的有关规定，谨此对真实性承担责任。

2014 年 1 月 1 日

注：依照《中华人民共和国公司法》、公司章程的规定程序，出资人、股东会确定法定代表人的，由二分之一以上出资人、股东签署；董事会确定法定代表人的，由二分之一以上董事签署。

表 1-12 公司设 记申请表

名 称				
名称预先核准通知文书号			联系电话	
住 所			邮政编码	
法定代表人姓名			职 务	
注册资本			公司类型	
实收资本			设立方式	
经营项目				
营业期限	长期 / _____10 年		申请副本数量	2 本

法定代表人签字：
2014 年 01 月 02 日
年王印新

注：1. 手工填写表格和签字请使用黑色或蓝黑色钢笔、毛笔或签字笔，请勿使用圆珠笔。

2. 公司类型应当填写"有限责任公司"或"股份有限公司"。其中，国有独资公司应当填写"有限责任公司（国有独资）"；一人有限责任公司应当注明"有限责任公司（自然人独资）"或"有限责任公司（法人独资）"。

3. 股份有限公司在"设立方式"栏选择填写"发起设立"或"募集设立"。

4. 营业期限：选择"长期"或者"××年"。

表 1-13 营业

企业法人营业执照

注册号 230001123123123

名 称 哈尔滨冰城经贸实业有限公司

住 所 哈尔滨市南岗区哈西大街中兴大道 123 号

法定代表人姓名 王新年 注册资本 贰佰万元整

公 司 类 型 有限责任公司 实收资本 贰佰万元整

经 营 范 围 经营家用电器、计算机及耗材、制冷设备及空调（以上均不包含国家法律法规及国务院规定的前置审批和禁止、限制经营项目）

成 立 日 期 2014 年 1 月 5 日

营 业 期 限 自 2014 年 1 月 1 日至 2023 年 12 月 31 日 贰零壹肆年壹月贰日

表 1-14　企业法人营业　　（　本）

企业法人营业执照	说　明
（副　本） 注册号 230001123123123 名　　称　哈尔滨冰城经贸实业有限公司 住　　所　哈尔滨市南岗区哈西大街中兴大道 123 号 法定代表人姓名　王新年 沣　册　帑　本　贰佰万元幣 注　册　资　本　贰佰万元整 公　司　类　型　有限责任公司 经　营　范　围　经营家用电器、计算机及耗材、制冷 设备及空调 (以上均不包含国家法 律法规及国务院规定的前置审批和 禁止、限制经营项目) 成立日期　2014 年 1 月 5 日 营业期限　自 2014 年 1 月 1 日至 2023 年 12 月 31 日 年检提示：每后 1 月 1 日至 4 月 30 日，逾期未检， 　　　　　失去经营资格。3 月 15 日前报送年检资 　　　　　料，逾期罚款。	1.《企业法人营业执照》是企业取得企业法人资格和合法经营的凭证。 2.《企业法人营业执照》分正本和副本，具有同等法律效力，营业执照正本应放在企业法人住所醒目的位置，企业法人可以根据业务需要，向登记机关申请若干副本。 3. 营业执照副本不得伪造、涂改、出租、出借、转让。除登记机关外，其他任何单位和个人均不得扣留、收缴和吊销。 4. 企业法人应在核准登记的经营范围内从事经营活动。 5. 企业法人登记注册事项发生变化时，应向原登记机关申请变更登记。 6. 每年一月一日至四月三十日，登记机关对企业法人进行年度年检。 7. 企业注销登记时，应交回营业执照正、副本。营业执照被吊销后即自行失效。 企业法人年检情况 登记机关 贰零壹肆年壹月贰日

1.2.10　申领组织机构代码证基本信息登记表、组织机构代码证及其副本（见表 1-15 和表 1-16）

表 1-15　　　机构代　证正本

中华人民共和国 组织机构代码证	说　明
代　码　2 3 1 0 0 1 5 7-7 机构名称　哈尔滨冰城经贸实业有限公司 机构类型　企业法人 地　　址　哈尔滨市南岗区哈西大街中兴大道 123 号 有 效 期　2014 年 1 月 1 日至 2023 年 12 月 31 日 颁发单位　哈尔滨市质量技术监督局 登 记 号　组代管 230100-015040	1. 中华人民共和国组织机构代码是组织机构在中华人民共和国境内唯一的、始终不变的法定代码标识，《中华人民共和国组织机构代码证》是组织机构法定代码标识的凭证，分正本和副本。 2.《中华人民共和国组织机构代码证》不得出租、出借、冒用、转让、伪造、变造、非法买卖。 3.《中华人民共和国组织机构代码证》登记项目发生变化时，应向发证机关申请变更登记。 4. 各组织机构应当按有关规定，接受发证机关的年度检验。 5. 组织机构依法注销、撤销时，应向原发证机关办理注销登记，并交回全部代码证。 中华人民 共和国　　国家质量监督检验检疫总局签发 年　检　记　录

No 2013 1234567

表 1-16　　机构代证本

<table>
<tr><td colspan="2">

中华人民共和国
组织机构代码证
（副本）

代码 2 3 1 0 0 1 5 7-7

机构名称　哈尔滨冰城经贸实业有限公司

机构类型　企业法人

地　　址　哈尔滨市南岗区哈西大街中兴大道 123 号

有效期　2014 年 1 月 1 日至 2023 年 12 月 31 日

颁发单位　哈尔滨市质量技术监督局

登记号　组代管 230100-015040
</td>
<td>

说　明

　　1. 中华人民共和国组织机构代码是组织机构在中华人民共和国境内唯一的、始终不变的法定代码标识，《中华人民共和国组织机构代码证》是组织机构法定代码标识的凭证，分正本和副本。

　　2.《中华人民共和国组织机构代码证》不得出租、出借、冒用、转让、伪造、变造、非法买卖。

　　3.《中华人民共和国组织机构代码证》登记项目发生变化时，应向发证机关申请变更登记。

　　4. 各组织机构应当按有关规定，接受发证机关的年度检验。

　　5. 组织机构依法注销、撤销时，应向原发证机关办理注销登记，并交回全部代码证。

中华人民
共 和 国　　国家质量监督检验检疫总局签发

年 检 记 录

年　月　日	年　月　日	年　月　日	年　月　日

No 2013 1234567
</td></tr>
</table>

1.2.11　公司设立税务登记表

按以下信息填写税务登记表（见表 1-17）：企业开业日期为 2014 年 1 月 15 日，执行小企业会计准则，办税员李玉身份证号码为 231011197502021237，固定电话号码为 0451-88667774，移动电话为 15945144444，E-mail 为 ly @ 163.com，填表日期为 2014 年 1 月 10 日。

表 1-17　税务记表
（适用单位纳税人）

填表日期：2014 年 1 月 10 日

<table>
<tr><td>纳税人名称</td><td colspan="2"></td><td>纳税人识别号</td><td></td><td></td></tr>
<tr><td>登记注册类型</td><td colspan="2"></td><td>批准设立机关</td><td></td><td></td></tr>
<tr><td>组织机构代码</td><td colspan="2"></td><td>批准设立证明或文件号</td><td></td><td></td></tr>
<tr><td>开业（设立）日期</td><td></td><td>生产经营期限</td><td>证件名称</td><td colspan="2">证件号码</td></tr>
<tr><td>注册地址</td><td colspan="2"></td><td>邮政编码</td><td>联系电话</td><td></td></tr>
<tr><td>生产经营地址</td><td colspan="2"></td><td>邮政编码</td><td>联系电话</td><td></td></tr>
<tr><td>核算方式</td><td colspan="2">请选择对应项目打"√"□独立核算 □ 非独立核算</td><td colspan="2">从业人数</td><td></td></tr>
<tr><td>单位性质</td><td colspan="5">请选择对应项目打"√" □企业 □事业单位 □社会团体 □民办非企业单位 □其他</td></tr>
<tr><td>网站网址</td><td></td><td>国标行业</td><td colspan="3">6 5 　4 0 □ □ 　□ □</td></tr>
<tr><td>适用会计制度</td><td colspan="5">请选择对应项目打"√"
□企业会计制度 □小企业会计制度 □金融企业会计制度 □行政事业单位会计制度</td></tr>
</table>

会计综合实训

经营范围：

　　经营家用电器、计算机及耗材、制冷设备及空调（以上均不包含国家法律法规及国务院规定的前置审批和禁止、限制经营项目）

姓　名	王新年		
性　别	男　民族　汉		
出　生	1966 年 6 月 6 日		
地　址	哈尔滨市南岗区哈双路123号		
公民身份证号码	23100119660606123x		

内容\项目\联系人	姓名	身份证件		固定电话	移动电话	电子邮箱
		种类	号码			
法定代表人（负责人）	王新年					
财务负责人	杨刚					
办税人	李玉					

税务代理人名称	纳税人识别号		联系电话		电子邮箱	

注册资本或投资总额	币种	金额	币种	金额	币种	金额

投资方名称	投资方经济性质	投资比例	证件种类	证件号码	国籍或地址

自然人投资比例		外资投资比例		国有投资比例	

分支机构名称	注册地址	纳税人识别号

总机构名称		纳税人识别号	
注册地址		经营范围	
法定代表人姓名		联系电话		注册地址及邮政编码	

代扣代缴、代收代缴税款业务情况	代扣代缴、代收代缴税款业务内容	代扣代缴、代收代缴税种
	工资薪金所得	个人所得税

附报资料：

续表

经办人签章：	法定代表人（负责人）签章	纳税人签章
年 月 日	年 月 日	2014 年 1 月 10 日

以下由税务机关填写：

纳税人所处街乡				隶属关系	
国税主管税务局	南岗区国税局	国税主管税务所（科）	税源管理科	是否属于国税、地税共管户	
地税主管税务局	南岗区国税局	地税主管税务所（科）	税源管理科		
经办人（签章）李英印 国税经办人： 地税经办人：吴海印 受理日期： 2014 年 1 月 10 日	国家税务登记机关 （税务登记专用章） 核准日期： 2014 年 1 月 16 日 国家税务主管机关		地方税务登记机关 （税务登记专用章） 核准日期： 2014 年 1 月 16 日 地方税务主管机关		
国税核发《税务登记证副本》数量：1 本	发证日期：2014 年 1 月 20 日				
地税核发《税务登记证副本》数量：1 本	发证日期：2014 年 1 月 20 日				

国家税务总局监制

1.2.12 核准发放的税务登记证正本和副本（见图 1-3 ～图 1-6）

税 务 登 记 证

黑国税字 231001444555666 号

纳 税 人 名 称：哈尔滨冰城经贸实业有限公司

法定代表人（负责人）：王新年

地 址：哈尔滨市南岗区哈西大街中兴大道 123 号

登 记 注 册 类 型：有限责任公司

经 营 范 围：家用电器、计算机及耗材、制冷设备及空调

（以上均不包含国家法律法规及国务院规定的

前置审批和禁止、限制经营项目）

批 准 设 立 机 关：哈尔滨市南岗区工商行政管理局

扣 缴 义 务：依法确定

发证税务机关

二〇一四年一月三十日

国家税务总局监制

图 1-3 国税税务登记证正本

税务登记证

（副本）

黑国税字 231001444555666 号

纳 税 人 名 称：哈尔滨冰城经贸实业有限公司
法定代表人（负责人）：王新年
地　　　　　址：哈尔滨市南岗区哈西大街中兴大道 123 号
登 记 注 册 类 型：有限责任公司
经 营 范 围：经营家用电器、计算机及耗材、制冷设备及
空调

　　　　　（以上均不包含国家法律法规及国务院规定的前
置审批和禁止、限制经营项目）

批 准 设 立 机 关：哈尔滨市南岗区工商行政管理局
扣 缴 义 务：依法确定

发证税务机关
二〇一四年 月 日
国家税务总局监制

总机构情况		
（由分支机构填写）		
名　称		
纳税人识别号		
地　址		
经营范围		
分支机构情况		
（由总支机构填写）		
名称		
地址		
名称		
地址		
名称		
地址		
名称		
地址		
名称		
地址		

图 1-4　国税税务登记证副本

税 务 登 记 证

黑国税字 231001444555666 号

纳 税 人 名 称：哈尔滨冰城经贸实业有限公司
法定代表人（负责人）：王新年
地　　　　　址：哈尔滨市南岗区哈西大街中兴大道 123 号
登 记 注 册 类 型：有限责任公司
经 营 范 围：家用电器、计算机及耗材、制冷设备及空调
　　　　　（以上均不包含国家法律法规及国务院规定的
前置审批和禁止、限制经营项目）

批 准 设 立 机 关：黑龙江省工商行政管理局
扣 缴 义 务：依法确定

发证税务机关
国家税务总局监制

图 1-5　地税税务登记证正本

税务登记证

（副本）

哈地税字 231001444555666 号

| 纳 税 人 名 称：哈尔滨冰城经贸实业有限公司 |
| 法定代表人（负责人）：王新年 |
| 地 址：哈尔滨市南岗区哈西大街中兴大道 123 号 |
| 登 记 注 册 类 型：有限责任公司 |
| 经 营 范 围：经营家用电器、计算机及耗材、制冷设备及 |
| 空调 |

（以上均不包含国家法律法规及国务院规定的前置审批和禁止、限制经营项目）

批 准 设 立 机 关：哈尔滨市南岗区工商行政管理局

扣 缴 义 务：依法确定地方税

纳税人编码

发证税务机关

二〇一四年一月二十日

国家税务总局监制

总机构情况		
（由分支机构填写）		
名 称		
纳税人识别号		
地 址		
经营范围		
分支机构情况		
（由总支机构填写）		
名称		
地址		
名称		
地址		
名称		
地址		
名称		
地址		
名称		
地址		

图 1-6 地税税务登记证副本

1.2.13 新设立企业开设基本存款账户申请表、开立银行结算账户回执及开户许可证（见表 1-18～表 1-21）

表 1-18 销银行结算账户申请书

账户名称	哈尔滨冰城经贸实业有限公司		
开户行名称	中国工商银行哈尔滨市南岗支行		
开户行代码	410002	账号	012314725836111
账户性质	基本（ ） 专项（ ）一般（ ） 临时（√） 个人（ ）		
开户许可证核准号			
销户原因	临时验资账户验资完毕，销户款项转入基本存款账户		
缴回剩余重要空白凭证			
凭证名称	起止号码	张数	备注
（1）现金支票			
（2）转账支票			
（3）			
（4）			
本存款人申请撤销上述银行账户，承诺所提供的证明文件真实、有效。法人章 存款人（公章）	开户银行审核意见 无银行对账支付 无剩余重要空白凭证 会计经理（签章） 经办人（签章）	开户银行（签章） 2014 年 1 月 20 日	

表 1-19 开 单位银行结算账户申请表

存款人名称		电　话	
地　　址		邮　编	
存款人类别		组织机构代码	
法定代表人（√）	姓名		
单位负责人（　）	证件种类	证件号码	
行业分类	A（　）B（　）C（　）D（　）E（　）F（　）G（√）H（√）I（　）J（　） K（　）L（　）M（　）N（　）O（　）P（　）Q（　）R（　）S（　）T（　）		
注册资金	地区代码	2610	
经营范围			
证明文件种类	证明文件编号		
税务登记证（国税或地税编号）			
关联企业	关联企业信息填在"关联企业登记表"上		
账户性质	基本（√）一般（　）专用（　）临时（　）		
资金性质	有效期至		
以下为存款人上级法人或主管单位信息			
上级法人或主管单位名称			
基本存款账户开户许可证核准号	组织机构代码		
法定代表人（　） 单位负责人（　）	姓　名		
	证件种类		
	证件号码		
以下栏目由开户银行审核后填写			
开户银行名称	开户银行代码		
账户名称	账　号		
基本存款账户开立许可证核准号	开户日期		

本存款申请开立单位银行结算账户，并承诺所提供的开户资料真实、有效。 存款人公章 2014 年 1 月 20 日 2014 年 1 月 20 日	开户银行审核意见 经办人签章　李硕果印 银行签章 中国工商银行前进支行 2014.01.20 账户管理	人民银行审核意见： （非核准类账户除外） 经办人（签章）　崔达印 人民银行（签章） 年　月　日 中国人民银行哈尔滨中心支行 2014.01.20 账户管理 年　月　日

表 1-20 开 单位银行结算账户回

户 名	哈尔滨冰城经贸实业有限公司
账 号	012314725836222
账户性质	基本账户
开户日期	2014/01/20

　　尊敬的客户，您的开户申请我行已受理，你所开立的账户尚未启用，本可办理正常的对外支付结算，我行将于账户启用后及时通知您，感谢您对我行工作的支持。

2014.01.20

表 1-21 银行开户 可证

开户许可证

核准号码：1610021202701　　　　　　编号：1610-00967107

经审核，哈尔滨冰城经贸实业有限公司　　符合开户条件，准许开立基本存款账户。

法定代表人（单位负责人）王新年　开户银行中国工商银行哈尔滨南岗支行

账号 012314725836222

2014.01.25

发证机关盖章

2014 年 1 月 25 日

1.2.14 纳税人领购发票票种核定申请表（见表 1-22）

表 1-22 哈尔滨市国税局纳税人领购发票票 核定申请表

纳税人识别号：☐☐☐☐☐☐☐☐☐☐☐☐☐☐☐

注册地址：哈尔滨市南岗区哈西大街中兴大道 123 号

纳税人名称：	哈尔滨冰城经贸实业有限公司			
法定代表人	王新年	身份证号码	23100119660606123×	
登记注册类型	有限责任公司	联系电话：	0451-88667774	
申请理由：经营需要。 法定代表人（负责人）:王新年　2014 年 1 月 20 日	单位公章	申请人专用发票印模	231000144555666 发票专用章	
发票经办人		证件类型		证件号码
李玉		身份证		231011197502021237
发票名称	每月最高购票数量 （本 / 份）	每次购票最高数量 （本 / 份）	纳税人持票最高数量	领购方式
通用机打发票	2	1	2	验旧购新

主管税务机关意见：

经办人 刘树海印　　　负责人 刘丽印　　　税务机关签章

2014 年 1 月 25 日　　　2014 年 1 月 25 日　　　2014 年 1 月 25 日

1.2.15　企业设立过程中发生的部分交易或事项

① 收到远大房屋有限公司租金收据（见凭证 1-1）。

凭证 1-1

黑龙江省地方税务局通用机打发票

发 票 联

发票代码：223001306069

发票号码：07466009

开票日期：2014 年 1 月 5 日　　　行业分类：建筑业

机打代码：223001340069

机打号码：07466009　　　仿伪码：74F21391A93913D9CD2B0A3AB5D6962A

付款方名称：哈尔滨冰城经贸实业有限公司

经营项目	单位	数量	单价	金额
租金（楼房出租）	月	10	5 000.00	50 000.00

合计（大写）：伍万元整

合计（小写）：50 000.00

备注：

收款方（签章）：　哈尔滨远大房屋开发有限公司

② 用公务卡支付购买合同印花税票（见凭证 1-2 和凭证 1-3）。

凭证 1-2

中华人民共和国税收通用缴款书

隶属关系：区　　　　　　　　（201401）哈地缴　　地

注册类型：其他有限责任公司　　填发日期：2014 年 1 月 2 日　　征收机关：哈尔滨市南岗地税局

缴款单位	代　码		科目预算	编　码	101111900										
	全　称	哈尔滨冰城经贸实业有限公司		名　称	印花税										
	开户银行			级　次	市 100%										
	账　号		收缴国库		国家金库哈尔滨南岗区支库										

税款所属时期 2014 年 1 月 1 日至 1 月 30 日　　　税款限缴日期 2014 年 1 月 2 日

品目名称	课税数量	计税金额或销售收入	税率或单位税额	已缴或扣除额	实缴金额										
					亿	千	百	十	万	千	百	十	元	角	分
印花税	租金	600 000	1%							6	0	0	0	0	0
金额合计（大写）陆佰元整									¥	6	0	0	0	0	0

缴款单位（人）（盖章）　　税务机关（盖章）

征税专用章 3 号

上列款项已收妥并划转收款单位账户　　备注：一般申报，正常缴纳

中国工商银行 南岗支行 2014.01.02 现金收讫

经办人（章）李玉印　　填票人（章）李可印　　国库（银行）盖章
年　月　日

凭证 1-3　　　　　　　公务　支付凭证

POS 签购单　　　　　UnionPay
POS SALES SLIP　　　　银联

商户名称（中英文）：杨刚
MERCHANT　NAME：
商户编号：10423015555
MERCHANT　NO：
终端编号：14010123　　操作员　01
TERMINAL
卡号：622909********24555/S
CARD　NO
发卡行号：工商银行 收单行号：国库南岗支库
ISS　NO　　　　ACQ　NO
交易类型：印花税　有效期：15/3
TXN　TYPE　　　EXP　DATE
批次号：000008　　凭证号：000470
BATCH　NO：　　VOUCHER　NO：
授权码：814615　　日期／时间：
AUTH　NO：　　　2014/01/02　13：45：50
参考码：31100404
REE　NO：
金额：RMB600.00
AMOUNT
备注：预授权码／AUTH　NO：
REFERECE
持卡人签名　CARDHOLDER　SIGNATURE
杨刚
本人确认以上交易，同意将其记入本卡账户
I　ACKNOWLEDGE　SATISFACTORY　RECEIPT
OF　RELATIVE　GOODS、SERVICES

持卡人存根

③ 收到股东的投资款（见凭证1-4～凭证1-8）。

凭证1-4

中国工商银行进账单（收账通知）3

2013 年 12 月 25 日

<table>
<tr><td rowspan="3">出票人</td><td>全称</td><td>王新年</td><td rowspan="3">收款人</td><td>全称</td><td colspan="10">哈尔滨冰城经贸实业有限公司</td></tr>
<tr><td>账号</td><td>6222021001116245702</td><td>账号</td><td colspan="10">012314725836111</td></tr>
<tr><td>开户银行</td><td>工商银行哈尔滨市香坊支行</td><td>开户银行</td><td colspan="10">工商银行哈尔滨市南岗支行</td></tr>
<tr><td>金额</td><td colspan="2">人民币（大写）壹佰零贰万元整</td><td>千</td><td>百</td><td>十</td><td>万</td><td>千</td><td>百</td><td>十</td><td>元</td><td>角</td><td>分</td></tr>
<tr><td></td><td colspan="2"></td><td>¥1</td><td>0</td><td>2</td><td>0</td><td>0</td><td>0</td><td>0</td><td>0</td><td>0</td><td>0</td></tr>
<tr><td>票据种类</td><td></td><td>票据张数</td><td colspan="11" rowspan="2">中国工商银行
南岗支行
2013.12.25
转讫</td></tr>
<tr><td>票据号码</td><td></td><td></td></tr>
<tr><td>复核</td><td></td><td>记账</td><td colspan="11">收款人开户行盖章</td></tr>
</table>

收款人开户行交给收款人的受理回单

凭证1-5

中国工商银行进账单（收账通知）3

2013 年 12 月 25 日

<table>
<tr><td rowspan="3">出票人</td><td>全称</td><td>李北</td><td rowspan="3">收款人</td><td>全称</td><td colspan="10">哈尔滨冰城经贸实业有限公司</td></tr>
<tr><td>账号</td><td>6222021001116288801</td><td>账号</td><td colspan="10">012314725836111</td></tr>
<tr><td>开户银行</td><td>工商银行哈尔滨市香坊支行</td><td>开户银行</td><td colspan="10">工商银行哈尔滨市南岗支行</td></tr>
<tr><td>金额</td><td colspan="2">人民币（大写）玖拾捌万元整</td><td>千</td><td>百</td><td>十</td><td>万</td><td>千</td><td>百</td><td>十</td><td>元</td><td>角</td><td>分</td></tr>
<tr><td></td><td colspan="2"></td><td></td><td>¥9</td><td>8</td><td>0</td><td>0</td><td>0</td><td>0</td><td>0</td><td>0</td><td>0</td></tr>
<tr><td>票据种类</td><td></td><td>票据张数</td><td colspan="11" rowspan="2">中国工商银行
南岗支行
2013.12.25
转讫</td></tr>
<tr><td>票据号码</td><td></td><td></td></tr>
<tr><td>复核</td><td></td><td>记账</td><td colspan="11">收款人开户行盖章</td></tr>
</table>

收款人开户行交给收款人的受理回单

凭证1-6

中国工商银行计算利息清单（收款通知）

单位名称：哈尔滨冰城经贸实业有限公司　　2014 年 1 月 25 日　　　账号：012314725836111

<table>
<tr><td colspan="3">起息日期</td><td colspan="3">结息日期</td><td rowspan="2">天数</td><td rowspan="2">积数</td><td rowspan="2">年利率</td><td colspan="9">利　息</td></tr>
<tr><td>年</td><td>月</td><td>日</td><td>年</td><td>月</td><td>日</td><td>百</td><td>十</td><td>万</td><td>千</td><td>百</td><td>十</td><td>元</td><td>角</td><td>分</td></tr>
<tr><td>2013</td><td>12</td><td>25</td><td>2014</td><td>1</td><td>24</td><td>31</td><td>2 000 000.00</td><td>0.36%</td><td></td><td></td><td></td><td>¥6</td><td>2</td><td>0</td><td>0</td><td>0</td></tr>
<tr><td colspan="6">上列存款利息已存入单位
012314725836111。

（银行盖章）
中国工商银行
南岗支行
2014.01.25
转讫</td><td colspan="3">分

录</td><td colspan="9">记账</td></tr>
</table>

第一联：收入凭证

凭证 1-7

中国工商银行 　转账借方 票

总字第 　号
字第 　号

2014 年 1 月 26 日

付款单位	全称	哈尔滨冰城经贸实业有限公司	收款单位	全称	哈尔滨冰城经贸实业有限公司
	账号或地址	012314725836111		账号或地址	012314725836222
	开户银行	工商银行哈尔滨市南岗支行		开户银行	工商银行哈尔滨市南岗支行

金额	人民币（大写）贰佰万零陆佰贰拾元整	亿	千	百	十	万	千	百	十	元	角	分
			¥	2	0	0	0	6	2	0	0	0

原凭证金额		科目（贷）
原凭证名称	号码	对方科目（借）
转账原因	临时验资账户验资完毕，销户款项转入基本存款账户

年 　月 　日

凭证 1-8

中国工商银行 　转账贷方 票

总字第 　号
字第 　号

2014 年 1 月 26 日

付款单位	全称	哈尔滨冰城经贸实业有限公司	收款单位	全称	哈尔滨冰城经贸实业有限公司
	账号或地址	012314725836111		账号或地址	012314725836222
	开户银行	工商银行哈尔滨市南岗支行		开户银行	工商银行哈尔滨市南岗支行

金额	人民币（大写）贰佰万零陆佰贰拾元整	亿	千	百	十	万	千	百	十	元	角	分
			¥	2	0	0	0	6	2	0	0	0

原凭证金额		科目（贷）
原凭证名称	号码	对方科目（借）
转账原因	临时验资账户验资完毕，销户款项转入基本存款账户

④ 支付企业设立注册费等费用（见凭证 1-9 ～凭证 1-12）。

凭证 1-9

黑龙江省非税收入一般缴款书（收据）4

征收日期：2014 年 1 月 5 日　执收单位名称：哈尔滨市工商管理局　No 00691010

组织机构代码　203100101-7

付款人	全称	哈尔滨冰城经贸实业有限公司		收款人	全称	哈尔滨市工商行政管理局
	开户行				开户行	
	账号				账号	

金额（大写）壹仟陆佰壹拾元整				（小写）￥1 610.00		
项目编码	收入项目名称	单 位	数 量	收费标准	金 额	
13295	企业开业注册登记费		1	1	1 600	
13295	企业开业注册工本费		1	1	10	

执收执罚单位（盖章）　　经办人盖章	备注

检验码

凭证 1-10

黑龙江省非税收入一般缴款书（收据）4

征收日期：2014 年 1 月 5 日　执收单位名称：哈尔滨市工商管理局　No 00691010

组织机构代码　203100101-8

付款人	全称	哈尔滨冰城经贸实业有限公司		收款人	全称	黑龙江省质量监督检查检疫局
	开户行				开户行	
	账号				账号	

金额（大写）壹佰肆拾元整				（小写）￥140.00		
项目编码	收入项目名称	单 位	数 量	收费标准	金 额	
12065	证书费		1	1	50	
12065	注册费		1	1	90	

执收执罚单位（盖章）　　经办人盖章	备注

检验码

凭证 1-11

POS 签购单	UnionPay
POS SALES SLIP	银联

商户名称（中英文）：杨刚
MERCHANT NAME：

商户编号：10423011234
MERCHANT NO：

终端编号：14010223　　操作员　01
TERMINAL

卡号：622909*********24555/S
CARD　NO

发卡行号：工商银行 收单行号：国库南岗支库
ISS NO　　　ACQ NO

交易类型：工商注册工本费　有效期：15/3
TXN TYPE　　　EXP DATE

批次号：000009　　凭证号：000470
BATCH NO：　　VOUCHER NO：

授权码：814622　　日期 / 时间：
AUTH NO：　　　2014/01/05 08：45：50

参考码：31100303
REE NO：

金额：RMB1610.00
AMOUNT

备注：预授权码 /ΛUTH NO：
REFERECE

持卡人签名　CARDHOLDER SIGNATURE
杨刚

本人确认以上交易，同意将其记入本卡账户
I ACKNOWLEDGE SATISFACTORY RECEIPT
OF RELATIVE GOODS、SERVICES

持卡人存根

凭证 1-12

POS 签购单	UnionPay
POS SALES SLIP	银联

商户名称（中英文）：杨刚
MERCHANT NAME：

商户编号：10423015678
MERCHANT NO：

终端编号：14010124　　操作员　01
TERMINAL

卡号：622909*********24555/S
CARD　NO

发卡行号：工商银行 收单行号：建行
ISS NO　　　ACQ NO

交易类型：组织机构代码费　有效期：15/3
TXN TYPE　　　EXP DATE

批次号：000010　　凭证号：000470
BATCH NO：　　VOUCHER NO：

授权码：814633　　日期 / 时间：
AUTH NO：　　　2014/01/05 13：45：50

参考码：31100303
REE NO：

金额：RMB140.00
AMOUNT

备注：预授权码 /AUTII NO：
REFERECE

持卡人签名　CARDHOLDER SIGNATURE
杨刚

本人确认以上交易，同意将其记入本卡账户
I ACKNOWLEDGE SATISFACTORY RECEIPT
OF RELATIVE GOODS、SERVICES

持卡人存根

⑤ 支付税务登记等费用（见凭证 1-13 ～凭证 1-18）。

凭证 1-13

黑龙江省地方税务局通用机打发票
发 票 联

发票代码：223001306011
发票号码：07466946

开票日期：2014 年 1 月 20 日　　　　　　行业分类：服务业

机打代码：223001340011
机打号码：07466000　　防伪码：74F21391A93913D9A82B0A3AB5D69009
付款方名称：哈尔滨冰城经贸实业有限公司

经营项目	单位	数量	单价	金额
名称查询		1	50	50
公告费		1	400	400
网员费		1	560	560
过塑费		4		20

合计（大写）：壹仟零玖拾元整
合计（小写）：1 090.00
收款方（签章）：哈尔滨市企业登记代理信息服务中心

23010324010123
发票专用章

凭证 1-14

黑龙江省非税收入一般缴款书（收据）4

征收日期：2014 年 1 月 20 日　执收单位：哈尔滨市南岗区地方税务局　No 00691016

组织机构代码　203100101-9

付款人	全称	哈尔滨冰城经贸实业有限公司	收款人	全称	哈尔滨市南岗区地方税务局
	开户行			开户行	
	账号			账号	

金额（大写）贰佰元整				（小写）￥200.00	
项目编码	收入项目名称	单 位	数 量	收费标准	金 额
	税务登记证	本	2	100	200

执收执罚单位（盖章）	备注

第四联：执收执罚单位给缴款人的收据

凭证 1-15

黑龙江省非税收入一般缴款书（收据）4

征收日期：2014 年 1 月 20 日　执收单位名称：哈尔滨市南岗区国家税务局　No 00691009

组织机构代码　203100101-9

付款人	全称	哈尔滨冰城经贸实业有限公司	收款人	全称	哈尔滨市南岗区国家税务局
	开户行			开户行	
	账号			账号	

金额（大写）贰佰元整				（小写）￥200.00	
项目编码	收入项目名称	单 位	数 量	收费标准	金 额
	税务登记证	本	2	100	200

执收执罚单位（盖章）	备注

第四联：执收执罚单位给缴款人的收据

凭证 1-16

```
                POS 签购单        UnionPay
              POS  SALES  SLIP     银联
商户名称（中英文）：杨刚
MERCHANT  NAME：
商户编号：10423011111
MERCHANT  NO：
终端编号：14010223     操作员  01
TERMINAL
卡号：622909********24555/S
CARD  NO
发卡行号：工商银行 收单行号：建设银行
ISS  NO            ACQ  NO
交易类型：公告费     有效期：15/3
TXN  TYPE          EXP  DATE
批次号：000009     凭证号：000470
BATCH  NO：        VOUCHER  NO：
授权码：814622     日期/时间：
AUTH  NO：         2014/01/06 10：45：50
参考码：31100303
REE  NO：
金额：RMB1090.00
AMOUNT
备注：预授权码/AU1H  NU：
REFERECE
持卡人签名  CARDHOLDER  SIGNATURE
          杨刚
本人确认以上交易，同意将其记入本卡账户
I  ACKNOWLEDGE  SATISFACTORY RECEIPT
OF  RELATIVE  GOODS、SERVICES

              持卡人存根
```

凭证 1-17

```
                POS 签购单        UnionPay
              POS  SALES  SLIP     银联
商户名称（中英文）：杨刚
MERCHANT  NAME：
商户编号：10423011234
MERCHANT  NO：
终端编号：14010223     操作员  01
TERMINAL
卡号：622909********24555/S
CARD  NO
发卡行号：工商银行 收单行号：地税南岗分局
ISS  NO            ACQ  NO
交易类型：税务登记证工本费  有效期：15/3
TXN  YPE          EXP  DATE
批次号：000009     凭证号：000470
BATCH  NO：        VOUCHER  NO：
授权码：814622     日期/时间：
AUTH  NO：         2014/01/05 09：9：50
参考码：31100303
REE  NO：
金额：RMB200.00
AMOUNT
备注：换授权码/AUTH  NO：
REFERECE
持卡人签名  CARDHOLDER  SIGNATURE
          杨刚
本人确认以上交易，同意将其记入本卡账户
I  ACKNOWLEDGE  SATISFACTORY RECEIPT
OF  RELATIVE  GOODS、SERVICES

              持卡人存根
```

凭证 1-18

POS 签购单	UnionPay
POS SALES SLIP	银联

商户名称（中英文）：杨刚
MERCHANT NAME：
商户编号：10423011234
MERCHANT NO：
终端编号：14010223　操作员　01
TERMINAL
卡号：622909********24555/S
CARD NO

发卡行号：工商银行 收单行号：国税南岗分局
ISS NO　　　　　ACQ NO
交易类型：税务登记证工本费　有效期：15/3
TXN TYPE　　　　EXP DATE
批次号：000009　凭证号：000470
BATCH NO：　　　VOUCHER NO：
授权码：814622　日期／时间：
AUTH NO：　　　2014/01/05 11：45：50
参考码：31100303
REE NO：
金额：RMB200.00
AMOUNT

备注：预授权码／AUTH NO：
REFERECE

持卡人签名 CARDHOLDER SIGNATURE
　　　　杨刚
本人确认以上交易，同意将其记入本卡账户
I ACKNOWLEDGE SATISFACTORY RECEIPT
OF RELATIVE GOODS、SERVICES

持卡人存根

⑥ 支付刻章费用（见凭证 1-19 和凭证 1-20）。

凭证 1-19

黑龙江省地方税务局通用机打发票

发票联

发票代码：223001306011
发票号码：07466947

开票日期：2014 年 01 月 17 日　　　行业分类：服务业

机打代码：223001340011
机打号码：07466000　　　防伪码：74F21391A93913D9A82B0A3AB5D69009
付款方名称：哈尔滨冰城经贸实业有限公司

经营项目	单位	数量	单价	金额
刻章				750

合　计（大写）：柒佰伍拾元整
合　计（小写）：750.00
收款方（签章）：哈尔滨市蓝盾刻章公司

凭证 1-20

POS 签购单	UnionPay
POS SALES SLIP	银联

商户名称（中英文）：杨刚

MERCHANT NAME：

商户编号：10423011234

MERCHANT NO：

终端编号：14010223　　操作员　01

TERMINAL

卡号：622909********24555/S

CARD NO

发卡行号：工商银行　收单行号：哈尔滨银行

ISS NO　　　　　ACQ NO

交易类型：刻章费　有效期：15/3

TXN TYPE　　　　EXP DATE

批次号：000011　　凭证：000432

BATCH NO：　　　VOUCHER NO：

授权码：814333　　日期/时间：

AUTH NO：　　　2014/01/17　11：45：50

参考码：31100303

REE NO：

金额：RMB750.00

AMOUNT

备注：预授权码/AUTH NO：

REFERECE

持卡人签名 CARDHOLDER SIGNATURE

杨刚

本人确认以上交易，同意将其记入本卡账户

I ACKNOWLEDGE SATISFACTORY RECEIPT

OF RELATIVE GOODS、SERVICES

持卡人存根

1.2.16　期末进行纳税申报（见表 1-23～表 1-26）

表 1-23　　纳税人增值税申报表

增值税纳税申报表（适用于增值税小规模纳税人）

纳税人识别号：2 3 1 0 0 0 1 4 4 5 5 5 6 6 6

纳税人名称（公章）：　　　　　　　　　　　　金额单位：元（列至角分）

税款所属期：2014 年 1 月 15 日至 2014 年 1 月 30 日　　　　填表日期：2014 年 1 月 1 日

	项目	栏次	本期数		本年累计	
			应税货物及劳务	应税服务	应税货物及劳务	应税服务
一、计税依据	（一）应征增值税不含税销售额	1	0	0		
	其中：税务机关代开的增值税专用发票不含税销售额	2	0	0		
	税控器具开具的普通发票不含税销售额	3	0	0		

一、计税依据	（二）销售使用过的应税固定资产不含税销售额	4（4≥5）	0	—	—
	其中：税控器具开具的普通发票不含税销售额	5	0	—	—
	（三）免税销售额	6（6≥7）	0	0	
	其中：税控器具开具的普通发票销售额	7	0	0	
	（四）出口免税销售额	8（8≥9）	0	0	
	其中：税控器具开具的普通发票销售额	9	0	0	
二、税款计算	本期应纳税额	10	0	0	
	本期应纳税额减征额	11	0	0	
	应纳税额合计	12=10－11	0	0	
	本期预缴税额	13	0	0	—
	本期应补（退）税额	14=12－13	0	0	—

纳税人或代理人声明：此纳税申报表是根据国家税收法律的规定填报的，我确定它是真实的、可靠的、完整的。	如纳税人填报，由纳税人填写以下各栏：
	办税人员（签章）：【李玉印】 财务负责人（签章）：【杨刚印】
	法定代表人（签章）： 联系电话：0451-88667799
	如委托代理人填报，由代理人填写以下各栏：
	代理人名称： 经办人（签章）：
	联系电话：
	代理人（公章）：

受理人： 受理日期： 年 月 日 受理税务机关（签章）：

本表为 A3 竖式一式三份，一份纳税人留存，一份主管税务机关留存，一份征收部门留存。

表 1-24 增值税纳税申报表（ 用于增值税 纳税人）附 资料

税款所属期：2014 年 1 月 5 日至 2014 年 1 月 30 日　　　　填表日期：2014 年 2 月 1 日

纳税人名称（公章）：　　　　　　　　　　　　金额单位：元（列至角分）

应税服务扣除额计算			
期初余额	本期发生额	本期扣除额	期末余额
1	2	3（3≤1＋2，且3≤5）	4＝1＋2－3
0	0	0	0
应税服务计税销售额计算			
全部含税收入	本期扣除额	含税销售额	不含税销售额
5	6＝3	7＝5－6	8＝7÷1.03
0	0	0	0

表 1-25 无应纳税（费）申报书

申报所属期限：2014 年 1 月 5 日至 2014 年 1 月 30 日

纳税人税务计算机代码：02316677

纳税人全称：哈尔滨冰城经贸实业有限公司

　　根据《中华人民共和国税收征收管理实施细则》第三十二条的规定要求，我单位（或个人）申报本期应纳的所有地方税、费、附加等款项均为零。

　　我确认以上申报内容真实可靠，并愿意承担由此产生的一切相关法律责任。

　　特此申报。

纳税人印章
2014 年 3 月 1 日

表 1-26　无应纳税（费）申报书（网络申报）

无应纳税（费）申报书			
计算机代码	02316677	单位名称	哈尔滨冰城经贸实业有限公司
申报所属日期	2014 年 1 月 5 日至 2014 年 1 月 30 日		
根据《中华人民共和国税收征收管理实施细则》第三十二条的规定要求，我单位（或个人）申报本期应纳的所有地方税、费、附加等款项均为零。 我确认以上申报内容真实可靠，并愿意承担由此产生的相关法律责任。 特此申报。 💾 保存　　✖ 删除　　⬅ 返回			
申报明细资料录入 减免税申报表 企业基本财务指标情况表 查账征收企业基本信息表			

提示信息：

　　如果你本期没有税款，请单击保存按钮进行应纳税款申报。

　　如果你要做有税申报，请单击返回按钮并选有税申报。

1.3　企业申报辅导期增值税一般纳税人涉及的相关业务及资料

1.3.1　申报成为辅导期增值税一般纳税人的相关资料

　　哈尔滨冰城经贸实业有限公司经过近一个月时间的生产经营，已建全账簿，能够准确地核算销项税额和进项税额，预计销售额也已符合辅导期增值税一般纳税人的认定条件。该公司于 2014 年 2 月 18 日提出申请成为辅导期一般纳税人，由主税务机关在 2014 年 2 月 20 日通过了实地查验，获批辅导期增值税一般纳税人。随后该公司收到增值税防伪税控系统使用通知书，参加了税控系统培训并采购了相关开票设备。具体申报相关资料见表 1-27 ～表 1-32。

表 1-27　增值税一般纳税人　定申请报告

增值税一般纳税人认定申请报告

哈尔滨市国家税务局：

　　兹有哈尔滨冰城经贸实业有限公司经市工商行政管理局批准于二〇一四年一月五日正式成立。本公司法人代表：王新年。经营范围：主要经营家用电器、计算机及耗材、制冷设备及空调的批发与零售。经营地址：哈尔滨市南岗区哈西大街中兴大道 123 号。现有人员：10 人。

　　本公司财务制度健全，财务人员齐备。公司采用《小企业会计准则》进行财务核算。会计核算以人民币为记账本位币。会计期间为当月一日至三十一日。2014 年 2 月当月销售收入达 50 万元。预计年销售收入在 180 万元以上。记账采用借贷记账法。存货采用进价核算。设置的账簿有总账、日记账、明细分类账等。增值税方面我们能够做到准确核算销项税额和进项税额，并能够提供贵局要求的其他税务资料。本公司财务安全设施完备，配有防盗门、防盗窗、保险柜，昼夜二十四小时有人值班。公司配有专职发票保管员，保证增值税专用发票及其他财务资料的安全。

　　从上述情况来看，我公司已具备辅导期增值税一般纳税人的申报条件，并有能力履行一般纳税人的义务，现向贵局申请办理增值税一般纳税人认定，希能批准为盼！

　　此致

　　　　　　　　　　　　　　　　　　　　　　　哈尔滨冰城经贸实业有限公司（公章）

　　　　　　　　　　　　　　　　　　　　　　　　　　　　　2010 年 2 月 28 日

表 1-28 增值税一般纳税人 定申请表

纳税人名称	哈尔滨冰城经贸实业有限公司		纳税人识别号	231001444555666	
法定代表人 （负责人、业主）		证件名称及号码		联系电话	
财务负责人		证件名称及号码		联系电话	
办税员		证件名称及号码		联系电话	
生产经营地址					
核算地址					
纳税人类别	企业、企业性单位□　非企业性单位□　个体工商户□　其他□				
纳税人主业	工业□　商业□　其他□				
认定前累计应税销售额 （连续不超过 12 个月的经营期内）		年　月至　年　月共（　　）元			
纳税人声明	签章 2014 年 2 月 28 日				
税务机关					
受理意见	受理人签章 年　月　日				
查验意见	受理人签章 年　月　日				
主管税务机关意见	签章 年　月　日				
认定机关意见	签章 年　月　日				

表 1-29 增值税一般纳税人资格 定实地 验报告

	纳税人名称	哈尔滨冰城经贸实业有限公司		纳税人识别号	231001444555666
基本情况	生产经营地址	哈尔滨市南岗区哈西大街中兴大道 123 号		核算地址	哈尔滨市南岗区哈西大街中兴大道 123 号
	税务登记时间	2014 年 1 月 20 日		联系电话	0451-88667799
	法定代表人	王新年		财务负责人	杨刚
实地查验情况	一、标准查验内容				
	查验内容				查验结果
	1. 有无固定生产经营场所				有
	2. 固定生产经营场所与提供资料中所列场所是否一致				是
	3. 能否按国家的统一会计制度规定设置账簿				能
	商业			工业	
	是否为商贸批发企业	是	有无厂房		
	注册资金	200 万元	有无生产设备		
	职工人数	10 人	筹建期有无设备采购、安装合同（协议）		
	二、其他查验内容				

总体评价	经实地查验，我们认为该纳税人基本符合一般纳税人认定条件，建议通过 3 个月的辅导期认定为增值税一般纳税人。 核查人签字 年　月　日
纳税人意见	 签字（签章） 年　月　日

注：纳税人意见栏由法定代表人（负责人、业主）签字（签章）。

表 1-30　增值税　　税　　统使用通知书

哈尔滨冰城经贸实业有限公司（纳税人识别号：231001444555666）：

　　根据有关规定，你单位自 2014 年 3 月 1 日使用增值税防伪税控系统，请注意以下事项：

　　一、选派人员于 5 月 25 日到哈尔滨航天金穗有限公司接受至少 3 天的操作培训，购买防伪税控开票系统专用设备（含金税卡、IC 卡和读卡器），交纳维护费时，建议签订《防伪税控开票系统技术维护合同》。

　　二、及时登录黑龙江省国税局门户网站，仔细阅读"办税指南"-"防伪税控"栏目中的《防伪税控开票系统安装环境》、《防伪税控开票系统技术维护系统》（范本）、《防伪税控开票系统服务监督管理办法》等内容。

　　三、根据《防伪税控开票系统安装环境》自主选购计算机、打印机等通用设备，由服务单位在 5 个工作日内上门完成系统安装及测试。服务单位不得捆绑搭售通用设备。

　　四、根据《防伪税控开票系统服务监督管理办法》，负责任地配合网上质量调查工作或向各级税务机关投诉反映服务单位存在的技术服务质量问题。投诉电话：0451-88776655、0451-88773322、0451-88775321。

　　五、严格按照规定使用和保管设备，发生下列情形之一的，视同未按规定使用和保管专用发票处罚：

　　1. 因保管不善丢失被盗或擅自拆装专用设备造成系统不能正常运行；

　　2. 携带系统外出开具专用发票。

黑龙江省国家税务局
2014 年 5 月 20 日

注：本通知书一式三联，一联留主管税务局，一联留企业，一联留服务单位。

表 1-31　　税　企　业　定　记表

登记事项（由企业填写）	企业名称	哈尔滨冰城经贸实业有限公司	纳税人识别号	231001444555666
	地址	哈尔滨市南岗区哈西大街中兴大道 123 号	联系电话	0451-88667799
	法定代表人	王新年	身份证号	23100119660606123 ×
	操作员	李玉	身份证号	231011197502021237
	经济性质	有限责任公司	主营业务	家用电器、计算机及耗材、制冷设备及空调
	开户银行	工商银行哈尔滨市南岗支行	银行账号	012314725836222
	一般纳税人类别	工业□　商业☑	发票月用量	25 份
	申请开票最大金额	□亿元　□千万元　□百万元　☑十万元　□万元　□千元 （请在选择的数额前打√）		
	开票机数量	1 台	企业经办人签字	李玉
主管国税机关认定意见	批准开票最大限额	100 000.00	征管部门意见	
	批准月购票量	50 份		
	批准月购票次数	2	经办人：张男 审核人：李飞	
	启用时间	2014.3.1		
	准予领购准用设备数量	1		

审批情况	县国税局意见	区市国税局意见	省国税局意见
	经办人	经办人 张男印	经办人
	审核人	审核人 李飞印	审核人
	审批人	审批人 王洁印	审批人
		哈尔滨市国家税务局	
	公章	公章	公章
	年 月 日	2014 年 3 月 1 日	年 月 日

1. 新办税控企业使用本表；2. 本企业、认定登记部门、企业发行部门、审批部门各一份；3. 本表附件：《增值税一般纳税人认定表》或年审表、资金证明文件、税务登记证副本、技术代码证、法人身份证和经办人身份证原件及复印件；4. 审批权限不变：使用万元（含）以下专用发票的，由县区国家税务局审批，使用十万元版专用发票的，报区市国家税务局审批，使用百万元以上专用发票的，逐级报省局审批。

表 1-32　税务事项通知书

哈尔滨市南岗区国家税务局
税务事项通知书
哈南国税通【2014】8020

哈尔滨冰城经贸实业有限公司（纳识人识别号：23100144555666）：

　　事由：纳税申报方式核准通知。

　　依据：《中华人民共和国税收征收管理法》、《中华人民共和国税收征收管理法实施细则》。

　　通知内容：你单位于 2014 年 2 月 28 日提出的纳税申报方式核定申请收悉，经审核符合要求，予以核准。

税务机关盖章
2014 年 3 月

1.3.2　辅导期内发生的典型的交易或事项（见凭证 1-21 ～ 凭证 1-24）

凭证 1-21

广东省增值税专用发票

2302124620
01300789

校验码 45121　12365　55678　6111

开票日期：2014 年 3 月 1 日

购货单位	名　　称：哈尔滨冰城经贸实业有限公司 纳税人识别号：231001444555666 地址、电话：哈西大街中兴大道 123 号　88667799 开户行及账号：中国工商银行哈尔滨市南岗支行 012314725836222	密码区	2489 - 1 < 9 - 7 - 61596 8 < 032/52 > 9/29533 1626 < 8 - 3024 > 36 - 47 - 6 < 7 > 2* - / > * > 6/	加密版本：28※ 4300204521 00015641

货物或应税劳务名称	规格型号	单位	数量	单价	金额	税率	税额
容声冰箱	188 升	个	10	1 800.00	18 000.00	17%	3 060.00
	220 升	个	10	2 200.00	22 000.00	17%	3 740.00
合　计	250 升	个	10	2 500.00	25 000.00	17%	4 250.00
					￥65 000.00		￥11 050.00

价税合计（大写）	柒万陆仟零伍拾元整	（小写）￥76 050.00

销货单位	名　　称：广东科龙电器有限公司 纳税人识别号：107103748245454 地址、电话：佛山市顺德区容桂街道容港路 8 号　0757-28361100 开户行及账号：中国工商银行佛山顺德支行　5010110092259556600	备注

广东科龙电器有限公司
107103748245454
发票专用章

收款人：刘男印　　　复核：王小佳印　　　开票人：朱丽娜印　　　销货单位（章）

第二联：发票联　购货方记账凭证

45

凭证 1-22

广东省增值税专用发票

2302124620
01300789

校验码 45121　12365　55678　6111

开票日期：2014 年 3 月 1 日

| 购货单位 | 名　称：哈尔滨冰城经贸实业有限公司
纳税人识别号：231001444555666
地址、电话：哈西大街中兴大道 123 号　88667799
开户行及账号：中国工商银行哈尔滨市南岗支行
012314725836222 | 密码区 | 2489 - 1 < 9 - 7 - 61596
8 < 032/52 > 9/29533
1626 < 8 - 3024 > 36
- 47 - 6 < 7 > 2* - / > * > 6/
加密版本：28※ 4300204521 00015641 |

货物或应税劳务名称	规格型号	单位	数量	单 价	金 额	税率	税 额
容声冰箱	188 升	个	10	1 800.00	18 000.00	17%	3 060.00
	220 升	个	10	2 200.00	22 000.00	17%	3 740.00
	250 升	个	10	2 500.00	25 000.00	17%	4 250.00
合　计					¥ 65 000.00	17%	¥ 11 050.00

| 价税合计（大写） | 柒万陆仟零伍拾元整 | （小写）¥ 76 050.00 |

| 销货单位 | 名　称：广东科龙电器有限公司
纳税人识别号：107103748245454
地址、电话：佛山市顺德区容桂街道容港路 8 号　0757-28361100
开户行及账号：中国工商银行佛山顺德支行　5010110092259556600 | 备注 | |

收款人：刘男印　　复核：王小佳印　　开票人：朱丽娜印　　销货单位（章）

凭证 1-23

黑龙江省增值税普通发票
发 票 联

2302124620
01300789

校验码 45121　12365　55678　6111

开票日期：2014 年 2 月 23 日

| 购货单位 | 名　称：哈尔滨冰城经贸实业有限公司
纳税人识别号：231001444555666
地址、电话：哈西大街中兴大道 123 号　88667799
开户行及账号：中国工商银行哈尔滨市南岗支行
012314725836222 | 密码区 | 2489 - 1 < 9 - 7 - 61596
8 < 032/52 > 9/29533
1626 < 8 - 3024 > 36
- 47 - 6 < 7 > 2* - / > * > 6/
加密版本：28※ 4300204521 00015641 |

货物或应税劳务名称	规格型号	单位	数量	单 价	金 额	税率	税 额
金税卡	AN6 - P	个	1	1 100.00	1 100.00	17%	187.00
IC 卡	- KP	块	1	100.00	100.00	17%	17.00
读卡器	64K	个	1	200.00	200.00	17%	34.00
合　计					¥ 1 400.00	17%	¥ 238.00

| 价税合计（大写） | 壹仟陆佰叁拾捌元整 | （小写）¥ 1 638.00 |

| 销货单位 | 名　称：哈尔滨航天金穗有限公司
纳税人识别号：230103748245458
地址、电话：哈尔滨市南岗区中山路 18 号　0757-88861100
开户行及账号：中国工商银行哈尔滨南岗支行　7010110092259556632 | 备注 | |

收款人：刘男印　　复核：王小佳印　　开票人：朱丽娜印　　销货单位（章）

第三联：发票联　购货方记账凭证

黑龙江省地方税务局通用机打发票

发 票 联

发票代码：223001306043
发票号码：07466999

开票日期：2014 年 2 月 23 日　　　　　行业分类：服务业

机打代码：223001340043
机打号码：07466999　　　防伪码：74F21391A93913D9A82B0A3AB5D6962D
付款方名称：哈尔滨冰城经贸实业有限公司

经营项目	单位	数量	单价	金额
税控系统维护费	年	1	700.00	700.00

合计（大写）：柒佰元整
合计（小写）：700.00
备注：
收款方（签章）：哈尔滨航天金穗有限公司

1.4　辅导期一般纳税人转正涉及的相关业务资料

1.4.1　辅导期增值税一般纳税人转正申请等相关资料

哈尔滨冰城经贸实业有限公司自 2014 年 3 月 1 日认定为辅导期增值税一般纳税人已达三个月，符合辅导期增值税一般纳税人转正条件，现提出辅导期增值税一般纳税人转正申请等相关资料，如表 1-33 和表 1-34 所示。

表 1-33　辅 期增值税纳税人转正申请

辅 期增值税纳税人转正申请

哈尔滨市国税局：

我单位（哈尔滨冰城经贸实业有限公司），于 2014 年 1 月 5 日取得营业执照，法定代表人王新年，实际到位资金 200 万元，主要经营经营家用电器、计算机及耗材、制冷设备及空调，2014 年 1 月 20 日办理了税务登记证，登记注册类型为有限责任公司，行业：商业批发兼零售，注册地及经营地址为哈尔滨市南岗区哈西大街中兴大道 123 号。

我单位自 2014 年 3 月 1 日认定为辅导期增值税一般纳税人，辅导期的应税销售额为 1020 100 元，销项税额为 173 417 元，进项税额为 85 315 元，已纳税额为 88 102 元，税负率为 8.64%。辅导期内有固定资产经营场所，设置专职财会人员 4 名，账簿设置齐全，能准确核算进项税额、销项税额及应缴增值税，正确取得和开具增值税发票及其他合法的进项税额抵扣凭证，企业申报、缴纳税款正常，已配置防盗窗、保险柜等。

我单位已纳入防伪税控系统，没有虚开增值税专用发票或偷、骗、抗税行为，没有连续 3 个月未申报或连续 6 个月纳税申报异常且无正常理由，没有不按规定使用、保管增值税专用发票、税控装置造成严重后果行为。因业务需要申请办理增值税一般纳税人转正业务。

以上情况及所附资料真实，特此申请。

哈尔滨冰城经贸实业有限公司
2014 年 6 月 8 日

表 1-34　辅　期一般纳税人转正申请表

纳税人签章：　　　　　　　　　　　　　　　　　申请时间：2014 年 6 月 1 日

纳税人名称			纳税识别号			
法人代表		联系电话			经营地址	
注册资金		固定资产			经营范围	
职工人数		新办企业	是□ 否□		开户银行及账号	
企业类型	□工业　□小型商贸　□商贸零售　□大中型商贸　□商贸					
新办企业临时期或辅导期	工商企业临时期	年　　月　　日至　　年　　月　　日				
	商贸企业辅导期	年　　月　　日至　　年　　月　　日 至少　　个月				
	哈尔滨冰城经贸实业有限公司					

注：申请内容着重说明发票使用情况，税金核算情况及申请转正的具体理由等。

1.4.2　辅导期增值税一般纳税人转正税务机关相关业务活动资料（见表 1-35 ～ 表 1-38 ）

表 1-35　辅　期一般纳税人建议转正（正　）实地调　工作

基本情况	纳税人名称	哈尔滨冰城经贸实业有限公司	纳税识别号	231001444555666
	法定代表人	王新年	财务负责人	杨刚
	经营地址	哈尔滨市南岗区哈西中兴大道 123 号	联系电话	0451-88667799
	注册资金	200 万	职工人数	10 人

实地调查情况

1. 基本经营况：该公司主要经营家用电器、计算机及耗材、制冷设备及空调的批发及零售业务，商品主要销售给经营销售的个体工商户及个人，2014 年 3 月被认定为辅导期一般纳税人。2014 年 3 月～ 2014 年 5 月累计实现销售收入 1 020 100 元，期末存货 508 000 元。

2. 财务核算情况：该公司配有财会人员 4 名，均具有财政部门颁发的会计资格证件（或该公司没有专门的财会核算部门，与合生利代理记账公司签订了代理记账协议，由李伟、崔浩为该公司记账，二人均具有财政部门颁发的会计资格证件），在辅导期内，该企业的总账、现金、存款日记账、销售收入、成本、库存商品、固定资产、管理费用、利润、往来账簿等齐全，记载明晰，能准确地核算销项税、进项税及应纳税额，能够准确地提供税务资料，在工商银行南岗支行开设基本存款账户。

3. 发票使用情况：该公司 2014 年 3 ～ 5 月领购增值税发票 50 份，开具 45 份，结存 5 份。开票金额累计 1 193 517 元，配有专用保险柜存放增值税专用发票和 IC 卡，未发现企业存在发票违规问题，认证报税正常。

4. 申报纳税情况：该公司 2014 年 3 ～ 5 月实现并申报销售收入 1 020 100 元，销项税 173 417 元，进项税额为 85 315 元，按规定抵扣进项税额 85 315 元，实现增值税 88 102 元，税负达 8.64%，2014 年 6 月份（这部分收入已实现，但未申报）销售收入 150 600 元，销项税额 25 602 元，进项税额 10 200 元，实现增值税 15 402 元。

5. 辅导期一般纳税人期间预警系统未出现异常。

经实地核实，企业在临时期间能按照国家的统一会计制度规定设置账簿，根据合法有效凭证核算，能够提供税务资料，未发现违规问题，辅导期间实现收入合计 1 020 100 元，税负达 8.64%，建议按期转为正式一般纳税人。

调查人意见	负责人意见：
该纳税人符合小型商贸企业一般纳税人转正的标准和条件，建议予以转正。	同意
调查人签字：赵美美印	负责人：陈志军印
2014 年 6 月 10 日	

纳税人意见及签章：以上调查结果与我单位的实际情况相符。

杨刚印

2014 年 6 月 10 日

表 1-36　辅　期一般纳税人转正　定审批表

哈国税流批字 2014【15】号

纳税人名称	哈尔滨冰城经贸实业有限公司		纳税识别号		231001444555666
法人代表	王新年	联系电话	0451-88667799	经营地址	哈南岗哈西中兴大道 123 号
注册资金	200 万	固定资产	82 万	经营范围	家用电器、计算机及耗材、制冷设备及空调
职工人数	10	新办企业	是☑　否□	开户银行及账号	中国工商银行哈南岗支行 012314725836222
企业类型	□工业　☑小型商贸　□商贸零售　□大中型商贸　□商贸				
新办企业临时期或辅导期	工商企业临时期　　年　　月　　日至　　年　　月　　日				
	商贸企业辅导期　2014 年 3 月 1 日至 2014 年 5 月 30 日 至少 3 个月				

审批意见：

　　经审核你公司提出的一般纳税人转正的申请，资料齐全，情况属实。依据《中华人民共和国增值税暂行条例实施细则》第三十三条，《增值税一般纳税人资格认定管理办法》（国税发【2009】22 号），关于印发《增值税一般纳税人纳税辅导期管理办法》的通知（国税发【2010】40 号）文件之规定，你公司符合增值税一般纳税人条件，同意转为正式一般纳税人。

审批机关公章
2014 年 6 月 15 日

表一式两份，审核后，一份交税务机关，一份交纳税人。

表 1-37　税务机关受理　书回　单

受理文书回执单

纳税人识别号：231001444555666

纳税人名称：哈尔滨冰城经贸实业有限公司

办税员：李玉　　　　联系电话：0451-88667774

税务事项：增值税一般纳税人转正申请

受理人：　旺正正印

受理部门：哈尔滨市国家税务局

受理资料：《增值税一般纳税人转正申请表》及资料

受理回执领取人签字：　李玉印

受理日期：2014 年 6 月 1 日

查询电话：0451-88887766

表 1-38 税 务 书 回证

送达文书名称	增值税一般纳税人认定审批表
受送达人	哈尔滨冰城经贸实业有限公司
送达地点	哈尔滨冰城经贸实业有限公司财务处
受送达人签名或盖章	杨刚印 2014 年 6 月 15 日 14 时 5 分
代收人代收理由、签名或盖章	年 月 日 时 分
受送达人拒收理由	年 月 日 时 分
见证人签名或盖章	李玉印 2014 年 6 月 15 日 14 时 5 分
送达人签名或盖章	旺正正印 2014 年 6 月 15 日 14 时 5 分
填发税务机关签名或盖章	2014 年 6 月 12 日 9 时 15 分

1.4.3 辅导期增值税一般纳税人转正后的相关业务凭证（见凭证 1-25～凭证 1-29）

凭证 1-25

中国统一发票监制
广东省增值税专用发票
广东省 抵扣联
国家税务总局监制

2302124620
01300789

校验码 45121 12365 55678 6111　　　　　开票日期：2014 年 6 月 15 日

购货单位	名　称：哈尔滨冰城经贸实业有限公司 纳税人识别号：231001444555666 地址、电话：哈西大街中兴大道 123 号　88667799 开户行及账号：中国工商银行哈尔滨市南岗支行 012314725836222	密码区	2489 - 1 < 9 - 7 - 61596 8 < 032/52 > 9/29533　加密版本：28※ 1626 < 8 - 3024 > 36　4300204521 - 47 - 6 < 7 > 2* - / > * > 6/　00015641

货物或应税劳务名称	规格型号	单位	数量	单价	金额	税率	税额
容声冰箱	188 升	个	15	1 800.00	27 000.00	17%	4 590.00
	220 升	个	15	2 200.00	33 000.00	17%	5 610.00
	250 升	个	15	2 500.00	37 500.00	17%	6 375.00
合　计					￥97 500.00	17%	￥16 575.00

价税合计（大写）	壹拾壹万肆仟零柒拾伍元整	（小写）￥114 075.00

销货单位	名　称：广东科龙电器有限公司 纳税人识别号：107103748245454 地址、电话：佛山市顺德区容桂街道容港路 8 号　0757-28361100 开户行及账号：中国工商银行佛山市顺德支行 5010110092259556600	备注	广东科龙电器有限公司 107103748245454 发票专用章

收款人：刘男印　　　复核：王小佳印　　　开票人：朱丽娜印　　　销货单位（章）

第二联：抵扣联　购货方抵扣凭证

凭证 1-26

广东省增值税专用发票
发 票 联

2302124620
01300789

校验码 45121　12365　55678　6111

开票日期：2014 年 3 月 1 日

第三联：发票联　购货方记账凭证

购货单位	名　　称：哈尔滨冰城经贸实业有限公司 纳税人识别号：231001444555666 地址、电话：哈西大街中兴大道 123 号　88667799 开户行及账号：中国工商银行哈尔滨市南岗支行 　　　　　　　012314725836222	密码区	2489 − 1 < 9 − 7 − 61596 8 < 032/52 > 9/29533　　加密版本：28※ 1626 < 8 − 3024 > 36　　4300204521 − 47 − 6 < 7 > 2* − / > * > 6/　00015641

货物或应税劳务名称	规格型号	单位	数量	单价	金额	税率	税额
容声冰箱	188 升	个	15	1 800.00	27 000.00	17%	4 590.00
	220 升	个	15	2 200.00	33 000.00	17%	5 610.00
	250 升	个	15	2 500.00	37 500.00	17%	6 375.00
合　　计					￥97 500.00	17%	￥16 575.00

价税合计（大写）	壹拾壹万肆仟零柒拾伍元整	（小写）￥114 075.00

销货单位	名　　称：广东科龙电器有限公司 纳税人识别号：107103748245454 地址、电话：佛山市顺德区容桂街道容港路 8 号　0757-28361100 开户行及账号：中国工商银行佛山市顺德支行　5010110092259556600	备注	广东科龙电器有限公司 107103748245454 发票专用章

收款人　刘男印　　　　复核　王小佳印　　　　开票　朱丽娜印　　　　销货单位（章）

凭证 1-27

增值税计算简表

2014 年 6 月 30 日

进项税额	销项税额	进项税额转出	应纳税额	备　注
50 000	107 000		57 000	已交 30 000
合　　　计				

凭证 1-28

税务档案号码 0456078

中华人民共和国
税收通用缴款书
（201312）哈国缴

隶属关系：区
注册类型：其他有限责任公司　　填发日期：2014 年 6 月 5 日　　征收机关：哈尔滨市南岗国税局

第一联：（收据）国库（经收处）收款盖章后退缴款单位（个人）作完税凭证

缴款单位	代码	231001444555666	科目预算	编码	101010103
	全　称	哈尔滨冰城经贸实业有限公司		名　称	增值税
	开户银行	中国工商银行哈尔滨市南岗支行		级　次	中央 75%，省 12.5%，市 12.5%
	账　号	012314725836222	收缴国库		国家金库哈尔滨南岗区支库

税款所属时期 2014 年 5 月 1 日至 5 月 30 日	税款限缴日期 2014 年 6 月 5 日

品目名称	课税数量	计税金额 或销售收入	税率或 单位税额	已缴或 扣除额	实 缴 金 额								
					亿	千	百	十	万	千	百	十	元	角	分
增值税	销售额								4	0	0	0	0	0	0

金额合计	（大写）肆万元整	￥ 4 0 0 0 0 0 0

缴款单位（人）（盖章） 哈尔滨冰城经贸实业有限公司 合同专用章 经办人（章）李梅印	税务机关 哈尔滨市南岗区国税局 1 号 （盖章） 征税专用章 填票人（章）李可印	上列款项已收妥并划转收款 单位账户 中国工商银行 南岗支行 2014.06.05 转讫 国库（银行）盖章　年　月　日	备注：一般申报，正常缴

凭证 1-29

税务档案号码 0451078

中华人民共和国
税收通用缴款书

（201312）哈国缴

隶属关系：区
注册类型：其他有限责任公司　填发日期：2014年6月30日　征收机关：哈尔滨市南岗国税局

缴款单位	代　码	231001445566	科目预算	编码	101010103	第一联：（收据）国库（经收处）收款盖章后退缴款单位（个人）作完税凭证
	全　称	哈尔滨冰城经贸实业有限公司		名　称	增值税	
	开户银行	中国工商银行哈尔滨市南岗支行		级　次	中央75%，省12.5%，市12.5%	
	账　号	012314725836222		收缴国库	国家金库哈尔滨南岗区支库	

税款所属时期 2014年6月1日至6月30日　　税款限缴日期 2014年6月30日

品目名称	课税数量	计税金额或销售收入	税率或单位税额	已缴或扣除额	实 缴 金 额										
					亿	千	百	十	万	千	百	十	元	角	分
增值税								3	0	0	0	0	0	0	0
金额合计	（大写）叁万元整				￥			3	0	0	0	0	0	0	0

缴款单位（盖章）	税务机关	上列款项已收妥并划转收款单位账户	备注：一般申报，正常缴
经办人 李梅印	（盖章）1号 填票人（章）李可印 征税专用章	（盖章） 国库（银行）盖章 年 月 日	

中国工商银行
南岗支行
2014.06.30
转讫

【任务要求】

（1）完成企业　建的业务处理

① 根据实训情境描述、信息单、任务单、任务导入相关资料、表1-1～表1-22，以及凭证1-1～凭证1-20，描述企业筹建流程的重点部门和要点。

② 填写表1-1、表1-2、表1-12、表1-17、表1-19。

③ 根据凭证1-1～凭证1-20，完成相应的业务处理。

④ 完成表1-23～表1-26的纳税申报。

（2）完成一般纳税人辅　期业务处理

① 对一般纳税认定进行简要说明。

② 根据1.3相关业务资料，叙述该企业进行辅导期一般纳税人认定的条件。

③ 填列表1-28，并简要说明申报流程。

④ 根据凭证1-21～凭证1-24完成相关的业务处理，并说明两种增值税发票的不同点。

（3）完成一般纳税人辅　期纳税人转正的业务处理

① 填列表1-34，并简要说明辅导期纳税人转为正式一般纳税人的工作流程、纳税人提交的文字资料、税收管理员调查核实形成的文书资料及审核形成的文书资料。

② 根据凭证1-25～凭证1-29完成相关的业务处理。

【任务实施】

参考中华人民共和国国家工商行政管理总局（http://www.saic.gov.cn）、黑龙江省工商行政管理局（http://www.hljaic.gov.cn）、黑龙江省国家税务局（http://221.212.153.203/tax/ww/index.html）、黑龙江省地方税务局（http://www.hljtax.gov.cn/wwqt/index.html）、哈尔滨市地方税务局（http://221.212.153.203/tax/ww/col/col200950/col200950.html）、哈尔滨市地方税务局（http://www.hrbtax.gov.cn）等网站政策、文件及申报相关规定，参阅《中华人民共和国税收征收管理法》、《税务登记管理办法》、《人民币银行结算账户管理办法》等法规，经小组全员参与进行资讯、计划、决策、实施，按任务要求完成相应工作。

计 划 单

学习领域	会计综合实训			
实训情境一	新开办商贸企业会计业务处理	学　时	24	
计划方式	小组讨论共同制订计划			
序　号	实施步骤		使用资源	
制订计划说明				
计划评价	班　级		第　　组	组长签字	
	教师签字		日　期	
	评语：			

决 策 单

学习领域	会计综合实训		
实训情境一	新开办商贸企业会计业务处理	学 时	24

	讨论方案				
方案对比	组 号	方案合理性	实施可操作性	安全性	综合评价
	1				
	2				
	3				
	4				
	5				
	6				
	7				
	8				
	9				
	10				
方案评价	评语:				

班 级		组长签字		教师签字		月 日

学习领域	会计综合实训		
实训情境一	新开办商贸企业会计业务处理	学　时	24
实施方式	小组成员合作；动手实践		

序　号	实施步骤	使用资源
1		
2		
3		
4		
5		
6		
7		
8		
9		
10		

实施说明：

班　级		第　　组	组长签字	
教师签字			日　期	
评　语				

检 查 单

学习领域	会计综合实训		
实训情境一	新开办商贸企业会计业务处理	学　时	24
序　号	检查项目	检查标准	学生自查	教师检查

序　号	检查项目	检查标准	学生自查	教师检查
1	企业筹建业务	是否全面、规范、正确		
2	辅导期一般纳税人申报	是否全面、规范、正确		
3	辅导期一般纳税人转正	是否全面、规范、正确		

	班　级		第　　组	组长签字	
	教师签字		日　期		
检查评价	评语：				

学习领域	会计综合实训				
实训情境一	新开办商贸企业会计业务处理		学　时		24
考核项目	考核内容及要求	分值	学生自评（10%）	小组评分（20%）	教师评分（70%）	实得分
专业能力	全面性检查，包括资讯单、计划单、决策单、各种表格的填写（少任何一项不能参加评价。不规范一处扣1分，错一处扣2分，该部分分值扣完为止）	70				
方法能力	计划可行并能组织实施（优秀5分，良4分，及格3分，不及格2分）	5				
	能够进行信息的收集及加工处理（优秀5分，良4分，及格3分，不及格2分）	5				
	具有归纳总结和汇报工作成果的能力（优秀5分，良4分，及格3分，不及格2分）	5				
社会能力	团队精神。团队互相帮助完成实训任务（优秀5分，良4分，及格3分，不及格2分）	5				
	职业态度。无旷工、认真、无抄袭，按时完成并上交实训资料（旷工或抄袭一次扣1分，该项目扣完为止）	5				
	办事能力。准确表述需求和所办事务，按时上交实训资料（晚交一天扣2分，该部分分值扣完为止）	5				
小　计						
	班　级		姓　名		学　号	总　评
	教师签字		第　组	组长签字		日　期
评价评语	评语：					

教学反馈单

学习领域	会计综合实训			
实训情境一	新开办商贸企业会计业务处理	学　时		24
序　号	调查内容	是	否	理由陈述
1	是否清楚企业筹建的业务流程？			
2	是否清楚企业筹建时的工商局流程？			
3	是否清楚企业筹建时的质检局流程解决的主要问题和提供的主要资料？			
4	是否清楚企业筹建时的税务局流程解决的主要问题和提供的主要资料？			
5	是否清楚辅导期一般纳税人的购进货物进项税如何处理？			
6	是否清楚辅导期一般纳税人购进的税控设备和维护费如何处理？			
7	是否清楚辅导期纳税人申报的程序和手续？			
8	是否清楚辅导期一般纳税人转正手续？			
9	是否清楚增值税专用发票和增值税普通发票的区别？			

你的意见对改进教学非常重要，请写出你的建议和意见。

被调查人签名			调查时间	

实训情境二
制造企业会计业务处理

➤ 体验会计职业环境，熟悉制造企业会计工作，具备完成制造企业会计工作的能力。

➤ 能运用所学理论、知识和技能分析并解决制造企业会计工作中遇到的具体问题，能进行有效的计划、组织、实施、归纳和总结。

➤ 通过实训，能表现出良好的职业道德、较强的责任意识，以及有效的沟通和协调能力，能有效发挥和利用团队的合作力。

➤ 期初建账：根据给定的资料建总账、明细账和日记账，并进行建账正确性检查。

➤ 填制和审核会计凭证：根据企业发生的交易或事项，正确填制、审核会计凭证，计算产品成本并进行纳税申报。

➤ 记账、对账和结账：根据审核无误的会计凭证登记明细账和日记账，根据科目汇总表（每半月汇总 1 次）登记总账，并进行账实、账证和账账的核对并结账。

➤ 编制报表及说明：根据登记的账簿资料，编制资产负债表、利润表、现金流量表和所有者权益变动表，并进行财务分析和编写财务报表说明。

实训情境描述

哈尔滨冰花啤酒有限公司是一家生产啤酒的大型现代化啤酒企业。企业采用先进技术，以麦芽、大米为主料，以啤酒花、酵母和水为辅料，生产冰花纯生、冰花普通两种啤酒。公司采取董事会负责制，具体工作由总经理负责，下设酿造和包装两个基本生产车间、一个机修生产车间及财务、采购、销售、行政、质检五个职能部门。酿造车间主要利用原材料进行啤酒的生产，包装车间负责成品啤酒的包装，机修辅助生产车间主要对生产车间的机器进行维护和维修，财务部负责公司的财务核算和财务管理工作，采购部门负责各种原材料的采购、保管、采购合同的签订和审核，销售部门负责啤酒的库存管理、销售合同的签订与审核、销售发货（运费由买方负担），行政部负责人事、劳资及工会等工作，质检部主要负责产品质量检查与控制。

任 务 单

学习领域	会计综合实训				
实训情境二	制造企业会计业务处理		学　时		72
布置任务					
实训目标	1. 体验会计职业环境，熟悉会计工作，具完成企业会计工作基本素质和基本能力； 2. 能运用所学理论、知识和技能分析完成所承担的工作任务； 3. 通过实训，提升综合职业能力。				
任务描述	根据信息单中企业客观实际、表 2-3～表 2-15、图 2-1～图 2-5 及企业的会计政策、税收政策、会计核算方法等相关规定，完成：①期初建账；②填制和审核会计凭证；③记账、对账和结账；④编制会计报表及编写报表说明。				
学时安排	资讯 10 学时	计划 4 学时	决策 4 学时	实施 46 学时	检查 4 学时	评价 4 学时
提供资料	1. 实训用凭证和报表：包括银行票证、税务发票、各种税费计算表等资料，均在实训教材中，每人一套； 2. 账页：总账人均 55 页，现金和银行存款日记账人均 5 张，三栏式明细账人均 40 张，数量金额式明细账人均 12 张，多栏式明细账人均 10 张，应交增值税明细账人均 2 张，记账凭证人均 150 张，其他（凭证皮、绳、账簿目录、账夹）人均各 2 套； 3. 报表：资产负债表、利润表、现金流量表、所有者权益变动表、财务报表封面人均各 2 张，增值税、营业税、企业所得税、消费税、个人所得税申报表人均各 2 张； 4. 备品：印章（公章、财务专用章、发票专用章、印鉴、学生人员名章）每组一套，办公用品（算盘、双色印台、印章、胶水、曲别针、文件夹、资料夹、订书机、装订机等）每组一套。				
对学生的要求	1. 实训前要求： （1）预习并熟悉模拟企业的基本情况。具体包括：①主要业务活动及工艺流程；②会计制度规定；③主要税收政策；④会计机构及人员设置；⑤会计核算业务有多少项、实训要求及任务各是什么。 （2）清点实训耗材及备品。				

学习领域	会计综合实训		
实训情境二	制造企业会计业务处理	学　时	72
布置任务			

| 对学生的要求 | （3）学生预分组及预分工。学生每四人一组，要求性别、性格、爱好、学习能力均不同。具体岗位分别为会计主管、出纳、制单员（主办会计）和记账员。小组内的每名学生，均需完成所有的会计工作。但各岗位工作人员需按职责分工完成相应的审核、签字和承担相应的责任。
（4）完成咨询，并形成书面记录。
2. 实训要求：
（1）具备一定的会计专业知识和能力，能够完成建账、编制和审核会计凭证、登记账簿、编制报表、税费的计算及申报等实训任务。
（2）具有良好的职业道德和工作习惯。工作认真、一丝不苟、诚实守信、严谨，无抄袭、不偷工减料、无旷工、不迟到、不早退，不中途离开现场，不做与工作无关的事情，时间观念强且工作不拖拉。
（3）具有一定的办事能力和团队合作精神，能准确表述需求并相互帮助，能借助团队和他人的力量完成实训任务或帮助他人完成实训任务。
（4）具有敬业精神，工作有始有终，能正确面对困难和曲折，保持良好的工作环境，高质量地完成各项工作。
（5）按要求完成实训任务。
3. 实训后要求：
按实训要求在规定的时间内完成所有实训任务并上交所有实训资料（包括资讯单、计划单、决策单、实施单、装订成册的会计凭证、编制的报表、登记的账页及实训报告等）。每小组上交一套。 |

<h2 style="text-align:center">资　讯　单</h2>

学习领域	会计综合实训		
实训情境二	制造企业会计业务处理	学　时	72
资讯方式	在实训室利用互联网、实训教材、实训指导书及信息单查询问题；咨询任课教师。		
资讯问题	1. 财务小组成立有何要求？你们组如何组建？你的职务和职责是什么？ 2. 实训企业的性质如何？基本情况如何？ 3. 实训要完成的会计工作有几项？具体是什么？由谁来完成？ 4. 实训企业的会计政策、税收政策有哪些？ 5. 实训企业的成本核算程序和账务处理程序如何规定？ 6. 根据什么来建账？选择什么样的账簿？如何检查建账的正确性？ 7. 根据什么来编制记账凭证？企业产品成本的计算采用什么方法？ 8. 企业需要交纳哪些税？这些缴税凭证的名称是什么？如何计算？ 9. 企业的利润如何形成？是否根据企业利润总额直接计算所得税费用？如何进行利润分配？ 10. 需要编制的报表有哪些？如何编制？ 11. 企业的财务状况如何？说出你分析的结论。 12. 会计报表附注应包括哪些内容？		
资讯引导	问题的解答可参考下列资讯引导： 1. 实训情境二中的任务单、信息单、实训情境描述及财务小组分工；		

学习领域	会计综合实训		
实训情境二	制造企业会计业务处理	学　时	72
资讯引导	2.《会计基础工作规范培训教材》，中华人民共和国财政部会计司、《会计基础工作规范教材》编写组编，经济科学出版社，1998； 3.《基础会计》，赵宝芳主编，中国铁道出版社，2012； 4.《财务会计实务》，孙丽敏、李晓兵主编，中国铁道出版社，2012； 5.《会计综合实训》，郑毅、张爱美主编，电子工业出版社，2012； 6.《会计综合实训》，孙万军主编，高等教育出版社，2011； 7.《税法》，中国注册会计师协会编，经济科学出版社，2013； 8.《中级会计实务》，财政部会计资格评价中心编，经济科学出版社，2013。		

信 息 单

【任务导入】

2.1　企业基本情况

企业名称：哈尔滨冰花啤酒有限公司（以下简称冰花公司）

注册地址：哈尔滨市南岗区人和路 789 号

法定代表人：赵立辉

注册资金：15 000 万元

联系电话：0451-55667799

企业类型：有限责任公司

经营范围：啤酒的生产与销售

企业代码：110101234

微机代码：0456078

税务登记号：237458159378789

注册登记号：2311061234567

银行账号：012314725836907

开户银行：中国工商银行哈尔滨市南岗支行

经营期限：2010 年 1 月 1 日至 2029 年 12 月 31 日

2.2　企业组织机构及人员配备

哈尔滨冰花啤酒有限公司各部门机构设置及人员配备如表 2-1 所示。

表 2-1　公司各部门机构设置基本情况及部门主要人员明细表

序号	部门	岗位及职务	职工姓名	序号	部门	岗位及职务	职工姓名
1	董事会	董事长	赵立辉	7	采购部	采购部长	张立军
2	经理室	总经理	孙伟			材料库管员	李东
		生产副经理	陈强			采购员	李美
		行政副经理	李莉			材料库管员	吴尚
		工会主席	齐心	8	销售部	销售部长	赵雪娇
3	财务部	财务部长	孙大可			成品库管员	赵立兰
		出纳	李梅			牡丹江区销售经理	郑立军
		会计	赵大伟			齐齐哈尔区销售经理	朱海涛
		主管会计	周瑞雪			佳木斯区销售经理	李玉刚
4	酿造车间	车间主任	赵青春			大兴安岭伊春区销售经理	刘兰兰
		领料员	李伟	9	机修车间	车间主任	钱升财
		核算员	朱娜			工作人员	刘运财
		职工	赵美美	10	行政部	行政部长	王一春
5	包装车间	车间主任	赵立春			人事管理人员	王开放
		领料员	李小伟			劳资管理人员	李美生
		核算员	朱美娜			工会负责人	赵贺
6	质检部	质检部长	赵博			职员	孙华
		质检员	李长文			职员	金浩

2.3　啤酒生产工艺

啤酒生产以麦芽和大米为主料，以啤酒花、酵母和水为辅料，生产分为麦汁制备、啤酒发酵及包装三个部分。麦汁制备是将固定的原辅料通过粉碎、糊化、过滤、煮沸、麦汁处理等过程制成具有固定组成成分的成品麦汁；啤酒发酵是将麦汁冷却至规定的温度后送入发酵罐，并加入一定量的啤酒酵母进行发酵，发酵成熟后啤酒经过一段时间的低温贮存，对啤酒进行过滤，除去沉淀的蛋白质和酵母，使成品啤酒澄清透明并有光泽；最后按所生产的啤酒类型进行相应处理及包装。酿造部的产品完工后全部进入包装部，包装部无在产品。具体工艺过程如图 2-1 所示。

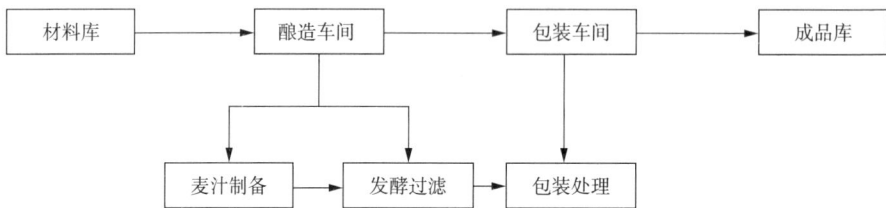

图 2-1　啤酒生产工艺过程图

2.4　企业主要会计政策

① 会计制度。企业执行《企业会计准则》，采用借贷记账法，会计期间为公历的 1 月 1 日至 12 月 31 日。

② 库存现金限额：15 000 元。

③ 存货的核算方法。存货的发出采用实际成本法计价，生产用原材料发出时采用月末一次加权平均法计价，其他周转材料和低值易耗品采用个别认定一次摊销法。销售货物的运费由销售企业负担。销售啤酒成本采用月末一次加权平均单价计算和结转。

④ 开设预收账款和预付账款账户。"预收账款"和"预付账款"直接使用"应收账款"和"应付账款"账户核算。

⑤ 水费和电费的核算与分配。水费和电费通过"应付账款"账户核算。水费采用定额耗用量法分配。酿造车间投产每吨啤酒需水 12 吨，包装车间完工每吨啤酒需水 0.5 吨，直接计入产品成本；机修车间投产每吨啤酒需水 0.1 吨；水费分配价格标准按买价计算，按上述标准分配完毕后剩余水费均列管理费用。电费按企业内部的电表进行分配。酿造车间动力电按产品投产数量进行分配，包装车间的动力电按完工产品数量进行分配。

⑥ 资产减值准备。资产减值采取备抵法。固定资产、无形资产发生减值按照《企业会计准则第 4 号——固定资产》、《企业会计准则第 6 号——无形资产》准则的要求计提资产减值准备，坏账准备按期末应收款项（包括应收账款和其他应收款）余额的 5‰ 计提。

⑦ 固定资产折旧和无形资产摊销。固定资产折旧和无形资产摊销均采用直线法计提折旧。为简化核算，房屋及建筑物年折旧率均为 6%，生产设备的年折旧率均为 12%，运输设备和办公设备的年折旧率均为 9.6%。

⑧ 辅助生产费用归集与分配。机修车间发生的所有费用均在"生产成本——辅助生产成本"账户核算，期末采用直接分配法按耗用工时在各受益对象之间进行分配。

⑨ 制造费用归集与分配。基本生产车间为组织和管理生产发生的各项费用在"制造费用"账户核算，按车间设明细账，期末按生产工时在各受益对象之间进行分配。

⑩ 产品成本计算方法。产品成本计算采用分项结转分步法，按生产步骤和产品品

种开设生产成本明细账。酿造部采用约当产量法将发生的生产费用在完工产品和在产品之间进行分配计算，在产品直接材料的约当量为 100%，其余均为 50%。包装部无在产品，全部为完工产品成本。产品成本项目由直接材料、直接人工、燃料和动力、制造费用四个项目组成。单位产品成本取整，即保留元位即可。

⑪ 差旅费报销标准。出差人员车票、住宿费按实际发生额报销，其他如饮食、交通、通信等杂费的标准为每天 100 元。

⑫ 各项费用的计提标准。与工资有关的社会保险等各项费用的计提比例如表 2-2 所示。社会保险的缴费计数以当月应发工资为准。"五险一金"中个人负担的部分由企业从应发工资中代扣代缴。

表 2-2　与工资有关的"五险一金"等各项费用的计提基数与比例

项　　目	计提依据	计提比例		备　　注
		企业负担部分（%）	个人负担部分（%）	
职工福利费	本月工资总额	4		
工会经费	本月工资总额	2		
职工教育经费	本月工资总额	1.5		
养老保险	本月工资总额	20	8	
失业保险	本月工资总额	2	1	
医疗保险	本月工资总额	8	2	
生育保险	本月工资总额	1		
工伤保险	本月工资总额	1		
住房公积金	本月工资总额	8	8	

⑬ 长期股权投资核算方法。依据投资的具体情况确定采用成本法或权益法。

⑭ 利润形成与分配方法。利润的结转采用账结法，按当年实现净利润的 10% 提取法定盈余公积，按净利润的 50% 向投资者分配利润。

⑮ 贷款。短期贷款的付息期均为半年一次，即每年的 6 月 30 日和 12 月 30 日。长期借款每年付息一次，即每年的 12 月 31 日。长期借款用于厂房建设并已完工。

2.5　企业主要税收政策

① 企业类型。该企业为增值税一般纳税人，流转税采取查账征收，经税务机关核定，纳税期限均为一个月。

② 增值税。公司不享受增值税税收优惠，增值税率为 17%，运费发票按现行规定进行抵扣。对于 2008 年 12 月 31 日前购入的固定资产，出售时按 4% 的征收率减半征

收增值税。

③ 消费税。公司不享受消费税税收优惠，采用从量定额征收消费税的方法。每吨出厂价格在 4 000 元（含 4 000 元，不含增值税）以上的，消费税率 250 元 / 吨；每吨出厂价格在 4 000 元（不含 4 000 元，不含增值税）以下的，消费税率 220 元 / 吨。

④ 城建税及教育费附加。城市维护建设税税率为 7%，教育费附加税率为 3%。

⑤ 所得税。企业所得税采用资产负债表债务法，除计提减值准备外，其他资产与负债的账面价值与计税基础一致。企业不享受企业所得税的税收优惠，适用的所得税率为 25%。企业采取按月预提年终汇算清缴的办法缴纳所得税。个人所得税采取企业代扣缴的方法。

⑥ 其他税费。房产税、车船税、土地使用税按年计算，年末一次计算并缴纳。自用房产房产税的扣除率为 30%，年税率为 1.2%；出租房产自出租的次月起按租金收入的 12% 的税率征收。同时假定固定资产账面价值已包括所有附属设备的价值。货车载重量为 5 吨，每吨位年税额 60 元；客车车船税，每辆年税额为 480 元。厂房占地 20 000 平方米，城镇土地使用税年税额为 5 元 / 平方米。

2.6 企业的产品成本核算方法

该企业的产品成本核算程序如图 2-2 所示。

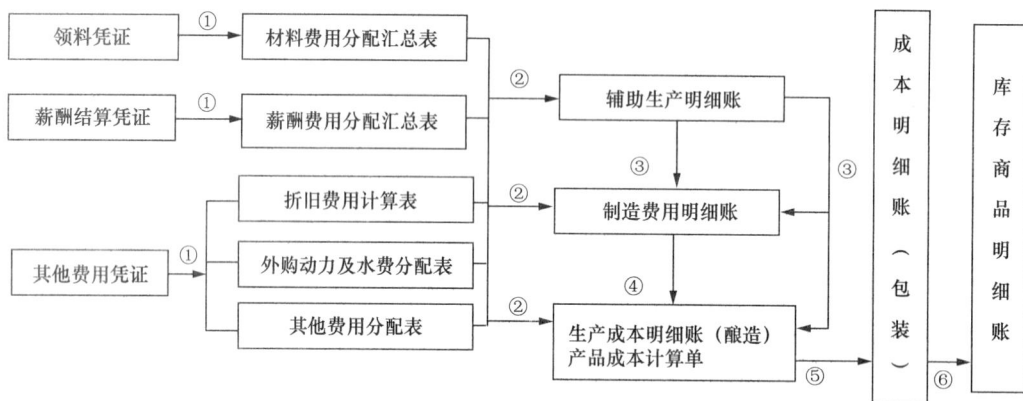

图 2-2 产品成本核算程序

注：① 依据各种原始凭证编制各项要素分配表，进行要素费用的分配。
② 依据各项要素分配表，填制记账凭证并登记各种产品成本明细账。
③ 根据辅助生产费用明细账归集的辅助生产费用进行辅助生产费用分配。
④ 根据制造费用明细账归集的制造费用进行制造费用的分配。
⑤ 根据酿造车间生产成本明细账归集的生产费用，编制成本计算单，计算酿造车间完工产品和在产品成本。
⑥ 根据包装车间基本生产成本明细账归集的生产费用，计算最终完工产品成本。

2.7 账簿组织及账务处理程序

2.7.1 账簿组织

根据企业的交易或事项的实际情况，分别开设总账、日记账和明细分类账。存货明细分类账采用数量金额式，增值税采专用多栏式，生产成本、应交增值税采用专用多栏式成本明细账，管理费用、制造费用按费用项目采多栏式明细账，应付职工薪酬按薪酬项目采用多栏式明细账，其他明细账、总账和日记账采用三栏式明细账，用固定资产、无形资产入账（出账）明细表代替固定资产、无形资产卡片。

2.7.2 账务处理程序及财务报表的报出

该企业的账务处理程序如图 2-3 所示。财务报表的批准报出者为董事长赵立辉，报出日期是 2014 年 3 月 15 日。

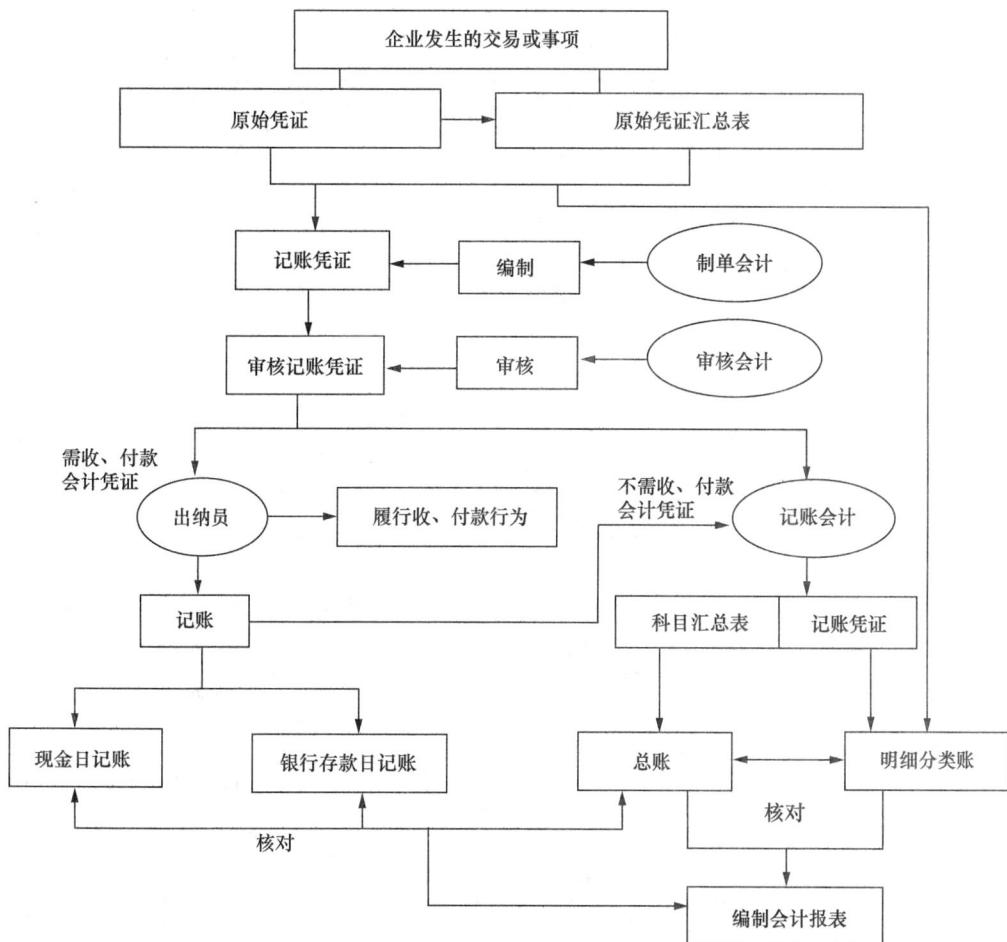

图 2-3 账务处理程序

2.8 冰花啤酒有限公司 2013 年 12 月有关账户资料

2.8.1 冰花啤酒有限公司 2013 年 12 月初有关总账、明细账余额情况（见表 2-3）

表 2-3 冰花啤酒有限公司 2013 年 12 月初有关总账、明细账余额资料

类别	总账科目名称	二级科目名称	余额方向	余额（元）	备 注
资产类	库存现金		借	7 500.00	
	银行存款		借	35 770 000.00	
	其他货币资金	存出投资款	借	1 500 000.00	
	交易性金融资产	成本（黄海科技公司）	借	1 000 000.00	
		成本（长城汽车公司）	借	1 500 000.00	
		合　计	借	2 500 000.00	
	应收票据	齐齐哈尔代理商张齐	借	10 000.00	
	应收账款	齐齐哈尔代理商李齐	借	1 000 000.00	
		牡丹江代理商李江	借	1 000 000.00	
		佳木斯代理商李佳	借	600 000.00	
		合　计	借	2 600 000.00	
	其他应收款	张立军	借	20 000.00	采购部
		李　美	借	10 000.00	采购部
		赵雪娇	借	15 000.00	销售部
		合　计	借	45 000.00	
	坏账准备		贷	15 000.00	
	应收利息	国债利息	借	13 200.00	
	原材料	原料及主要材料	借	2 200 000.00	
		辅助材料	借	572 000.00	
		包装材料	借	1 928 000.00	
		合　计	借	4 700 000.00	
	周转材料	低值易耗品	借	18 000.00	
	库存商品	纯生瓶装啤酒	借	3 600 000.00	
		普通瓶装啤酒	借	4 800 000.00	
		合　计	借	8 400 000.00	
	生产成本	纯生瓶装啤酒	借	6 400 000.00	
		普通瓶装啤酒	借	3 040 000.00	
		合　计	借	9 440 000.00	
	持有至到期投资	国债	借	300 000.00	
	投资性房地产	房屋	借	1 000 000.00	2011 年 12 月转为投资性房地产
	投资性房地产累计折旧		贷	400 000.00	

类别	总账科目名称	二级科目名称	余额方向	余额（元）	备 注
资产类	长期股权投资	成本	借	500 000.00	伟河公司
	固定资产	房屋及建筑物	借	82 000 000.00	
		生产设备	借	54 000 000.00	
		运输设备	借	2 400 000.00	
		办公设备	借	800 000.00	
		合　计	借	139 200 000.00	
	累计折旧		贷	50 003 750.00	
	无形资产	土地使用权	借	49 900 000.00	
		啤酒商标权	借	3 600 000.00	
		专利权	借	1 500 000.00	
		合　计	借	55 000 000.00	
	累计摊销	啤酒商标权	贷	900 000.00	
		专利权	贷	800 000.00	
		合　计	贷	1 700 000.00	
	递延所得税资产		借	3 750.00	
	资　产　合　计		借	208 888 700.00	
负债类	短期借款	流动资金周转借款	贷	5 000 000.00	
	应付账款	沈阳光辉麦芽厂	贷	8 600 000.00	
		哈尔滨啤酒物资供应公司	贷	4 500 000.00	
		双城玻璃制品厂	贷	500 000.00	
		集贤纸箱厂	贷	500 000.00	
		合　计	贷	14 100 000.00	
	应付利息	短期借款利息	贷	88 000.00	
		长期借款利息	贷	990 000.00	
		合　计	贷	1 078 000.00	
	应付职工薪酬	工资	贷	1 550 000.00	
		养老保险	贷	449 500.00	
		失业保险	贷	46 500.00	
		工伤保险	贷	7 750.00	
		医疗保险	贷	178 500.00	职工 400 人
		生育保险	贷	7 750.00	
		住房公积金	贷	248 000.00	
		职工教育经费	贷	23 250.00	
		工会经费	贷	31 000.00	
		福利费	贷	200 000.00	
		合　计	贷	2 742 250.00	

类别	总账科目名称	二级科目名称	余额方向	余额（元）	备　注
负债类	应交税费	未交增值税	贷	500 000.00	
		应交消费税	贷	470 000.00	
		应交城建税	贷	67 900.00	
		应交教育费附加	贷	29 100.00	
		应交企业所得税	贷	600 000.00	
		应交个人所得税	贷	3 500.00	
		合　计	贷	1 670 500.00	
	长期借款	厂房建造	贷	20 000 000.00	
	负　债　合　计		贷	44 590 750.00	
所有者权益类	实收资本		贷	70 000 000.00	
	其中：远大集团		贷	21 000 000.00	
	哈药集团		贷	21 000 000.00	
	职工个人（具体名单略）		贷	28 000 000.00	
	盈余公积		贷	14 285 000.00	
	资本公积		贷	12 500 000.00	
	未分配利润		贷	7 512 950.00	
	本年利润		贷	60 000 000.00	
	所　有　者　权　益　合　计		贷	164 297 950.00	
	负债及所有者权益合计		贷	208 888 700.00	

2.8.2　冰花啤酒有限公司 2013 年 12 月初原材料明细账资料（见表 2-4）

表 2-4　冰花啤酒有限公司原材料明细账

存放地点：1 号库

材料类别	材料名称	编　号	计量单位	数　量	单价（元）	金额（元）
原料及主要材料	麦芽	01	吨	400	4 500.00	1 800 000.00
	大米	02	吨	100	4 000.00	400 000.00
	小　计					2 200 000.00
辅助材料	啤酒花	01	吨	4	50 000.00	200 000.00
辅助材料	啤酒酵母	02	吨	8	46 500.00	372 000.00
	小　计					572 000.00
包装材料	纯生啤酒瓶	01	个	1 700 000	0.20	340 000.00
	普通啤酒瓶	02	个	3 500 000	0.14	490 000.00
	啤酒瓶盖	03	个	800 000	0.04	32 000.00
	纯生啤酒商标签	04	张	500 000	0.05	25 000.00
	普通啤酒商标签	05	张	600 000	0.05	30 000.00
	胶带	06	卷	5 500	2.00	11 000.00
	纸质包装箱	07	个	500 000	2.00	1 000 000.00
	小　　　计					1 928 000.00
	合　　　计					4 700 000.00

2.8.3 冰花啤酒有限公司 2013 年 12 月初周转材料明细账资料（见表 2-5）

表 2-5 冰花啤酒有限公司周转材料明细账

存放地点： 1 号库

周转材料类别	材料名称	计量单位	数 量	单价（元）	金额（元）
低值易耗品	润滑油	千克	40	7.50	300.00
	工作服	套	100	98.00	9 800.00
	工作鞋	双	100	75.00	7 500.00
	手套	双	200	2.00	400.00
	小 计				18 000.00

2.8.4 冰花啤酒有限公司 2013 年 12 月初库存商品明细账资料（见表 2-6）

表 2-6 冰花啤酒有限公司库存商品明细账

存放地点：2 号库

产品名称	计量单位	数 量	单价（元）	金额（元）
纯生啤酒	吨	1 200	3 000.00	3 600 000.00
普通啤酒	吨	1 920	2 500.00	4 800 000.00
合 计				8 400 000.00

2.8.5 冰花啤酒有限公司 2013 年 12 月初在产品成本明细账资料（见表 2-7）

表 2-7 冰花啤酒有限公司酿造部在产品成本明细账

单位：元

产品名称	直接材料	燃料和动力	直接人工	制造费用	合 计
纯生啤酒	4 000 000.00	600 000.00	300 000.00	1 500 000.00	6 400 000.00
普通啤酒	2 400 000.00	140 000.00	200 000.00	300 000.00	3 040 000.00
合 计	6 400 000.00	740 000.00	500 000.00	1 800 000.00	9 440 000.00

2.8.6 冰花啤酒有限公司 2013 年 12 月产品销售价格（见表 2-8）

表 2-8 冰花啤酒有限公司产品销售价格

产品名称	出厂销售价格（不含增值税：元/吨）	出厂销售价格（不含增值税：元/箱）	出厂销售价格（不含增值税：元/500毫升）
纯生啤酒	5 000.00	50.00	2.50
普通啤酒	4 000.00	40.00	2.00

注：为简化计算，按下述标准进行啤酒换算：1 吨＝2 000 斤，1 斤为 500 毫升，1 瓶装啤酒为 500 毫升，每箱啤酒为 20 瓶。

2.8.7 冰花啤酒有限公司 2013 年 12 月生产情况（见表 2-9）

表 2-9 冰花啤酒有限公司 2013 年 12 月酿造部生产情况

单位：吨

产品名称	月初在产品数量	本月投产数量	本月完工	月末在产品完工程度	
				直接材料	其他项目
纯生啤酒	3 800	4 200	7 000	100%	50%
普通啤酒	2 900	2 100	4 000	100%	50%

2.8.8 冰花啤酒有限公司 2013 年 12 月份生产工时明细资料（见表 2-10 和表 2-11）

表 2-10 2013 年 12 月冰花啤酒有限公司生产车间工时明细表

单位：小时

产品名称	酿造车间	包装车间	合 计
纯生啤酒	200 000	100 000	300 000
普通啤酒	100 000	100 000	200 000
合 计	300 000	200 000	500 000

表 2-11 2013 年 12 月冰花啤酒有限公司机修车间机修工时明细表

单位：小时

受益部门	酿造车间	包装车间	管理部门	销售部门	机修车间	合 计
提供劳务数量	2 500	1 800	500	255	145	5 200

2.8.9 冰花啤酒有限公司 2013 年 1～11 月有关损益类总账资料（见表 2-12）

表 2-12 2013 年 1～11 月冰花啤酒有限公司有关损益类总账资料

单位：元

序号	项 目	1～11 月金额	序号	项 目	1～11 月金额
1	主营业务收入	150 500 000.00	1	主营业务成本	92 585 000.00
2	其他业务收入		2	其他业务成本	
3	投资收益	500 000.00	3	营业税金及附加	6 000 000.00
4	公允价值变动损益		4	财务费用	500 000.00
5	营业外收入	50 000 000.00	5	管理费用	13 000 000.00
6			6	销售费用	8 000 000.00
7			7	资产减值损失	15 000.00
8			8	营业外支出	900 000.00
9			9	所得税费用	20 000 000.00
10	收入合计	201 000 000.00	10	支出合计	141 000 000.00
11	1～11 月税后利润	60 000 000.00			

注：此期间未发生资产减值损失，投资收益是按 25% 交完所得税后的净收益。上年度主营业务收入和其他业务收入共计 48 000 000 元；上年的营业利润总额为 10 000 000 元。

2.8.10 冰花啤酒有限公司2013年1～11月管理费用明细账资料（见表2-13）

表2-13 2013年1～11月部分支出明细分类账资料

单位：元

支出总项目	支出明细项目	1～11月支出合计	支出总项目	支出明细项目	1～11月支出合计
管理费用	招待费	350 000.00	营业外支出	公益性捐赠	300 000.00
	新产品研发支出	800 000.00		非广告性质赞助支出	90 000.00
销售费用	广告费	1 000 000.00			

2.8.11 冰花啤酒有限公司2013年12月初固定资产明细账余额及折旧率情况（见表2-14）

表2-14 2013年12月初固定资产原值明细账

金额单位：元

年折旧率 部门 资产	房屋及建筑物	生产设备	运输设备	办公设备	合计
	6%	12%	9.6%	9.6%	—
董事会	2 000 000.00		300 000.00	50 000.00	2 350 000.00
经理室	2 000 000.00		300 000.00	100 000.00	2 400 000.00
财务部	3 000 000.00			150 000.00	3 150 000.00
行政部	3 000 000.00		400 000.00	100 000.00	3 500 000.00
质检部	5 000 000.00			100 000.00	5 100 000.00
采购部	10 000 000.00		700 000.00	50 000.00	10 750 000.00
小计	25 000 000.00		1 700 000.00	550 000.00	27 250 000.00
销售部	8 000 000.00		700 000.00	100 000.00	8 800 000.00
酿造车间	30 000 000.00	40 000 000.00		50 000.00	70 050 000.00
包装车间	14 000 000.00	10 000 000.00		50 000.00	24 050 000.00
机修车间	5 000 000.00	4 000 000.00		50 000.00	9 050 000.00
合计	82 000 000.00	54 000 000.00	2 400 000.00	800 000.00	139 200 000.00

2.8.12 冰花啤酒有限公司2013年12月末各部门电表显示数额（见表2-15）

表2-15 2013年12月末各部门用电统计明细表

部 门	用电性质	电表显示数（度）
酿造车间	生产用电	945 000
	办公用电	60 000
包装车间	生产用电	550 000
	办公用电	55 000
机修车间	办公用电	100 000
销售部门	办公用电	20 000

部　　门	用电性质	电表显示数（度）
管理部门	办公用电	70 000
合　　计		1 800 000

2.8.13　房屋装修的会计处理规定

租入的高管用房装修费计入"长期待摊费用"账户，装修完毕后从下月初起按使用年限采用直线法逐月进行摊销。企业自有房屋装修发生的费用计入"在建工程"账户，装修完毕转入"固定资产——装修工程"账户核算，并从下月起在下次装修时进行摊销。

2.9　2013 年 12 月企业发生的主要交易或事项（见凭证 2-1（1）～凭证 2-120）

凭证 2-1（1）

差 旅 费 报 销 单

报销部门：销售部　　　　　　　填报日期：2013 年 12 月 1 日

姓名	赵雪娇	职别	销售部长	出差事由		参加广博会洽谈业务		
出差起止日期自　2013 年 11 月 20 日起至　2013 年 11 月 29 日共 10 日　附单据　4　张								
出　　发			到　　达			票务费	住宿费	补助费	其他	合计
月	日	地点	月	日	地点					
11	20	哈尔滨	11	20	广州	1 050.00	1 600.00	1 000.00	12 000.00	15 650.00
11	29	广州	11	29	哈尔滨	1 050.00			（会务费）	1 050.00
小　　计						2 100.00	1 600.00	1 000.00	12 000.00	16 700.00
总计金额（大写）		壹万陆仟柒佰元整				预支 15 000.00　报销 16 700.00　补 1 700.00				

部门主管：李莉印　　　　　公司主管：孙伟印　　　　　财务主管：孙大可印　　　　　报销人：赵雪娇印

凭证 2-1（2）

收　　据

2013 年 12 月 1 日　　　　　　　　　　　　　　现金付字第 51 号

收到人民币（大写）壹仟柒佰元整　　　　　　　　￥1 700.00

收款原因：　出差报账补差价

批准人（签章）：孙大可印　　　收款人（签章）：赵雪娇印　　　　　现金付讫

凭证 2-1（3）

费 用 报 销 单

部门：销售部　　　　　　2013 年 12 月 1 日　　　　　编号：20131201

支出内容	金 额	结 算 方 式	
赵雪娇报差旅费	16 700.00	1. 冲借款　15 000.00　元	
		2. 转账　　　　　　元	
		3. 汇款　　　　　　元	
合计（大写）壹万陆仟柒佰元整		4. 补付现金　1 700.00　元	

附单据 2 张

会计主管：周瑞雪印　　单位负责人：李莉印　　出纳：李梅印　　经办人：赵雪娇印

凭证 2-2（1）

黑龙江增值税专用发票

2300124620　　　　　　　　　　　　　　　　　　　No 01300705

校验码 32121　12365　44678　55996　　　　开票日期：2013 年 12 月 1 日

购货单位	名　称：哈尔滨冰花啤酒有限公司 纳税人识别号：237458159378789 地址、电话：哈尔滨南岗区人和路 789 号　55667799 开户行及账号：中国工商银行哈尔滨市南岗支行 012314725836907	密码区	2489－1＜9－7－61596 8＜032/52＞9/29533 1626＜8－3024＞36 －47－6＜7＞2*－/＞*＞6/	加密版本：01※ 4300204521 00015641

货物或应税劳务名称	规格型号	单位	数量	单　价	金　额	税率	税　额
啤酒花		吨	100	52 000.00	5 200 000.00	17%	884 000.00
合　计					￥5 200 000.00		￥884 000.00

价税合计（大写）　陆佰零捌万肆仟元整　　　　　　（小写）￥6 084 000.00

销货单位	名　称：哈尔滨啤酒物资供应公司 纳税人识别号：231103748241898 地址、电话：哈尔滨香坊区红旗大街 11 号　56254410 开户行及账号：中国工商银行哈尔滨市香坊支行 1901011009225990886	备注	哈尔滨啤酒物资供应公司 231103748241898 发票专用章

收款人：汪华涛印　　　复核：王海涛印　　　开票人：李娜印　　　销货单位（章）

第三联：发票联　购货方记账凭证

凭证 2-2（2）

黑龙江增值税专用发票

2300124620　　　　　　　　　　　　　　　　　　　No 01300705

校验码 32121　12365　44678　55996　　　　开票日期：2013 年 12 月 1 日

购货单位	名　称：哈尔滨冰花啤酒有限公司 纳税人识别号：237458159378789 地址、电话：哈尔滨南岗区人和路 789 号　55667799 开户行及账号：中国工商银行哈尔滨市南岗支行 012314725836907	密码区	2489－1＜9－7－61596 8＜032/52＞9/29533 1626＜8－3024＞36 －47－6＜7＞2*－/＞*＞6/	加密版本：01※ 4300204521 00015641

货物或应税劳务名称	规格型号	单位	数量	单　价	金　额	税率	税　额
啤酒花		吨	100	52 000.00	5 200 000.00	17%	884 000.00
合　计					￥5 200 000.00		￥884 000.00

价税合计（大写）　陆佰零捌万肆仟元整　　　　　　（小写）￥6 084 000.00

销货单位	名　称：哈尔滨啤酒物资供应公司 纳税人识别号：231103748241898 地址、电话：哈尔滨香坊区红旗大街 11 号　56254410 开户行及账号：中国工商银行哈尔滨市香坊支行 1901011009225990886	备注	哈尔滨啤酒物资供应公司 231103748241898 发票专用章

收款人：汪华涛印　　　复核：王海涛印　　　开票人：李娜印　　　销货单位（章）

第二联：抵扣联　购货方抵扣凭证

凭证 2-2（3）

收 料 单

供应单位：哈尔滨啤酒物资供应公司　　　　　　　　　　收料单编号：20131201

发票号码：№ 01300705　　　　　　2013 年 12 月 1 日　　　仓库：1

材料名称	计量单位	数量		实际价格（元）				
		应收	实收	单价	发票金额	运杂费	合　计	
							总成本	单位成本
啤酒花	吨	100	100	52 000.00	5 200 000.00		5 200 000.00	52 000.00
验收结论：合格	合　计	100		52 000.00	5 200 000.00		5 200 000.00	52 000.00
备注：								

验收员：李东印　　　　收料员：李东印　　　　采购员：李美印　　　　部门负责人：张立军印

凭证 2-3（1）

付 款 报 告 书

部门：财务部　　　　　　　2013 年 12 月 2 日　　　　　　编号 20131201

开 支 内 容	金 额	结 算 方 式
沈阳光辉麦芽厂前欠货款及汇费	8 600 200.00	电 汇
		转账付讫
合计（大写）捌佰陆拾万零贰佰元整		

主管会计：周瑞雪印　　　单位负责人：孙大可印　　　出纳：李梅印　　　经办人：赵大伟印

凭证 2-3（2）

中国工商银行电汇凭证（回单）1

√普通　□加急　委托日期　　2013 年 12 月 2 日

汇款人	全 称	哈尔滨冰花啤酒有限公司	收款人	全 称	沈阳光辉麦芽厂										
	账 号	012314725836907		账 号	111222333444555										
	汇出地点	黑龙江 省 哈尔滨 市/县		汇入地点	辽宁 省 沈阳 市/县										
	开户银行	中国工商银行哈尔滨市南岗支行		开户银行	中国工商银行沈阳市铁西区支行										
金额	人民币（大写）	捌佰陆拾万元整			亿	千	百	十	万	千	百	十	元	角	分
						¥ 8	6	0	0	0	0	0	0	0	0
汇出行签章： 中国工商银行 南岗支行 2013.12.02 转讫			支付密码												
			附加信息及用途 支付前欠货款												
			中国												
			复核：　　　　记账：												

凭证 2-3（3）

中 国 工 商 银 行　　　　　　　　　　　　　　　收费凭条

INDUSTRIAL AND COMMERCIAL BANK OF CHINA

2013 年 12 月 2 日

付款人名称	哈尔滨冰花啤酒有限公司		付款人账号	中国工商银行哈尔滨市南岗支行 012314725836907										上述款项请从
服务项目 （凭证种类）	数量	工本费	手续费	小 计										我账户支付 预留印鉴：
				千	百	十	万	千	百	十	角	分		
汇款手续费								2	0	0	0		
币种（大写）　贰佰元整							¥	2	0	0	0		
	以下在购买凭证时填写												
	领购人证件类型												
	领购人证件号码												

中国工商银行 南岗支行 2013.12.02 转讫

辉赵 印立

财务专用章

记账联附件

事后监督：　　　　　　　　　　　　　　　　　　　　　　　　记账：

凭证 2-3（4）

收　据

2013 年 12 月 3 日　　　　　　　　　　　　　转收字第 85 号

收到：哈尔滨冰花啤酒有限公司

人民币（大写）捌佰陆拾万元整　　　　　　　　　¥ 8 600 000.00

收款原因：前欠麦芽款　　　　　　　　结算方式：电汇

沈阳光辉麦芽 财务专用章

第三联：付款人收

会计主管：赵可印　　　　单位印章：　　　　收款人：李有钱印　　　　经手人：李有钱印

凭证 2-4（1）

中国工商银行电汇凭证（收账通知）2

☑普通　□加急　委托日期　　　　2013 年 12 月 2 日

汇款人	全　称	齐齐哈尔啤酒批发公司	收款人	全称	哈尔滨冰花啤酒有限公司									
	账　号	043147258369075		账　号	012314725836907									
	汇出地点	黑龙江 省 齐齐哈尔市 / 县		汇入地点	黑龙江 省 哈尔滨 市 / 县									
	开户银行	中国工商银行齐齐哈尔市铁峰支行		开户银行	中国工商银行哈尔滨市南岗支行									
金额	人民币 （大写）	肆佰零玖万伍仟元整			亿	千	百	十	万	千	百	十	元	角	分
						¥	4	0	9	5	0	0	0	0	0
	中国工商银行 大兴安岭解放支行 2013.12.02 转讫		支付密码											
			附加信息及用途 支付货款											
汇出行签章：			复核：　　　　　记账：											

此联是收款行给收款人的收款通知

凭证 2-4（2）

产成品出库单

产品出库编号：20131201 号

购货单位：齐齐哈尔啤酒批发公司　　　　2013 年 12 月 2 日　　　　仓库：2 号库

产品名称	单位	销售数量（吨）	单位成本（元）	总成本（元）	备　注
纯生瓶装啤酒	吨	300			
普通瓶装啤酒	吨	500			
合　计		800			

库管员：赵立兰印　　　　　　　销售员：朱海峰印　　　　　　　部门负责人：赵雪娇印

凭证 2-4（3）

黑龙江增值税专用发票

2300224620　　　　　　发票联　　　　　　　No 01302705

校验码 32121　12367　44678　55997　　　　　　　　开票日期：2013 年 12 月 2 日

购货单位	名　称：齐齐哈尔啤酒批发公司 纳税人识别号：235678159378123 地址、电话：齐齐哈尔铁路街 22 号　65657799 开户行及账号：中国工商银行齐齐哈尔市铁锋支行 　　　　　　　043147258369075	密码区	2489 - 1 < 9 - 7 - 61596 8 < 032/52 > 9/29533 1626 < 8 - 3024 > 36 - 47 - 6 < 7 > 2* - / > * > 6/	加密版本：01※ 4300204521 00015641

货物或应税劳务名称	规格型号	单位	数量	单 价	金 额	税率	税 额
纯生瓶装啤酒		吨	300	5 000.00	1 500 000.00	17%	255 000.00
普通瓶装啤酒		吨	500	4 000.00	2 000 000.00	17%	340 000.00
合　计					￥3 500 000.00		￥595 000.00

价税合计（大写）	肆佰零玖万伍仟元整	（小写）￥4 095 000.00

销货单位	名　称：哈尔滨冰花啤酒有限公司 纳税人识别号：237458159378789 地址、电话：哈尔滨南岗区人和路 789 号　55667799 开户行及账号：中国工商银行哈尔滨市南岗支行 　　　　　　　012314725836907	备注	哈尔滨冰花啤酒有限公司 237458159378789 发票专用章

收款人：李梅印　　　　复核：赵雪娇印　　　　开票人：赵立兰印　　　　销货单位（章）

第一联：发票联　销货方记账凭证

凭证 2-5（1）

中国工商银行汇票申请书（存　根）　　1　　　No.51675368

申请日期　2013 年 12 月 2 日

申请人	哈尔滨冰花啤酒有限公司	收款人	河北麦芽厂										
账号或住址	012314725836907	账号或住址	112314723336909										
用　途	购料	代理付款行	中国工商银行哈尔滨市南岗支行										
				千	百	十	万	千	百	十	元	角	分
汇票金额	贰佰万元整		￥	2	0	0	0	0	0	0	0	0	0
备注		科　　目 对方科目 财务主管　　　复核　　　记账											

中国工商银行 南岗支行 2013.12.02 转讫

此联申请人留存

凭证 2-5（2）

中 国 工 商 银 行   收费凭条

INDUSTRIAL AND COMMERCIAL BANK OF CHINA

2013 年 12 月 2 日

付款人名称	哈尔滨冰花啤酒有限公司		付款人账号	中国工商银行哈尔滨市南岗支行 012314725836907											
服务项目 （凭证种类）	数量	工本费	手续费	小 计										上述款项请从 我账户支付
				百	十	万	千	百	十	元	角	分		预留印鉴：
汇票手续费								2	0	0	0	0		
签发手续费										1	0	0		辉赵 印立
工本费											2	8		
币种（大写）贰佰零壹元贰角捌分						￥	2	0	1	2	8			
以下在购买凭证时填写														
		领购人证件类型												
		领购人证件号码												

事后监督：   记账：

凭证 2-5（3）

付款期限
壹个月

中 国 工 商 银 行

银 行 汇 票   2   地 1   00001122
                           名 01

出票日期 （大写）	贰零壹叁年拾贰月零贰日	代理付款行：中国工商银行哈尔滨市南岗支行 行号：04511

收款人：河北麦芽厂				账号：112314723336909										
出票金	人民币 （大写）	贰佰万元整												
实际结算金额	人民币 （大写）		千	百	十	万	千	百	十	元	角	分		
申请人：哈尔滨冰花啤酒有限公司			账号：012314725836907											
出票行：中国工商银行哈尔滨市南岗支行 行号：04511			密押											
备 注：	海王 印明		多余金额											
见票付款			千	百	十	万	千	百	十	元	角	分		
出票行签章								复核 记账						

凭证 2-5（4）

付款期限
壹个月

中国工商银行 （解讫通知）

银行汇票　　　　3　地 1　00001122
　　　　　　　　　　　　名 01

出票日期（大写）	贰零壹叁年拾贰月零贰日	代理付款行：中国工商银行哈尔滨市南岗支行 行号：04511

此联代理付款行付款后随报单寄出票行　由出票行作多余款贷方凭证

收款人：河北麦芽厂		账号：112314723336909								
出票金（大写）	人民币 贰佰万元整									
实际结算金额（大写）	人民币	千	百	十	万	千	百	十	元	角 分

申请人：哈尔滨冰花啤酒有限公司	账号：012314725836907
出票行：中国工商银行哈尔滨市南岗支行 行号：04511	密押

备　注：
见票付款

出票行签章

多余金额
千	百	十	万	千	百	十	元	角	分

复核　　记账

（中国工商银行哈尔滨市南岗支行 汇票专用章 2013.12.02）

海王印明

凭证 2-6（1）

黑龙江增值税专用发票

2300124620
校验码 32121　12367　33221　55997

No 01301905
开票日期：2013 年 12 月 2 日

购货单位	名　　称：哈尔滨冰花啤酒有限公司 纳税人识别号：237458159378789 地址、电话：哈尔滨南岗区人和路789号 55667799 开户行及账号：中国工商银行哈尔滨市南岗支行 012314725836907	密码区	2490 － 1 ＜ 9 － 7 － 61596 8 ＜ 032/52 ＞ 9/29533 1626 ＜ 8 － 3024 ＞ 36 － 47 － 6 ＜ 7 ＞ 2* － / ＞ * ＞ 6/ 加密版本：01※ 4300204512 00015642

第三联：发票联　购货方记账凭证

货物或应税劳务名称	规格型号	单位	数量	单价	金　额	税率	税　额
包装箱		个	1 000 000	2.20	2 200 000.00	17%	374 000.00
合　　计					￥2 200 000.00		￥374 000.00

价税合计（大写）	贰佰伍拾柒万肆仟元整	（小写）￥2 574 000.00

销货单位	名　　称：佳木斯纸箱厂 纳税人识别号：231103748161718 地址、电话：佳木斯市向阳路33号 23254412 开户行及账号：中国工商银行佳木斯市向阳支行 19010133392259990111	备注	（佳木斯纸箱厂 231103748161718 发票专用章）

收款人：孙伟印　　复核：王丽丽印　　开票人：李可印　　销货单位（章）

凭证 2-6（2）

黑龙江增值税专用发票
抵扣联

2300124620

No 01301905

校验码 32121　12367　33221　55997

开票日期：2013 年 12 月 2 日

购货单位	名　　称：哈尔滨冰花啤酒有限公司 纳税人识别号：237458159378789 地址、电话：哈尔滨南岗区人和路 789 号　55667799 开户行及账号：中国工商银行哈尔滨市南岗支行 　　　　　　　012314725836907	密码区	2490 - 1 < 9 - 7 - 61596 8 < 032/52 > 9/29533　　加密版本：01※ 1626 < 8 - 3024 > 36　　4300204512 - 47 - 6 < 7 > 2* - / > * > 6/　00015642

货物或应税劳务名称	规格型号	单位	数量	单价	金额	税率	税额
包装箱		个	1 000 000	2.20	2 200 000.00	17%	374 000.00
合　　计					¥ 2 200 000.00		¥ 374 000.00

价税合计（大写）	贰佰伍拾柒万肆仟元整	（小写）¥ 2 574 000.00

销货单位	名　　称：佳木斯纸箱厂 纳税人识别号：231103748161718 地址、电话：佳木斯市向阳路 33 号　23254412 开户行及账号：中国工商银行佳木斯市向阳支行 　　　　　　　1901013339225990111	备注	佳木斯纸箱厂 231103748161718 发票专用章

第二联：抵扣联　购货方抵扣凭证

收款人：孙伟印　　　复核：王丽丽印　　　开票人：李可印　　　销货单位（章）

凭证 2-6（3）

收　料　单

供应单位：佳木斯纸箱厂　　　　　　　　　　　　　　收料单编号：20131202

发票号码：No 01301905　　　　2013 年 12 月 1 日　　　　仓库：1

材料名称	计量单位	数　量		实际价格（元）			合　计	
		应收	实收	单价	发票金额	运杂费	总成本	单位成本
包装箱	个	1 000 000	1 000 000	2.20	2 200 000		2 200 000	2.20
验收结论：合格	合　计	1 000 000		2.20	2 200 000		2 200 000	2.20
备注：								

第二联：记账

验收员：李东印　　　收料员：李东印　　　采购员：李美印　　　部门负责人：张立军印

凭证 2-6（4）

银行承兑商业汇票　　2　地 HH 名 01　00661122 22334455

出票日期（大写）　贰零壹叁年拾贰月零贰日

出票人全称	哈尔滨冰花啤酒有限公司	收款人	全 称	佳木斯纸箱厂
出票人账号	012314725836907		账 号	231103748161718
付款行全称	中国工商银行哈尔滨市南岗支行		开户银行	中国工商银行佳木斯市向阳支行

汇票金额	人民币（大写）贰佰伍拾柒万肆仟元整	千	百	十	万	千	百	十	元	角	分
		¥	2	5	7	4	0	0	0	0	0

汇票到期日（大写）	贰零壹肆年零贰月零贰日	付款行	行号	04511
承兑协议编号	20131201		地址	哈尔滨市南岗区人和路 789 号

本汇票请你承兑，到期无条件付票款。	本汇票已经承兑，到期日由本行付款。
出票人签章	承兑日期　年　月　日　　承兑行签章　　备注：　　复核　记账

凭证 2-6（5）

中 国 工 商 银 行　　　　　　　　　　　　收费凭条

INDUSTRIAL AND COMMERCIAL BANK OF CHINA

2013 年 12 月 2 日

付款人名称	哈尔滨冰花啤酒有限公司		付款人账号		中国工商银行哈尔滨市南岗支行 012314725836907								
服务项目（凭证种类）	数量	工本费	手续费	小 计									上述款项请从我账户支付
				百	十	万	千	百	十	元	角	分	
汇票手续费			2 574 000×0.5‰				1	2	8	7	0	0	预留印鉴：
币种（大写）壹仟贰佰捌拾柒元整						¥	1	2	8	7	0	0	

以下在购买凭证时填写

领购人证件类型	
领购人证件号码	

事后监督：　　　　　　　　　　　　　　记账：

凭证 2-6（6）

银行承兑协议

编号：20131201

收款人全称：佳木斯纸箱厂	付款人全称：哈尔滨冰花啤酒有限公司
开户银行：中国工商银行佳木斯向阳支行	开户银行：中国工商银行哈尔滨香坊支行
账　号：231103748161718	账　号：012314725836907
汇票号码：00661122	汇票金额：（大写）贰佰伍拾柒万肆仟元整
签发日期：2013 年 12 月 2 日	到期日期：2014 年 3 月 2 日

以上汇票经承兑银行承兑，承兑申请人（下称申请人）愿遵守《银行结算办法》的规定及以下列条款：

一、申请人于汇票到期日前将应付票款足额存交承兑银行。

二、承兑手续费按票面金额的万分之五计划，在银行承兑时一次付清。

三、承兑汇票发生任何交易纠纷，均由收付双方自行处理，票款于到期前仍按第一条办理。

四、承兑汇票到期日，承兑银行凭票无条件支付票款。如到期日之前申请人不能足额交付票款时，承兑银行对不足支付票款转作承兑申请人逾期贷款，并按照有关规定计收罚息。

五、承兑汇票款付清后，本协议自动失效。本协议第一、二联分别由承兑银行信贷部和承兑申请人存执，协议副本由承兑银行会计部门存查。

承兑申请人＿＿＿＿＿＿（盖章）

订立承兑协议日期　2013 年 12 月 3 日

承兑银行＿＿＿＿＿＿（盖章）

凭证 2-7（1）

付 款 报 告 书

部门：采购部　　　　　　2013 年 12 月 2 日　　　　　　编号：20131202

开支内容	金　额	结算方式	附单据3张
支付啤酒瓶款	4 212 000	转支 8 970	
		现金付讫	
合计（大写）肆佰贰拾壹万贰仟元整			

主管会计：周瑞雪印　　单位负责人：张立军印　　出纳：李梅印　　经办人：李美印

凭证 2-7（2）

黑龙江增值税专用发票
发票联

2300133620　　　　　　　　　　　　　　　　　　No 013018016

校验码 32121　12367　33221　33447　　　　开票日期：2013 年 12 月 2 日

购货单位	名　称：哈尔滨冰花啤酒有限公司 纳税人识别号：237458159378789 地址、电话：哈尔滨南岗区人和路 789 号　55667799 开户行及账号：中国工商银行哈尔滨市南岗支行 012314725836907	密码区	2490 - 1 < 9 - 7 - 61596 8 < 032/52 > 9/29533　　加密版本：01※ 1626 < 8 - 3024 > 36　　4300204512　00015642 - 47 - 6 < 7 > 2* - / > * > 6/

货物或应税劳务名称	规格型号	单位	数量	单价	金额	税率	税额
纯生啤酒瓶		个	15 000 000	0.18	2 700 000.00	17%	459 000.00
普通啤酒瓶		个	6 000 000	0.15	900 000.00	17%	153 000.00
合　计					¥ 3 600 000.00		¥ 612 000.00

价税合计（大写）	肆佰贰拾壹万贰仟元整	（小写）¥ 4 212 000.00

销货单位	名　称：哈尔滨市玻璃厂 纳税人识别号：231103748161010 地址、电话：哈尔滨市道理经纬二道街 1 号　86254412 开户行及账号：中国工商银行哈尔滨市道理支行 1901013339225990777	备注	哈尔滨市玻璃厂 231103748161010 发票专用章

收款人：刘伟印　　　复核：王达古印　　　开票人：杨可印　　　销货单位（章）

凭证 2-7（3）

黑龙江增值税专用发票

黑龙江增值税专用发票

抵扣联

2300133620　　　　　　　　　　　　　　　　　　　　　　No 013018016

校验码 32121　12367　33221　33447　　　　　　开票日期：2013 年 12 月 2 日

| 购货单位 | 名　　　称：哈尔滨冰花啤酒有限公司
纳税人识别号：237458159378789
地址、电话：哈尔滨南岗区人和路 789 号　55667799
开户行及账号：中国工商银行哈尔滨市南岗支行
012314725836907 | 密码区 | 2490 － 1 ＜ 9 － 7 － 61596
8 ＜ 032/52 ＞ 9/29533
1626 ＜ 8 － 3024 ＞ 36
－ 47 － 6 ＜ 7 ＞ 2* － / ＞ * ＞ 6/ | 加密版本：01※
4300204512
00015642 |

货物或应税劳务名称	规格型号	单位	数量	单价	金额	税率	税额
纯生啤酒瓶		个	15 000 000	0.18	2 700 000.00	17%	459 000.00
普通啤酒瓶		个	6 000 000	0.15	900 000.00	17%	153 000.00
合　　计					￥ 3 600 000.00		￥ 612 000.00

价税合计（大写）	肆佰贰拾壹万贰仟元整	（小写）￥4 212 000.00

| 销货单位 | 名　　　称：哈尔滨市玻璃厂
纳税人识别号：231103748161010
地址、电话：哈尔滨市道里经纬二道街 1 号　86254412
开户行及账号：中国工商银行哈尔滨市道里支行
19010133392259990777 | 备注 | 哈尔滨市玻璃厂
231103748161010
发票专用章 |

收款人：刘伟印　　　　复核：王达古印　　　　开票人：杨可印　　　　销货单位（章）

第三联：抵扣联　购货方抵扣凭证

凭证 2-7（4）

收 料 单

供应单位：哈尔滨市玻璃厂　　　　　　　　　　收料单编号：20131203

发票号码：No 013018016　2013 年 12 月 1 日　　　　　　　仓库：1

材料名称	计量单位	数量		实际价格（元）				
		应收	实收	单价	发票金额	运杂费	合计	
							总成本	单位成本
纯生啤酒瓶	个	15 000 000	15 000 000	0.18	2 700 000		2 700 000	0.18
普通啤酒瓶	个	60 000 000	6 000 000	0.15	900 000		900 000	0.15
验收结论：合格	合　计						3 600 000	
备注：								

验收员：李东印　　　　收料员：李东印　　　　采购员：李美印　　　　部门负责人：张立军印

第二联：记账

凭证 2-7（5）

中国工商银行转账支票存根	本支票付款期限十天	中国工商银行转账支票			No.4358970
支票号码：4358970		出票日期（大写）　　年　月　日		付款行名称：	
科　　目：		收款人：		出票人账号	
对方科目：		大写币		亿 千 百 十 万 千 百 十 元 角 分	
出票日期：　年　月　日		（大写			
收款人：		用途			
金　　额：		上列款项请从		科目（借方）	
用　　途：		我账户内支付		对方科目（贷）	
备　　注：		出票人签章		复核　　　记账	

凭证 2-8（1）

辽宁增值税专用发票
发票联

2300125113

№ 01303805

校验码 32121　12367　33221　33456

开票日期：2013 年 12 月 2 日

购货单位	名　　　称：哈尔滨冰花啤酒有限公司 纳税人识别号：237458159378789 地址、电话：哈尔滨南岗区人和路 789 号　55667799 开户行及账号：中国工商银行哈尔滨市南岗支行 012314725836907	密码区	2490 - 1 < 9 - 7 - 61596 8 < 032/52 > 9/29555 1626 < 8 - 3024 > 36 - 47 - 6 < 7 > 2* - / > * > 6/	加密版本：01※ 4300255512 00015642

货物或应税劳务名称	规格型号	单位	数量	单 价	金　额	税率	税　额
普通啤酒标签		张	8 000 000	0.05	400 000.00	17%	68 000.00
纯生啤酒标签		张	14 000 000	0.05	700 000.00	17%	119 000.00
合　　计					¥ 1 100 000.00		¥ 187 000.00

价税合计（大写）	壹佰贰拾捌万柒仟元整	（小写）¥ 1 287 000.00

销货单位	名　　　称：沈阳胜利彩印厂 纳税人识别号：22410374816109 地址、电话：沈阳市铁西区沈阳大街 3 号　86254477 开户行及账号：中国工商银行沈阳市铁西支行 19010133339225990777	备注	沈阳胜利彩印厂 22410374816109 发票专用章

第三联：发票联　购货方记账凭证

收款人：朱华涛印　　　复核：李海涛印　　　开票人：赵娜印　　　销货单位（章）

凭证 2-8（2）

辽宁增值税专用发票
抵扣联

2300125113

№ 01303805

校验码 32121　12367　33221　33456

开票日期：2013 年 12 月 2 日

购货单位	名　　　称：哈尔滨冰花啤酒有限公司 纳税人识别号：237458159378789 地址、电话：哈尔滨南岗区人和路 789 号　55667799 开户行及账号：中国工商银行哈尔滨市南岗支行 012314725836907	密码区	2490 - 1 < 9 - 7 - 61596 8 < 032/52 > 9/29555 1626 < 8 - 3024 > 36 - 47 - 6 < 7 > 2* - / > * > 6/	加密版本：01※ 4300255512 00015642

货物或应税劳务名称	规格型号	单位	数量	单 价	金　额	税率	税　额
普通啤酒标签		张	8 000 000	0.05	400 000.00	17%	68 000.00
纯生啤酒标签		张	14 000 000	0.05	700 000.00	17%	119 000.00
合　　计					¥ 1 100 000.00		¥ 187 000.00

价税合计（大写）	壹佰贰拾捌万柒仟元整	（小写）¥ 1 287 000.00

销货单位	名　　　称：沈阳胜利彩印厂 纳税人识别号：22410374816109 地址、电话：沈阳市铁西区沈阳大街 3 号　86254477 开户行及账号：中国工商银行沈阳市铁西支行 19010133339225990777	备注	沈阳胜利彩印厂 22410374816109 发票专用章

第三联：抵扣联　购货方抵扣凭证

收款人：朱华涛印　　　复核：李海涛印　　　开票人：赵娜印　　　销货单位（章）

凭证 2-8（3）

收 料 单

供应单位：沈阳胜利彩印厂　　　　　　　　　　　　　收料单编号：20131204
发票号码：No 01301905　　　　　2013 年 12 月 2 日　　　　　　仓库：1

材料名称	计量单位	数量		实际价格（元）				
		应收	实收	单价	发票金额	运杂费	合　计	
							总成本	单位成本
普通啤酒商标	张	8 000 000	8 000 000	0.05	400 000.00		400 000.00	0.05
纯生啤酒商标	张	14 000 000	14 000 000	0.05	700 000.00		700 000.00	0.05
验收结论：合格		合　计	22 000 000				1 100 000.00	
备注：								

第二联：记账

验收员：李东印　　　　收料员：李东印　　　　采购员：李美印　　　　部门负责人：张立军印

凭证 2-9（1）

费 用 报 销 单

部门：　　　　　　　　　年　月　日　　　　　　　编号：20131202

支 出 内 容	金 额	结 算 方 式
		1. 冲借款_____元
		2. 转账_____元
		3. 汇款_____元
		4. 现金付讫_____元
合计（大写）		

附单据　张

会计主管：　　　　　　单位负责人：　　　　　出纳：　　　　　　　经办人：

凭证 2-9（2）

黑龙江省饮食业定额发票
HEILONGJIANG CATERING INDUSTRY GENERAL INVOICE
发票联
INVOICE

哈尔滨市市区专用

发票代码：22301137116
INVOICE CODE
发票号码：34403305
INVOICE NUMBER
密码区 D F S P
PASSWORD AREA

壹拾元
TEN YUAN
¥10.00
37137111-66834011-74033053

收款单位（加盖发票专用章）开票日期　年　月　日
PAYEE(SEAL)　　　　DATE ISSUED　Y　M　D

兑　奖　联
Part for collecting a prize
奖　区 D F S P
AWARD AREA

告知事项：1、刮开奖区覆盖层显示中奖金额即为中奖。
2、兑奖前不得将"发票联"和"兑奖联"撕开，否则不予兑奖。
Notice:1. Scrape open the coverage layer at the prize area, and a prize is won if an amount of winning a prize is displayed.
2. Do not tear the "Invoice part" and "Part for collecting a prize" before collecting a prize, otherwise collecting a prize is not allowable.

37137111-66834011-74033053

注：行政部王一春报销业务招待费发票 35 张，每张金额不等，发票金额共 2 500.00 元。其余 34 张发票略。

凭证 2-10（1）

收 据

2013 年 12 月 3 日　　　　　　　　　转收字第 86 号

第二联：收款人收据

收到：牡丹江新西安啤酒超市（牡丹江啤酒商李江）

人民币（大写）壹拾捌万元整　　　　　　　　¥ 180 000.00

收款原因：六月份核销的坏账收回。　　　　　结算方式：汇款

转账付讫

会计主管：周瑞雪印　　　单位印章：　　　收款人：李梅印　　　经手人：李江印

凭证 2-10（2）

中国工商银行电汇凭证（回单）1

☑普通　□加急　委托日期　　　2013 年 12 月 3 日

此联是付款行给汇款人的回单

汇款人	全　称	牡丹江新西安啤酒超市	收款人	全称	哈尔滨冰花啤酒有限公司										
	账号	045314725836987		账号	012314725836907										
	汇出地点	黑龙江 省 牡丹江 市/县		汇入地点	黑龙江 省 哈尔滨 市/县										
	开户银行	中国工商银行牡丹江市西安支行		开户银行	中国工商银行哈尔滨市南岗支行										
金额	人民币（大写）	壹拾捌万元整			亿	千	百	十	万	千	百	十	元	角	分
							¥	1	8	0	0	0	0	0	0

中国工商银行
南岗支行
2013.12.03
转讫

支付密码

附加信息及用途
支付前欠货款

中国

复核：　　　　记账：

汇出行签章：

凭证 2-11（1）

付 款 报 告 书

部门：财务部　　　　　　　　2013 年 12 月 3 日　　　　　编号：20131203

附单据 3 张

开 支 内 容	金　额	结 算 方 式
支付集贤纸箱厂前欠货款及汇费	500 050.00	电汇
合计（大写）伍拾万零伍拾元整		转账付讫

主管会计：周瑞雪印　　　单位负责人：孙大可印　　　出纳：李梅印　　　经办人：赵大伟印

凭证 2-11（2）

中国工商银行电汇凭证（回单）1

☑普通　□加急　委托日期　　2013 年 12 月 3 日

汇款人	全　　称	哈尔滨冰花啤酒有限公司	收款人	全　　称	集贤纸箱厂
	账　　号	012314725836907		账　　号	111222333444646
	汇出地点	黑龙江　省　哈尔滨　市／县		汇入地点	黑龙江　省　佳木斯　市／县
	开户银行	中国工商银行哈尔滨市南岗支行		开户银行	中国工商银行集贤县支行

金额	人民币（大写）	伍拾万元整	亿 千 百 十 万 千 百 十 元 角 分
			￥ 5 0 0 0 0 0 0 0 0

支付密码

附加信息及用途　　支付前欠货款

中国工商银行
集贤县支行
2013.12.03
转讫

中国

汇出行签章：　　　　　　　　　　　　　　　　　　复核：　　　　记账：

此联是付款行给汇款人的回单

凭证 2-11（3）

中国工商银行
INDUSTRIAL AND COMMERCIAL BANK OF CHINA

收费凭条

2013 年 12 月 3 日

付款人名称	哈尔滨冰花啤酒有限公司		付款人账号	中国工商银行哈尔滨南岗支行 012314725836907									上述款项请从我账户支付
服务项目（凭证种类）	数量	工本费	手续费	小 计									
				百	十	万	千	百	十	元	角	分	
汇票手续费			500 000×0.1‰						5	0	0	0	
													预留印鉴：
		中国工商银行 南岗支行 2013.12.08 转讫											
币种（大写）　伍拾元整								￥		0	0		
		以下在购买凭证时填写											
		领购人证件类型											
		领购人证件号码											

财务专用章

事后监督：　　　　　　　　　　　　　　　　　　　　　　　　记账：

记账联附件

凭证 2-11（4）

收　　据

2013 年 12 月 3 日　　　　　　　　　　　　转收字第 101 号

收到：哈尔滨冰花啤酒有限公司
人民币（大写）伍拾万元整
收款原因：前欠纸箱款

￥500 000.00
结算方式：电汇

财务专用章

会计主管：赵伟印　　　　单位印章　　　　收款人：李有金印　　　　经手人：李有金印

第三联：付款人收据

凭证 2-12（1）

付 款 报 告 书

部门：采购部 　　　　　　　　　2013 年 12 月 2 日 　　　　　　　　编号：20131204

开 支 内 容	金 额	结 算 方 式
支付质检仪设备款	303 600.00	电汇
		转账付讫
合计（大写）叁拾万零叁仟陆佰元整		

附单据 7 张

主管会计：周瑞雪印 　　　单位负责人：张立军印 　　　出纳：李梅印 　　　经办人：李美印

凭证 2-12（2）

中国工商银行电汇凭证（回单）1

√普通 　□加急 　委托日期 　　　　2013 年 12 月 3 日

汇款人	全 称	哈尔滨冰花啤酒有限公司	收款人	全称	深圳饮品检测设备制造厂
	账号	012314725836907		账号	098314725836911
	汇出地点	黑龙江 省 哈尔滨 市／县		汇入地点	广东 省 深圳 市／县
	开户银行	中国工商银行哈尔滨市南岗支行		开户银行	中国工商银行深圳市罗湖支行

金额	人民币（大写）	叁拾万零叁仟陆佰元整	亿	千	百	十	万	千	百	十	元	角	分
						¥	3	0	3	6	0	0	0	0

中国工商银行
南岗支行
2013.12.03
转讫

支付密码

附加信息及用途

支付货款

汇出行签章： 　　　　　　　　　　　　　复核： 　　　记账：

此联是付款行给汇款人的回单

凭证 2-12（3）

国家统一发票监制

深圳市增值税专用发票

发票联

2311124611 　　　　　　　　　　　　　　　　　　　　　　　　　No 11301911

校验码 32121　12456　33221　55997 　　　　　　　　　开票日期：2013 年 12 月 3 日

购货单位	名 　称：哈尔滨冰花啤酒有限公司 纳税人识别号：237458159378789 地址、电话：哈尔滨南岗区人和路 789 号　55667799 开户行及账号：中国工商银行哈尔滨市南岗支行 　　　　　　　012314725836907	密码区	2490 - 1 < 9 - 7 - 61596 8 < 032/52 > 9/29533 1677 < 8 - 3024 > 66 - 47 - 6 < 7 > 2* - / > * > 6/	加密版本：01※ 4300204510 00015642

货物或应税劳务名称	规格型号	单位	数量	单 价	金 额	税率	税 额
质检仪器		台	1	250 000.00	250 000.00	17%	42 500.00
合　　计					¥250 000.00		¥42 500.00

价税合计（大写）	贰拾玖万贰仟伍佰元整	（小写）¥292 500.00

销货单位	名 　称：深圳饮品检测设备制造厂 纳税人识别号：231103748161001 地址、电话：深圳市罗湖区景观路 33 号　83691125 开户行及账号：中国工商银行深圳市罗湖支行 　　　　　　　1901013339225990111	备注	深圳饮品检测设备 231103748161001 发票专用章

第三联：发票联　购货方记账凭证

收款人：赵大伟印 　　　复核：王美丽印 　　　开票人：李小可印 　　　销货单位（章）

凭证 2-12（4）

深圳市增值税专用发票
抵扣联

2311124611

No 11301911

校验码 32121　12456　33221　55997

开票日期：2013 年 12 月 3 日

购货单位	名　称：哈尔滨冰花啤酒有限公司 纳税人识别号：237458159378789 地址、电话：哈尔滨南岗区人和路 789 号　55667799 开户行及账号：中国工商银行哈尔滨市南岗支行 012314725836907				密码区	2490 - 1 < 9 - 7 - 61596 8 < 032/52 > 9/29533 1677 < 8 - 3024 > 66 - 47 - 6 < 7 > 2* - / > * > 6/	加密版本：01※ 4300204510 00015642	
货物或应税劳务名称	规格型号	单位	数量	单 价	金 额	税率	税 额	
质检仪器		台	1	250 000.00	250 000.00	17%	42 500.00	
合　计					¥ 250 000.00		¥ 42 500.00	
价税合计（大写）	贰拾玖万贰仟伍佰元整				（小写）¥ 292 500.00			
销货单位	名　称：深圳饮品检测设备制造厂 纳税人识别号：231103748161001 地址、电话：深圳市罗湖区景观路 33 号　83691125 开户行及账号：中国工商银行深圳市罗湖支行 19010133392259990111				备注	深圳饮品检测设备厂 231103748161001 发票专用章		

收款人：赵大伟印　　　　复核：王美丽印　　　　开票人：李小可印　　　　销货单位（章）

第三联：抵扣联　购货方记账凭证

凭证 2-12（5）

货物运输业增值税专用发票
发票联

210801831158
00112288

No 00112288

开票日期：2013 年 12 月 14 日

承运人及 纳税人识别号	深圳天利运输有限责任公司 101103748161719		密码区	2490 - 1 < 9 - 7 - 61596 8 < 032/52 > 9/29533 1626 < 8 - 3024 > 36 - 47 - 6 < 7 > 2* - / > * > 6/	加密版本：01※ 4300204512 00015642
实际受票方及 纳税人识别号	哈尔滨冰花啤酒有限公司 237458159378789				
收货人及 纳税人识别号	哈尔滨冰花啤酒有限公司 237458159378789		发货人及 纳税人识别号	河北麦芽厂 330013748161718	
起运地、经由、到达地		深圳、沈阳、长春、哈尔滨			
费用项目及金额	费用项目　　　金额 运费　　　10 000.00	费用项目　　　金额	运输货物信息	10 000 吨麦芽	
合计金额	¥ 11 100.00	税率　11%	税额　¥ 1 100.00	机器编号	499012023066
车种车号		车船吨位	备注		
主管税务机关及代码	深圳国家税务局 120010101				
价税合计（大写）壹万壹仟壹佰元整			（小写）¥ 11 100.00		

深圳天利运输有限责任公司
101103748161719
发票专用章

收款人：李大力印　　　　承运人签章　李策印　　　　开票人：张达印

第三联：发票联　购货方记账凭证

凭证 2-12（6）

210801831158
210801831158
00112288

货物运输业增值税专用发票
抵扣联

No 00112288
开票日期：2013 年 12 月 14 日

承运人及纳税人识别号	深圳天利运输有限责任公司 209255488401333	密码区	2490 - 1 < 9 - 7 - 61596 加密版本：01※ 8 < 032/52 > 9/29533 4300204512 1626 < 8 - 3024 > 36 00015642 - 47 - 6 < 7 > 2* - / > * > 6/
实际受票方及纳税人识别号	哈尔滨冰花啤酒有限公司 237458159378789		
收货人及纳税人识别号	哈尔滨冰花啤酒有限公司 237458159378789	发货人及纳税人识别号	河北麦芽厂 330013748161718

起运地、经由、到达地	深圳、沈阳、长春、哈尔滨		

费用项目及金额	费用项目	金额	费用项目	金额	10 000 吨麦芽
	运费	10 000.00			

合计金额	￥11 100.00	税率	11%	税额	1 100.00	机器编号	499012023066

价税合计（大写）壹万壹仟壹佰元整 （小写）￥11 100.00

车种车号		车船吨位		备注	
主管税务机关及代码	深圳国家税务局 120010101				

收款人：李大力印 承运人签章：李策印 开票人：张达印

凭证 2-12（7）

固定资产入账（出账）一览表 资产编号：0606

资产名称	啤酒质检仪	类 别	质检设备	固定资产附件	无
入账原因	外购	购置或安装日期	2013-12-6	竣工或交付使用日期	2013-12-6
制造厂商	深圳饮品检测设备厂	使用部门	质检部	存放地点	质检实验室
型号或规格	ZL06	折旧方法	直线法	出账 时间 / 原因	

项 目	金 额	折 旧				折 旧			
		年份	年折旧	周折旧	累计折旧	年份	年折旧	周折旧	累计折旧
成本或买价	250 000.00								
不抵扣税费									
运杂费	10 000.00								
安装调试费									
固定资产原值	260 000.00								
预计净残值	2 500.00								
预计使用年限	10								
已使用年限	0								
尚可使用年限	10								
已提折旧	0								

固定资产后续支出记录							
日期	变动原因	变动减少额	变动增加额	变动后价值	月折旧额	年折旧额	累计折旧

固定资产会计：赵大伟印 使用单位负责人：赵博印 批准调出人员：

凭证 2-13（1）

（提现金 10 000 元备用。）

中国工商银行现金支票存根		本支票付款期限一天	中国工商银行现金支票			No.4572428	
支票号码：4572428			出票日期（大写）　　年　月　日			付款行名称：	
科　　目：			收款人：			出票人账号	
对方科目：			大写印扣税写	亿 千 百 十 万 千 百 十 元 角 分			
出票日期：　年　月　日							
收款人：			用途				
金　额			上列款项请从			科目（借方）	
用　途			我账户内支付			对方科目（贷）	
备　注：			出票人签章			复核　　　记账	

凭证 2-13（2）

现金支票背面

哈尔滨金融安全印务有限公司 2013 年印制	附加信息		（粘贴单处）
		收款人签章 年　月　日	
	身份证件名称：		
	号码		

凭证 2-14（1）

费 用 报 销 单

部门：财务处　　　　　　　　2013 年 12 月 4 日　　　　　　　　编号：20131203

支出内容	金　额	结 算 方 式
会计培训	1 500.00	1. 冲借款＿＿＿＿元
＿＿＿＿	现金付讫	2. 转账＿＿＿＿元
合计（大写）壹仟伍佰元整		3. 汇款＿＿＿＿元
		4. 现金付讫 1 500.00 元

会计主管 周瑞雪印　　　单位负责人 孙大可印　　　出纳 李梅印　　　经办人 赵大伟印

凭证 2-14（2）

黑龙江省行政事业性收费统一发票

收费日期：2013 年 11 月 25 日　　　　　　　　　　发票号码：13110111

交费单位或个人	哈尔滨冰花啤酒有限公司　赵大伟	收费许可证字号							201311	备　注
收费项目	收费标准	金　额								附单据 1 张
		万	千	百	十	元	角	分		
会计人员继续教育培训费	1 500.00 元／人	¥	1	5	0	0	0	0		
人民币合计（大写）　壹仟伍佰元整		¥	1	5	0	0	0	0		

收费单位（公章）　　　　　　负责人：　　　　　　　收款人 周炎印

凭证 2-15（1）

付 款 报 告 书

部门：行政部　　　　　　　　2013 年 12 月 4 日　　　　　　　编号：20131205

开 支 内 容	金 额	结 算 方 式	
购大米	4 000 000	银行转账 8971	附单据 2 张
		转账付讫	
合计（大写）肆佰万元整			

主管会计：周瑞雪印　　单位负责人：张立军印　　出纳：李梅印　　经办人：李美印

凭证 2-15（2）

黑龙江省国家税务局农产品收购统一发票（网络版）

网络发票号：230117721　　　　　　　发票号码：223001306043
　　　　　　　　　　　　　　　　　　发票代码：07466946

开票日期：2013 年 12 月 4 日　　　　行业分类：农产品种植及销售

出售人姓名：徐广军　　　　　　　身份证号码：231023196807081122
地　　　址：哈尔滨市平房区新疆村二组　　电话：0451-88776655

品名	等级	单位	数量	单价	金额
大米	一等	吨	800	5000	4 000 000

金额（大写）：肆佰万元整　　　　小写：￥4 000 000.00

223001308989

开票单位（未盖章无效）　　　收款人：吕伟　　　开票人：张欢

第一联：发票联（付款方付款凭证）（手写无效）

凭证 2-15（3）

中国工商银行转账支票存根		中国工商银行转账支票		No.4358971										
支票号码：4358971	本支票付款期限十天	出票日期（大写）　年　月　日		付款行名称：										
科　目：		收款人：		出票人账号										
对方科目：		大写币		亿	千	百	十	万	千	百	十	元	角	分
出票日期：　年　月　日		（大写）												
收款人：		用												
金　额		上列款项请从我账户内支付		科目（借方）										
用　途：				对方科目（贷）										
备　注：		出票人签章		复核　　　　记账										

凭证 2-15（4）

收 料 单

供应单位：哈尔滨啤酒物资供应公司　　　　　　收料单编号：20131205

发票号码：No 01300705　　　2013 年 12 月 4 日　　　　　仓库：1

材料名称	计量单位	数量		实际价格（元）				
		应收	实收	单价	发票金额	运杂费	合　计	
							总成本	单位成本
大米	吨	800	800	4 350	3 480 000		3 480 000	4 350
验收结论：合格	合　计		800				3 480 000	4 350
备注：								

第二联：记账

验收员：李东印　　　　收料员：李东印　　　　采购员：李美印　　　　部门负责人：张立军印

凭证 2-16（1）

中国工商银行电汇凭证 （收账通知 或收款收据）4

☑普通　☐加急　委托日期 2013 年 12 月 4 日

汇款人	全　称	佳木斯大福源超市	收款人	全称	哈尔滨冰花啤酒有限公司									
	账　号	012316785836907		账号	012314725836907									
	汇出地点	黑龙江 省 佳木斯 市/县		汇入地点	黑龙江 省 哈尔滨 市/县									
	开户银行	中国工商银行佳木斯市向阳支行		开户银行	中国工商银行哈尔滨市南岗支行									
金额	人民币（大写）	陆拾万元整				亿	千	百	十	万	千	百	十	元 角 分
									¥	6	0	0	0 0 0 0 0

此联是收款人收据或代取款收据

中国工商银行
向阳支行
2013.12.04
转讫

支付密码

附加信息及用途
支付货款

汇出行签章：　　　　　　　复核：　　　　记账：

凭证 2-16（2）

收 据

2013 年 12 月 4 日　　　　　　　转收字第 86 号

收到：佳木斯代理商货款（李佳，佳木斯大福源超市）

人民币（大写）陆拾万元整　　　　　　　　　　¥ 600 000.00

收款原因：前欠啤酒款　　　　　　转账收讫　　　结算方式：电汇

财务专用章

第二联：收款人收据

会计主管：周瑞雪印　　　单位印章：　　　收款人：李梅印　　　经手人：李玉刚印

凭证 2-17（1）

付 款 报 告 书

部门：采购部　　　　　　　　　　2013 年 12 月 4 日　　　　　　　　　编号 20131206

开 支 内 容	金 额	结 算 方 式
支付胶带款	140 400.00	转账支票 8972
_____		
合计（大写）壹拾肆万零肆佰元整		

附单据 4 张

主管会计：周瑞雪印　　　单位负责人：张立军印　　　出纳：李梅印　　　经办人：李美印

凭证 2-17（2）

黑龙江增值税专用发票

发票联

2300124630　　　　　　　　　　　　　　　　　　　　　　　No 01300777

校验码 32121　12365　44678　66996　　　　　　　开票日期：2013 年 12 月 4 日

购货单位	名 称：哈尔滨冰花啤酒有限公司 纳税人识别号：237458159378789 地址、电话：哈尔滨南岗区人和路789号　55667799 开户行及账号：中国工商银行哈尔滨市南岗支行 012314725836907	密码区	2489 - 1 < 9 - 7 - 61345 8 < 032/52 > 9/29533 1626 < 8 - 3024 > 36 - 47 - 6 < 7 > 2* - / > * > 6/	加密版本：01※ 4300204521 00015641

货物或应税劳务名称	规格型号	单位	数量	单价	金 额	税率	税 额
胶带		卷	50 000	2.40	120 000.00	17%	20 400.00
合 计					￥120 000.00		￥20 400.00

价税合计（大写）	壹拾肆万零肆佰元整	（小写）￥140 400.00

销货单位	名 称：哈尔滨南极百货批发公司 纳税人识别号：231106348241321 地址、电话：哈尔滨道理区红旗大街19号　56252121 开户行及账号：中国工商银行哈尔滨市道理支行 1901011009225990000	备注	哈尔滨南极百货批发公司 231106348241321 发票专用章

收款人：李有才印　　　复核：李宏伟印　　　开票人：李宏伟印　　　销货单位（章）

第三联：发票联　购货方记账凭证

凭证 2-17（3）

黑龙江增值税专用发票

抵扣联

2300124630　　　　　　　　　　　　　　　　　　　　　　　No 01300777

校验码 32121　12365　44678　66996　　　　　　　开票日期：2013 年 12 月 4 日

购货单位	名 称：哈尔滨冰花啤酒有限公司 纳税人识别号：237458159378789 地址、电话：哈尔滨南岗区人和路789号　55667799 开户行及账号：中国工商银行哈尔滨市南岗支行 012314725836907	密码区	2489 - 1 < 9 - 7 - 61345 8 < 032/52 > 9/29533 1626 < 8 - 3024 > 36 - 47 - 6 < 7 > 2* - / > * > 6/	加密版本：01※ 4300204521 00015641

货物或应税劳务名称	规格型号	单位	数量	单价	金 额	税率	税 额
胶带		卷	50 000	2.40	120 000.00	17%	20 400.00
合 计					￥120 000.00		￥20 400.00

价税合计（大写）	壹拾肆万零肆佰元整	（小写）￥140 400.00

销货单位	名 称：哈尔滨南极百货批发公司 纳税人识别号：231106348241321 地址、电话：哈尔滨道理区红旗大街19号　56252121 开户行及账号：中国工商银行哈尔滨市道理支行 1901011009225990000	备注	哈尔滨南极百货批发公司 231106348241321 发票专用章

收款人：李有才印　　　复核：李宏伟印　　　开票人：李宏伟印　　　销货单位（章）

第二联：抵扣联　购货方抵扣凭证

凭证 2-17（4）

收 料 单

供应单位：哈尔滨南极百货批发公司　　　　　　　　　　　收料单编号：20131206

发票号码：№ 01300705　　　　　2013 年 12 月 4 日　　　　　　仓库：01

材料名称	计量单位	数 量		实际价格（元）				
		应收	实收	单价	发票金额	运杂费	合 计	
							总成本	单位成本
胶带	卷	50 000	50 000	2.40	120 000.00		120 000.00	2.40
验收结论：合格		合 计						
备注：								

验收员：李东印　　　　收料员：李东印　　　　采购员：李美印　　　　部门负责人：张立军印

第二联：记账

凭证 2-17（5）

中国工商银行转账支票存根		中国工商银行转账支票		№ 4358972			
支票号码：4358972	本支票付款期限十天	出票日期（大写）　　年 月 日		付款行名称：			
科　目：		收款人：		出票人账号			
对方科目：		大写币（大写）		亿 千 百 十 万 千 百 十 元 角 分			
出票日期：　年 月 日							
收款人：		用途					
金　额：		上列款项请从我账户内支付		科目（借方）			
用　途：				对方科目（贷）			
备　注：		出票人签章		复核　　　　　记账			

凭证 2-18（1）

收 料 单

供应单位：长春瓶盖有限公司　　　　　　　　　　　　收料单编号：20131207

发票号码：№ 01300705　　　　　2013 年 12 月 4 日　　　　　　仓库：1

材料名称	计量单位	数 量		实际价格（元）				
		应收	实收	单价	发票金额	运杂费	合 计	
							总成本	单位成本
瓶盖	个	25 000 000	25 000 000	0.04	1 000 000.00		1 000 000.00	0.04
验收结论：合格		合 计						
备注：								

验收员：李东印　　　　收料员：李东印　　　　采购员：李美印　　　　部门负责人：张立军印

第二联：记账

凭证 2-18（2）

黑龙江增值税专用发票
发票联

2300124637

No 01300788

校验码 32121　12365　44678　55987

开票日期：2013 年 12 月 4 日

购货单位	名　　称：哈尔滨冰花啤酒有限公司 纳税人识别号：237458159378789 地址、电话：哈尔滨南岗区人和路 789 号　55667799 开户行及账号：中国工商银行哈尔滨市南岗支行 　　　　　　　012314725836907	密码区	2489 - 1 < 9 - 7 - 61596 8 < 032/52 > 9/29421 1626 < 8 - 3024 > 36 - 47 - 6 < 7 > 2* - / > * > 6/	加密版本：01※ 4300204521 00015641

货物或应税劳务名称	规格型号	单位	数量	单价	金额	税率	税额
瓶盖		个	25 000 000	0.04	1 000 000.00	17%	170 000.00
合　计					￥1 000 000.00		￥170 000.00

价税合计（大写）	壹佰壹拾柒万元整	（小写）￥1 170 000.00

销货单位	名　　称：长春瓶盖有限公司 纳税人识别号：221103748241890 地址、电话：长春市工农大路 11 号　56254779 开户行及账号：中国工商银行长春市红旗支行 　　　　　　　19010110092259777777	备注	长春瓶盖有限公司 221103748241890 发票专用章

收款人：刘畅印　　　　复核：刘锐印　　　　开票人：刘税印　　　　销货单位（章）

凭证 2-18（3）

黑龙江增值税专用发票
抵扣联

2300124637

No 01300788

校验码 32121　12365　44678　55987

开票日期：2013 年 12 月 4 日

购货单位	名　　称：哈尔滨冰花啤酒有限公司 纳税人识别号：237458159378789 地址、电话：哈尔滨南岗区人和路 789 号　55667799 开户行及账号：中国工商银行哈尔滨市南岗支行 　　　　　　　012314725836907	密码区	2489 - 1 < 9 - 7 - 61596 8 < 032/52 > 9/29421 1626 < 8 - 3024 > 36 - 47 - 6 < 7 > 2* - / > * > 6/	加密版本：01※ 4300204521 00015641

货物或应税劳务名称	规格型号	单位	数量	单价	金额	税率	税额
瓶盖		个	25 000 000	0.04	1 000 000.00	17%	170 000.00
合　计					￥1 000 000.00		￥170 000.00

价税合计（大写）	壹佰壹拾柒万元整	（小写）￥1 170 000.00

销货单位	名　　称：长春瓶盖有限公司 纳税人识别号：221103748241890 地址、电话：长春市工农大路 11 号　56254779 开户行及账号：中国工商银行长春市红旗支行 　　　　　　　19010110092259777777	备注	长春瓶盖有限公司 221103748241890 发票专用章

收款人：刘畅印　　　　复核：刘锐印　　　　开票人：刘税印　　　　销货单位（章）

凭证 2-19

光大证券公司营业部买入股票交割凭证

成交日期	2013.12.5	证券名称	123033 兴海证券
资金账号	678901234567890	成交数量	40 000
股东代码	12345	成交净价	5.00
股东姓名	哈尔滨冰花啤酒有限公司	成交金额	200 000.00
席位代码	66666	实收佣金	400.00
申请编号	76543	印花税	
申报时间	10：22：22	过户费	40.00
成交时间	10：33：33	附加费	5.00
单位利息		结算价格	200 445.00
成交编号	70123	实付金额	200 445.00
上次资金		本次资金	200 445.00
上资余股		本次余股	40 000.00
委托来源		打印日期	2013.12.5

凭证 2-20（1）

费 用 报 销 单

部门：采购部　　　　　　　　　　2013 年 12 月 5 日　　　　　　　编号：20131203

支出内容	金　额	结　算　方　式	附单据1张
李美报差旅费	7 500.00	1. 冲借款 10 000.00 元	
		2. 转账 元	
合计（大写）柒仟伍佰元整		3. 汇款 元 现金收讫	
		4. 收回现金 2 500.00 元	

会计主管：周瑞雪印　　　　　位负责人：李莉印　　　　　出纳：李梅印　　　　　经办人：李美印

凭证 2-20（2）

差 旅 费 报 销 单

报销部门：采购部　　　　　　　　　　　　　　　填报日期：2013 年 12 月 5 日

姓名	李美		职别		采购员		出差事由		参加上博会洽谈业务	

出差起止日期自 2013 年 11 月 20 日起至 2013 年 11 月 29 日共 10 日　附单据 4 张

出　　发			到　　达			票务费	住宿费	补助费	其他	合计
月	日	地点	月	日	地点					
11	20	哈尔滨	11	20	上海	1 200.00	1 600.00	1 000.00	2 500.00	6 300.00
11	29	上海	11	29	哈尔滨	1 200.00			（会务费）	1 200.00
小　　计						2 400.00	1 600.00	1 000.00	2 500.00	7 500.00
总 计 金 额（大写）		柒仟伍佰元整				预支 10 000.00		报销 7 500.00		退 2 500.00

部门主管：李莉印　　　　公司主管：孙伟印　　　　财务主管：孙大可印　　　　报销人：李美印

凭证 2-20（3）

收 据

2013 年 12 月 5 日   现金收字第 98 号

收到人民币（大写）贰仟伍佰元整	￥2 500.00
收款原因：　出差报账收回借款	现金付讫

批准人（签章）：孙大可印　　　　　　收款人（签章）：李美印

凭证 2-21（1）

付 款 报 告 书

部门：采购部　　　　　　2013 年 12 月 5 日　　　　　编号 20131207

开 支 内 容	金 额	结 算 方 式	附单据 4 张
支付入股款	2 000 000.00	转账支票 8973	
		转账付讫	
合计（大写）贰佰万元整			

主管会计：周瑞雪印　　　单位负责人：张立军印　　　出纳：李梅印　　　经办人：李美印

凭证 2-21（2）

股东持股证明书

股东：哈尔滨冰花啤酒有限公司

　　截至 2013 年 12 月 5 日，依股东名册记载，持有本公司股总数为 100 万股，股权比例为 30%。

此致

哈尔滨平房机械股份有限公司
2013 年 12 月 5 日

凭证 2-21（3）

资产评估报告书

黑龙江新远会计师事务所评字【2013】第 22 号

　　我单位接受贵单位委托，根据国家有关资产评估的规定，本着独立、公正、科学、客观的原则，按照公认的资产评估方法对哈尔滨平房机械制造有限公司的全部资产和负债进行了评估工作。本单位估评人员按照必要的评估程序对委托评估的全部资产和负债进行了实地查勘、市场调研和询证，对委估资产在资产在评估基准日 2013 年 12 月 1 日所表现的市场价值进行了公允反映，现将资产评估情况及评估结果报告如下：

　　一、委托方单位简介

　　企业代码：110103333

　　单位名称：哈尔滨平房机械股份有限公司

　　注册地址：哈尔滨市平房区新疆大街 123 号

　　法定代表人：王华

　　注册资金：800 万

　　企业类型：有限责任公司

　　经营范围：机械的生产与销售

　　注册证号：2311061234567

　　登记有限期限：2010 年 1 月 1 日至 2030 年 12 月 31 日

　　二、评估目的

　　哈尔滨平房机械有限公司拟转让股份，为此需进行评估，以评估后的净资产的公允价值作为参考依据。

　　三、评估范围和对象

　　本次评估对象是委估方委托评估的所有资产和负债。总体情况如下表（具体情况略）：

委托评估的账面价值和公允价值统计表	单位：万元	
项　　目	账　面　价　值	公　允　价　值
公司整体评估（可辨认净资产）	945	1 000

四、价值类型及定义

评估采用的价值类型为市场价值。市场价值是指自愿买方和自愿卖方在各自理性行事且未受强迫的情况下，评估对象在评估基准日进行正常公平交易的价值估计数额。

五、评估基准日

本项目评估基准日为 2013 年 12 月 1 日，系由委托方和本单位协商确定，本评估基准日与评估人员实际评估日比较接近，评估人员能更好地把握委估资产的基准日状况，真实反映委估资产基准日的现时价值，本次评估以评估基准日的有效价格标准为取价标准。

六、评估原则（略）

七、评估依据（略）

八、评估方法（略）

九、评估过程（略）

十、评估结论（略）

十一、特别事项说明（略）

十二、评估基准日后事项（略）

十三、评估报告的法律效力

1. 依据国家有关部门的规定，评估结果的有效期自评估基准日算起，有效期为一年（2013 年 12 月 1 日至 2014 年 11 月 30 日），超过一年需重新进行资产评估。

2. 本报告所称评估价值是依据所评资产在评估基准日所表现的特定经济环境前提下，根据公开市场原则确定的现行公允市场价值。本评估结果是对 2013 年 12 月 1 日这一基准日被评估资产价值的客观公允反映，本所对这一基准日后资产发生重大变化不负任何法律责任。

3. 本报告仅供委托方为本报告所列评估日的使用和送交财产土管机关审查使用，评估报告书的使用权为委托方所有，未经委托方许可，评估机构不得随意向他人提供或公开。除依据法律需公开情形外，报告的全部或部分内容不得发表于任何公开的媒体上，也不得用于本报告所述评估目的之外的其他目的。

4. 对于委估资产产权的核实确定，评估人员主要依据委托方提供的评估资料进行现场清查核实，对委托方提供的有关资料的真实性有效性由委托方负责，评估机构不承担因产权认定错误而产生的相关法律责任。

5. 本报告所含若干附件，与正文具有同等法律效力。

十四、评估报告提出日

本项评估报告提出日期为 2013 年 12 月 5 日。

评估机构负责人：　　　　　　　　　　　　　　　　中国注册资产评估师：

黑龙江新远会计师事务所资产评估事务所

二〇一三年十二月五日

十五、附件（略）

凭证 2-21（4）

哈尔滨平房机械股份有限公司股权转让协议书

受让方 / 甲方：哈尔滨冰花啤酒有限公司

转让方 / 乙方：哈尔滨平房机械股份有限公司

转让方与受让方充分协商，在平等自愿的基础上，就转让方哈尔滨平房机械股份有限公司的股权转让给受让方事宜，达成如下协议：

一、转让方哈尔滨平房机械股份有限公司（乙方）愿意将其公司 30% 的股权，计 100 万股，以每股 2 元的价格转让给哈尔滨啤酒有限公司（甲方），股权转让后，受让方将派人参与乙方的生产经营。

二、受让方哈尔滨啤酒有限公司以其持有的股份，按照公司章程的规定，享有相应的责、权、利。

三、本协议书经甲乙双方签字、盖章并经公证处公证后，双方应于协议生效后三十日内到工商行政管理机关办理变更登记手续。

四、本协议书一式三份，甲、乙双方各执一份，并报工商登记机关备案一份。

甲方：哈尔滨冰花啤酒有限公司	乙方：哈尔滨平房机械股份有限公司
法人代表：赵立辉	法人代表：王华
账号：中国工商银行哈尔滨市南岗支行 012314725836907	账号：中国工商银行哈尔滨市平房支行 012314725836666
电话：0451-55667799	电话：0451-55661100
地址：哈尔滨市南岗区人和路789号	地址：哈尔滨市平房区新疆大街123号
签约日期：2013年12月1日	签约日期：2013年12月1日

凭证2-21（5） 支付股款

中国工商银行转账支票存根	本支票付款期限十天	中国工商银行转账支票　　No.4358973
支票号码：4358973		出票日期（大写）　　年　月　日　付款行名称：
科目：		收款人：　　　　　　　　　出票人账号
对方科目：		大写币（大写）　亿 千 百 十 万 千 百 十 元 角 分
出票日期：　年　月　日		
收款人：		用途
金　额：		上列款项请从　科目（借方）
用　途：		我账户内支付　对方科目（贷）
备　注：		出票人签章　　复核　　记账

凭证2-22（1）

哈尔滨冰花啤酒有限公司房屋出租会议摘要

一、会议时间：2013年12月6日上午8：00～10：00。

二、会议内容：研究闲置房屋出租相关事宜。

三、会议地点：办公楼第一会议室。

四、会议召集部门及参会人员：会议召集部门：行政部。参会人员：董事长、总经理、副总经理、财务部长、销售部长、行政部长、销售部长。

五、会议摘要：与会人员一致通过，决定将办公楼一楼闲置的10间办公用房用于出租，并对出租的房屋采用成本法进行核算。用途变更后按10年采用直线法折旧。

具体出租事宜由销售部负责。

六、参会人员签字：赵立辉印 孙伟印 孙强印 李莉印 孙大可印 赵雪娇印 王一春印

凭证2-22（2）

固定资产用途改变转移单

2013年12月6日

固定资产名称	单位	数量	原值	已提折旧	原用途	新用途
办公楼	间	10	1 500 000.00	300 000.00	办公	出租
领导审批：同意 孙伟印						

凭证2-23（1）

房屋租赁合同

出租方（以下简称甲方）：哈尔滨冰花啤酒有限公司

承租方（以下简称乙方）：用友新道科技有限公司黑龙江分公司

根据《中华人民共和国合同法》及相关法律法规的规定，甲、乙双方在平等、自愿的基础上，甲方将房屋出租给乙单位使用，乙方承租甲方房屋，为明确双方权利义务，经协商一致订立本合同。

第一条　甲方保证所出租的房屋符合国家对租赁房屋的有关规定。

第二条　甲方提供租赁房屋的相关情况说明：

1. 甲方出租给乙方的房屋位于哈尔滨冰花啤酒有限公司办公楼一层的 101～110 号办公室，使用面积共计 300 m²，出租给乙方做培训学校使用。

2. 该房屋的装修、设施及设备情况见合同附件。合同附件是双方交付房子的依据。

3. 甲方应提供房产证、营业执照、总经理和经办人的身份证、房屋租赁批复相关文件。乙方提供总经理和经办人的身份证及承租房屋的批复相关文件。双方验证后并将复印件留存对方备案。

第三条　房屋租赁期限及用途：

1. 该房屋的租赁期 3 年，期限自 2013 年 12 月 6 日至 2016 年 12 月 5 日止。

2. 乙方承租的房屋只能用于培训，其结构只能围绕培训的用途做简单的改动或装修，并于租赁期满时恢复原装修。

3. 租赁期满时，若续租需提前两个月书面通知甲方，经甲方同意后，就有关事宜达成一致重新签订合同。

第四条　租金及支付方式。该房屋的月租金是 100 000.00 元，年租金是 1 200 000.00 元（大写人民币壹佰贰拾万元整）。租金按月支付，于每年月租赁开始时支付。

第五条　合同生效时间　本合同自双方签章后生效，合同共两份双方各持一份，具有同等法律效。

第六条　其他。除上述合同条款外，如有未尽事宜，需双方在遵守合同法的基础上，相互协商解决，如未能解决，通过仲裁机构解决。

甲方：哈尔滨冰花啤酒有限公司　　　　　　　　　　乙方：用友新道科技有限公司黑龙江分公司

签约代表：孙伟印　　　　　　　　　　　　　　　　签约代表：李英卿印

签约日期：2013 年 12 月 6 日　　　　　　　　　　签约日期：2013 年 12 月 6 日

签约地点：哈尔滨冰花啤酒有限公司　　　　　　　　签约地点：哈尔滨冰花啤酒有限公司

凭证 2-23（2）

收　据

2013 年 12 月 4 日　　　　　　　　　　转收字第 87 号

第二联：收款人收据

收到：用友新道科技有限公司黑龙江分公司

人民币（大写）壹拾万元整　　　　　　　￥100 000.00

收款原因：收 2013.12.6～2014.1.6 月房租。

8877　　　　　　　　　　　　　　　　　结算方式：支票

转账收讫

会计主管：周瑞雪印　　　单位印章：　　　收款人：李梅印　　　经手人：李玉刚印

凭证 2-23（3）

中国工商银行进账单（收账通知）3

年　　　月　　　日

出票人	全称		收款人	全称									
	账号			账号									
	开户银行			开户银行									
金额	人民币（大写）				百	十	万	千	百	十	元	角	分
票据种类		票据张数											
票据号码													
复核		记账					收款人开户行盖章						

中国工商银行
南岗支行
2013.12.06
转讫

收款人开户行交给收款人的受理回单

137

凭证 2-23（4）

转账支票背面

附加信息：	被背书人	被背书人	贴粘单处
	背书人签章	背书人签章	

凭证 2-23（5）

中国工商银行转账支票	No.1238877												
出票日期（大写）　年　月　日	付款行名称：												
收款人：	出票人账号：												
大写币（大写）		亿	千	百	十	万	千	百	十	元	角	分	
用途													
上列款项请从我账户内支付	科目（借方）												
	对方科目（贷）												
出票人签章	复核　　　　记账												

凭证 2-24（1）

费 用 报 销 单

部门：　　　　　　　　　　　2013 年 12 月 4 日　　　　　　　　编号：20131205

支出内容	金　额	结 算 方 式	附单据30张
赵雪娇报业务招待费	2 800	1. 冲借款＿＿＿＿＿＿元	
		2. 转账＿＿＿＿＿＿元	
合计（大写）贰仟捌佰元整		3. 汇款＿＿＿＿＿＿元	
		4. 现金付讫＿＿＿＿＿＿元	

会计主管：　　　　　单位负责人：　　　　　出纳：　　　　　经办人：

凭证 2-24（2）

黑龙江省饮食业定额发票
HEILONGJIANG CATERING INDUSTRY GENERAL INVOICE
发票联
INVOICE

兑奖联
Part for collecting a prize
奖区　AWARD AREA

哈尔滨市市区专用

发票代码：223011371116
INVOICE CODE
发票号码：34403305
INVOICE NUMBER
密码区
PASSWORD AREA

告知事项：1、刮开兑奖区覆盖层显示中奖金额即为中奖。
2、兑奖前不得将"发票联"和"兑奖联"断开，否则不予兑奖。
Notice:1. Scrape open the coverage layer at the prize area, and a prize is won if an amount of winning a prize is displayed.
2. Do not tear the "invoice part" and "Part for collecting a prize" before collecting a prize, otherwise collecting a prize is not allowable.

壹拾元
TEN YUAN
¥10.00

37137111-66834011-74033053

收款单位（加盖发票专用章）开票日期　年　月　日
PAYEE(SEAL)　　DATE ISSUED　Y　M　D

37137111-66834011-74033053

注：销售部赵雪娇报销业务招待费发票 30 张，每张金额不等，发票金额共 2 800.00 元。其余 29 张发票略。

凭证 2-25

产成品出库单　　产品入库编号：20131201 号

2013 年 12 月 7 日　　　　　　　　　　　仓库：2 号库

产品名称	单位	入库数量	单位成本（元）	总成本（元）	备注
纯生啤酒	吨	3 000			
普通啤酒	吨	2 000			
		5 000			

库管员：赵立兰印　　　　　经办人：李小伟印　　　　　部门负责人：赵立春印

凭证 2-26（1）

黑龙江增值税专用发票

发票联

2300224621

校验码 32121　12365　44678　55987

№ 01302706

开票日期：2013 年 12 月 7 日

购货单位	名　　称：牡丹江啤酒批发公司 纳税人识别号：235678159378456 地址、电话：牡丹江市阳明街 33 号　0453-65657711 开户行及账号：中国工商银行牡丹江市阳明支行 043147258360000	密码区	2489 - 1 < 9 - 7 - 61596 8 < 032/52 > 9/29533 1626 < 8 - 3024 > 78 - 47 - 6 < 7 > 2* - / > * > 6/	加密版本：01※ 4300204533 00014641

货物或应税劳务名称	规格型号	单位	数量	单价	金额	税率	税额
纯生瓶装啤酒		吨	600	5 000.00	3 000 000.00	17%	510 000.00
普通瓶装啤酒		吨	500	4 000.00	2 000 000.00	17%	340 000.00
合　　计					¥ 5 000 000.00		¥ 850 000.00

价税合计（大写）	伍佰捌拾伍万元整	（小写）¥ 5 850 000.00

销货单位	名　　称：哈尔滨冰花啤酒有限公司 纳税人识别号：237458159378789 地址、电话：哈尔滨南岗区人和路 789 号　55667799 开户行及账号：中国工商银行哈尔滨市南岗支行 012314725836907	备注	哈尔滨冰花啤酒有限公司 237458159378789 发票专用章

收款人：李梅印　　　　复核：赵雪娇印　　　　开票人：赵立兰印　　　　销货单位（章）

凭证 2-26（2）

产成品出库单　　产品出库编号：20131202 号

购货单位：牡丹江啤酒批发公司　　2013 年 12 月 7 日　　　仓库：2 号库

产品名称	单位	销售数量	单位成本（元）	总成本（元）	备注
纯生瓶装啤酒	吨	600			：
普通瓶装啤酒	吨	500			
合　　计		1 100			

库管员：赵立兰印　　　　　销售员：李江印　　　　　部门负责人：赵雪娇印

凭证 2-26（3）

收　据

2013 年 12 月 7 日　　　　　　　　转收字第 88 号

收到：牡丹江啤酒批发公司

人民币（大写）伍佰捌拾陆万元整　　　　　　¥ 5 860 000.00

收款原因：啤酒款及代垫运费　　　　　结算方式：商业汇票

会计主管：王瑞雪印　　　单位印章：　　　收款人：李梅印　　　　经手人：李江印

凭证 2-26（4）

付 款 报 告 书

部门：销售部　　　　　　2013 年 12 月 7 日　　　　　　编号 20131208

开 支 内 容	金 额	结 算 方 式
垫付牡丹江啤酒批发公司运费	10 000.00	电汇
		现金付讫
合计（大写）壹万元整		

附单据 3 张

主管会计：周瑞雪印　　　单位负责人：李莉印　　　出纳：李梅印　　　经办人：赵雪娇印

凭证 2-26（5）

运费垫支凭证

2013 年 12 月 7 日

收货单位	运单号	货物名称	发运数量	运费	保险费	其他	金额合计	经手人
牡丹江啤酒批发公司	201312256	啤酒	1 100 吨	8 000.00	1 500.00	500.00	10 000.00	李江
金额合计（大写）壹万元整					小写：¥ 10 000.00			

制单：赵大伟印

凭证 2-26（6）

中国工商银行现金支票存根		
支票号码：435897	本支票付款期限十天	
科　　目：		
对方科目：		
出票日期：　年　月　日		
收款人：		
金　额：		
用　途：		
备　注：		

中国工商银行转账支票　　No.435894										
出票日期（大写）　年　月　日		付款行名称：								
收款人：		出票人账号								
大写币（大写）		亿	千	百	十	万	千	百	十	元 角 分
用途：运费										
上列款项请从我账户内支付		科目（借方）								
		对方科目（贷）								
出票人签章		复核			记账					

凭证 2-26（7）

商业承兑汇票　　　2　　地 HH　　22334466
　　　　　　　　　　　　　　　名 01

出票日期
（大写）　　　贰零壹叁年拾贰月柒日

出票人全称	牡丹江啤酒批发公司	收款人	全 称	哈尔滨冰花啤酒有限公司
出票人账号	043147258360000		账 号	012314725836907
付款行全称	中国工商银行牡丹江市阳明支行		开户银行	中国工商银行哈尔滨市南岗支行

汇票金额	人民币（大写）	伍佰捌拾陆万元整	千	百	十	万	千	百	十	元	角	分
			¥	5	8	6	0	0	0	0	0	0

汇票到期日（大写）	贰零壹肆年零叁月零柒日	付款行	行号	0453
承兑协议编号	20131201		地址	牡丹江阳明区 33 号

本汇票请你承兑，到期无条件付票款。	本汇票已经承兑，到期日由本单位付款。
出票人签章	承兑单位签章
	承兑日期　　　年　　月　　日
	备注：　　　　　　　　　　复核　记账

凭证 2-27

贴现凭证（收账通知）4

填写日期 2013 年 12 月 7 日　　　　　第 1201 号

申请人	名称	哈尔滨冰花啤酒有限公司	贴现汇票	种类	商业汇票	号码	22334466
	账号	012314725836907		出票日期	2013 年 12 月 7 日		
	开户银行	中国工商银行哈尔滨市南岗支行		到期日期	2014 年 3 月 7 日		

汇票承兑人或银行	名称	牡丹江啤酒批发公司	账号	043147258360000	开户行	中国工商银行牡丹江市阳明支行

汇票金额	人民币（大写）	伍佰捌拾陆万元整	千	百	十	万	千	百	十	元	角	分
			¥	5	8	6	0	0	0	0	0	0

贴现率	12%	贴现利息	百	十	万	千	百	十	元	角	分	实付贴现金额	千	百	十	万	千	百	十	元	角	分
			¥	1	7	5	8	0	0	0	0		¥	5	6	8	4	2	0	0	0	0

上述款项已存入你单位账户
此致　　　　　　　　　　　　　　　备注

银行盖章　　　　　　　年　　月　　日

中国工商银行
南岗支行
2013.12.07
转讫

此联是银行给贴现申请人的收账通知

凭证 2-28（1）

领 料 单

领料用途：生产用　　　　　　　　　　　　　　　　　编号：131201
领料部门：酿造车间　　　　2013 年 12 月 8 日　　　发料仓库：2 号库

材料编号	材料名称	规格	计量单位	数 量		实际成本	
				请领	实领	单价	金额
0401	工作服		套	20	20	98.00	1 960.00
0402	工作鞋		双	20	20	75.00	1 500.00
0403	手套		付	20	20	2.00	40.00
合 计							3 500.00

部门负责人：张立军印　　　发料人：李东印　　　车间负责人：赵青春印　　　领料人：李伟印

凭证 2-28（2）

领 料 单

领料用途：生产用　　　　　　　　　　　　　　　　　编号：131202
领料部门：包装车间　　　　2013 年 12 月 8 日　　　发料仓库：2 号库

材料编号	材料名称	规格	计量单位	数 量		实际成本	
				请领	实领	单价	金额
0401	工作服		套	20	20	98.00	1 960.00
0402	工作鞋		双	20	20	75.00	1 500.00
0403	手套		付	20	20	2.00	40.00
合 计							3 500.00

部门负责人：张立军印　　　发料人：李东印　　　车间负责人：赵立春印　　　领料人：李小伟印

凭证 2-28（3）

领 料 单

领料用途：修理用　　　　　　　　　　　　　　　　　编号：131203
领料部门：机修车间　　　　2013 年 12 月 8 日　　　发料仓库：2 号库

材料编号	材料名称	规格	计量单位	数 量		实际成本	
				请领	实领	单价	金额
04004	润滑油		千克	10	10	75	750.00
合 计							750.00

部门负责人：张立军印　　　发料人：李东印　　　车间负责人：钱升财印　　　领料人：刘运财印

凭证 2-28（4）

材料费用分配表

2013 年 12 月 8 日　　　　　　　　　　　　　　　　　　单位：元

应借科目	工作服	工作鞋	手套	润滑油	合计
制造费用——酿造车间	1 960.00	1 500.00	40.00		3 500.00
制造费用——包装车间	1 960.00	1 500.00	40.00		3 500.00
生产成本——辅助生产成本				750.00	750.00
合　　计	3 920.00	3 000.00	80.00	750.00	7 750.00

财务主管：孙大可印　　　　　复核：周瑞雪印　　　　　制单：赵大伟

凭证 2-29（1）

黑龙江增值税专用发票
发 票 联

2300224622　　　　　　　　　　　　　　　　　　　　　　　　　　No 01302707

校验码 32121　12367　44678　45999　　　　　　　开票日期：2013 年 12 月 8 日

购货单位	名　　称：大庆啤酒批发公司 纳税人识别号：235678159379871 地址、电话：大庆市文华路 33 号　0459-65657712 开户行及账号：中国工商银行大庆市文化支行 　　　　　　　045947258360009	密码区	2489 - 1 < 9 - 7 - 61599　　加密版本：01※ 8 < 032/52 > 9/29534　　4300204533 1626 < 8 - 3024 > 78　　00014641 - 47 - 6 < 7 > 2* - / > * > 6/

货物或应税劳务名称	规格型号	单位	数量	单 价	金 额	税率	税 额
纯生瓶装啤酒		吨	400	5 000.00	2 000 000.00	17%	340 000.00
普通瓶装啤酒		吨	500	4 000.00	2 000 000.00	17%	340 000.00
合　　计					￥4 000 000.00		￥680 000.00

价税合计（大写）	肆佰陆拾捌万元整	（小写）￥4 680 000.00

销货单位	名　　称：哈尔滨冰花啤酒有限公司 纳税人识别号：237458159378789 地址、电话：哈尔滨南岗区人和路 789 号　55667799 开户行及账号：中国工商银行哈尔滨市南岗支行 　　　　　　　012314725836907	备注	哈尔滨冰花啤酒有限公司 237458159378789 发票专用章

收款人：李梅印　　　　复核：赵雪娇印　　　　开票人：赵立兰印　　　　销货单位（章）

凭证 2-29（2）

产 成 品 出 库 单　　　　　产品出库编号：20131203 号

购货单位：大庆啤酒批发公司　　　　2013 年 12 月 8 日　　　　仓库：2 号库

产品名称	单位	销售数量（吨）	单位成本（元）	总成本（元）	备　注
纯生瓶装啤酒	吨	400			
普通瓶装啤酒	吨	500			
合　　计		900			

库管员：赵立兰印　　　　销售员：李齐印　　　　部门负责人：赵雪娇印

凭证 2-29（3）

付 款 报 告 书

部门：销售部　　　　　　2013 年 12 月 8 日　　　　　　编号 20131209

开 支 内 容	金 额	结 算 方 式
垫付大庆啤酒批发公司运费	25 000.00	电汇
		转账付讫
合计（大写）贰万伍仟元整		

附单据 3 张

主管会计：周瑞雪印　　　单位负责人：李莉印　　　出纳：李梅印　　　经办人：赵雪娇印

凭证 2-29（4）

运费垫支凭证

2013 年 12 月 8 日

收货单位	运单号	货物名称	发运数量	运费	保险费	其他	金额合计	经手人
大庆啤酒批发公司	201312257	啤酒	900 吨	20 000.00	4 000.00	1 000.00	25 000.00	李齐
金额合计（大写）贰万伍仟元整							小写：￥25 000.00	

制单：赵大伟印

凭证 2-29（5）

中国工商银行转账支票存根		中国工商银行转账支票	No.4358975
支票号码：4358975	本支票付款期限十天	出票日期（大写）　年　月　日	付款行名称：
科　目：		收款人：	出票人账号
对方科目：		大写币（大写）	亿 千 百 十 万 千 百 十 元 角 分
出票日期：　年　月　日			
收款人：		用途：运费	
金　额		上列款项请从我账户内支付	科目（借方）
用　途：			对方科目（贷）
备　注：		出票人签章	复核　　记账

凭证 2-29（6）

中国工商银行托收凭证（受理回单）

委托日期：2013 年 12 月 8 日

业务类型	委托收款（□邮划、□电划）		托收承付（□邮划、☑电划）		
付款人	全　称	大庆啤酒批发公司	收款人	全　称	哈尔滨冰花啤酒有限公司
	账　号	045947258360009		账　号	012314725836907
	地　址	黑龙江省大庆市	开户行	中国工商银行文化支行	地　址	哈尔滨南岗区人和路 789 号	开户行	中国工商银行南岗支行
金额	人民币（大写）	肆佰柒拾万零伍仟元整		千 百 十 万 千 百 十 元 角 分
				￥ 4 7 0 5 0 0 0 0 0
款项内容	货款及运费货号 201312257	托收凭据名称	专用发票	附寄单证张数	4 张
商品发运情况	货物已发	合同名称号码		
备注		款项收妥日期		收款人开户银行签章 2013 年 12 月 8 日
复核　记账		年　月　日		

此联作收款人开户银行给收款人的受理回单

凭证 2-30（1）

付 款 报 告 书

部门：财务部　　　　　　　　2013 年 12 月 9 日　　　　　　编号 20131210

开 支 内 容	金 额	结 算 方 式
支付上月各种费税	1 670 500.00	划转
		转账付讫
合计（大写）壹佰陆拾柒万零伍佰元整		

附单据 3 张

主管会计：周瑞雪印　　单位负责人：孙大可印　　　　出纳：李梅印　　　　经办人：赵大伟印

凭证 2-30（2）

税务档案号码 0456078

中华人民共和国
税收通用缴款书
（2013出口退国缴）

隶属关系：区

注册类型：其他有限责任公司　　填发日期：2013 年 12 月 9 日　　征收机关：哈尔滨市南岗国税局

缴款单位	代码	237458159378789	科目预算	编码	101010103
	全称	哈尔滨冰花啤酒有限公司		名称	增值税
	开户银行	中国工商银行哈尔滨市南岗支行		级次	中央75%,省12.5%,市12.5%
	账号	012314725836907	收缴国库		国家金库哈尔滨南岗区支库

税款所属时期 2013 年 11 月 1 日至 11 月 30 日　　　税款限缴日期 2013 年 12 月 10 日

品目名称	课税数量	计税金额或销售收入	税率或单位税额	已缴或扣除额	实缴金额 亿	千	百	十	万	千	百	十	元	角	分
增值税	销售额	5 000 000.00	17%	350 000.00				5	0	0	0	0	0	0	0
金额合计	（大写）伍拾万元整				¥			5	0	0	0	0	0	0	0

缴款单位（人）（盖章）　　税务机关　　上列款项已收妥并划转收款单位账户　　备注：一般申报，正常缴纳

经办人（章）李梅印　　财务专用章

哈尔滨市南岗区国税局 1号 征税专用章
（盖章）　　填票人（章）李可印

中国工商银行南岗支行 2013.12.09 转讫

国库（银行）盖章 年 月 日

第一联：（收据）国库（经收处）收款盖章后退缴款单位（个人）作完税凭证

凭证 2-30（3）

税务档案号码 0456078

中华人民共和国
税收通用缴款书

（201312）哈国缴

隶属关系：区

注册类型：其他有限责任公司　　填发日期：2013 年 12 月 9 日　　征收机关：哈尔滨市南岗国税局　国

缴款单位	代　码	237458159378789		科目预算	编　码	101020103											
	全　称	哈尔滨冰花啤酒有限公司			名　称	消费税											
	开户银行	中国工商银行哈尔滨市南岗支行			级　次	中央 100%											
	账　号	012314725836907			收缴国库	国家金库哈尔滨南岗区支库											

税款所属时期 2013 年 11 月 1 日至 11 月 30 日　　税款限缴日期 2013 年 12 月 10 日

品目名称	课税数量	计税金额或销售收入	税率或单位税额	已缴或扣除额	实缴金额									
					亿	千	百	十	万	千	百	十	元	角	分
消费税	销售量 1 000 吨	1 000 吨	250				2	5	0	0	0	0	0	0
	1 000 吨	1 000 吨	220				2	2	0	0	0	0	0	0
金额合计	（大写）肆拾柒万元整					￥	4	7	0	0	0	0	0	0

缴款单位（盖章）　税务机关（盖章）

1 号　征税专用章

上列款项已收妥并划转缴款单位账户
中国工商银行南岗支行
2013.12.09
转讫
国库（银行）盖章　年 月 日

备注：一般申报，正常缴纳

经办人（章）李梅印　　填票人（章）李可印

凭证 2-30（4）

税务档案号码 0456078

中华人民共和国
税收通用缴款书

（201312）哈地缴　　　　　　　　　　地

隶属关系：区

注册类型：其他有限责任公司　　填发日期：2013 年 12 月 9 日　　征收机关：哈尔滨市南岗地税局

缴款单位	代　码	237458159378789		科目预算	编　码	101090500											
	全　称	哈尔滨冰花啤酒有限公司			名　称	城市维护建设税及教育费附加											
	开户银行	中国工商银行哈尔滨市南岗支行			级　次	市 60%，区 40%											
	账　号	012314725836907			收缴国库	国家金库哈尔滨南岗区支库											

税款所属时期 2013 年 11 月 1 日至 11 月 30 日　　税款限缴日期 2013 年 12 月 10 日

品目名称	课税数量	计税金额或销售收入	税率或单位税额	已缴或扣除额	实缴金额									
					亿	千	百	十	万	千	百	十	元	角	分
城建税	增、消	970 000.00	7%					6	7	9	0	0	0	0
金额合计	（大写）陆万柒仟玖佰元整						￥	6	7	9	0	0	0	0

缴款单位（盖章）　税务机关（盖章）

3 号　征税专用章

上列款项已收妥并划转收款单位账户
中国工商银行南岗支行
2013.12.09
转讫
国库（银行）盖章　年 月 日

备注：一般申报，正常缴纳

经办人（章）李梅印　　填票人（章）李可印

凭证 2-30（5）

中华人民共和国
税收
税收通用缴款书
（201312）哈地缴

隶属关系：区
注册类型：其他有限责任公司　　填发日期：2013 年 12 月 9 日　　征收机关：哈尔滨市南岗地税局

缴款单位	代　码	237458159378789	科目预算	编　码	103020301									
	全　称	哈尔滨冰花啤酒有限公司		名　称	城市建设维护税及教育费附加									
	开户银行	中国工商银行哈尔滨市南岗支行		级　次	市 60%，区 40%									
	账　号	012314725836907		收缴国库	国家金库哈尔滨南岗区支库									

税款所属时期 2013 年 11 月 1 日至 11 月 30 日　　税款限缴日期 2013 年 12 月 10 日

品目名称	课税数量	计税金额或销售收入	税率或单位税额	已缴或扣除额	实缴金额									
					亿	千	百	十	万	千	百	十	元	角	分
教育附加	增、消	970 000.00	3%						2	9	1	0	0	0	0

金额合计（大写）贰万玖仟壹佰元整　　　　¥ 2 9 1 0 0 0 0

缴款单位（人）（盖章）　　税务机关　　上列款项已收妥并划转收款单位账户　　备注：一般申报，正常缴纳

中国工商银行 2013.12.09 转讫

3 号
（盖章）征税专用章

经办人（章）李梅印　　填票人（章）李可印　　国库（银行）盖章 年 月 日

第一联：（收据）国库（经收处）收款盖章后退缴款单位（个人）作完税凭证

凭证 2-30（6）

中华人民共和国
税收
税收通用缴款书
（201312）哈国缴

隶属关系：区
注册类型：其他有限责任公司　　填发日期：2013 年 12 月 9 日　　征收机关：哈尔滨市南岗国税局

缴款单位	代　码	237458159378789	科目预算	编　码	101043901									
	全　称	哈尔滨冰花啤酒有限公司		名　称	所得税									
	开户银行	中国工商银行哈尔滨市南岗支行		级　次	中央 60%，省 20%，市 20%									
	账　号	012314725836907		收缴国库	国家金库哈尔滨南岗区支库									

税款所属时期 2013 年 11 月 1 日至 11 月 30 日　　税款限缴日期 2013 年 12 月 10 日

品目名称	课税数量	计税金额或销售收入	税率或单位税额	已缴或扣除额	实缴金额									
					亿	千	百	十	万	千	百	十	元	角	分
所得税	所得额	2 400 000.00	25%			6	0	0	0	0	0	0	0	0	0

金额合计（大写）陆拾万元整　　　　¥ 6 0 0 0 0 0 0 0

缴款单位（人）　　税务机关　　上列款项已收妥并划转收款单位账户　　备注：平时预缴，年终决缴

中国工商银行 南岗支行 2013.12.09 转讫

1 号
（盖章）征税专用章

经办人（章）李梅印　　填票人（章）李可印　　国库（银行）盖章 年 月 日

第一联：（收据）国库（经收处）收款盖章后退缴款单位（个人）作完税凭证

凭证 2-30（7）

中华人民共和国
税收通用缴款书

隶属关系：区
（201312）哈国缴

注册类型：其他有限责任公司 填发日期：2013 年 12 月 9 日 征收机关：哈尔滨市南岗国税局

缴款单位	代 码	237458159378789	科目预算	编 码	101043901
	全 称	哈尔滨冰花啤酒有限公司		名 称	个人所得税
	开户银行	中国工商银行哈尔滨市南岗支行		级 次	中央60%，省40%
	账 号	012314725836907	收缴国库		

税款所属时期 2013 年 11 月 1 日至 11 月 30 日				税款限缴日期 2013 年 12 月 10 日										

品目名称	课税数量	计税金额或销售收入	税率或单位税额	已缴或扣除额	实缴金额									
					亿	千	百	十	万	千	百	十	元	角	分
个人所得税	薪金								3	5	0	0	0	0
金额合计 （大写）叁仟伍佰元整								¥	3	5	0	0	0	0

缴款单位（人） （盖章） 财务专用章 经办人（章）李梅印	税务机关 1号 征税专用章 （盖章） 填票人（章）李可印	上列款项已收妥并划转收款 单位账户 中国工商银行 南岗支行 2013.12.09 转讫 国库（银行）盖章 年 月 日	备注：平时预缴，年终决缴

凭证 2-31（1）

中国工商银行进账单（收账通知） 3

2013 年 12 月 10 日

出票人	全 称	哈尔滨家乐福啤酒批发超市	收款人	全 称	哈尔滨冰花啤酒有限责任公司									
	账 号	045147258310001		账 号	012314725836907									
	开户银行	中国工商银行哈尔滨市长江支行		开户银行	中国工商银行哈尔滨市南岗支行									
金额	人民币（大写）伍佰捌拾伍万元整				千	百	十	万	千	百	十	元	角	分
					¥	5	8	5	0	0	0	0	0	0
票据种类	支票	票据张数	壹 张											
票据号码	13568977				中国工商银行 南岗支行 2013.12.10 转讫									
复核 记账					收款人开户行盖章									

凭证 2-31（2）

黑龙江增值税专用发票
发票联

2300224623

No 01302708

校验码 32121　12367　44678　45339

开票日期：2013 年 12 月 10 日

| 购货单位 | 名　　称：哈尔滨乐福啤酒批发超市
纳税人识别号：235678159378877
地　址、电话：哈尔滨市长江路 11 号　0451-85657718
开户行及账号：中国工商银行哈尔滨市长江支行
045147258310001 | 密码区 | 2489－1＜9－7－61599
8＜032/52＞9/29534　加密版本：01※
1626＜8－3024＞78　4300204533
　　　　　　　　00014641
－47－6＜7＞2*－/＞*＞6/ |

第一联：发票联　销货方记账凭证

货物或应税劳务名称	规格型号	单位	数量	单 价	金 额	税 率	税 额
纯生瓶装啤酒		吨	600	5 000.00	3 000 000.00	17%	510 000.00
普通瓶装啤酒		吨	500	4 000.00	2 000 000.00	17%	340 000.00
合　　计					¥5 000 000.00		¥850 000.00

价税合计（大写）	伍佰捌拾伍万元整	（小写）¥5 850 000.00

| 销货单位 | 名　　　　称：哈尔滨冰花啤酒有限责任公司
纳税人识别号：237458159378789
地　址、电话：哈尔滨市南岗区人和路 789 号　55667799
开户行及账号：中国工商银行哈尔滨市南岗支行
012314725836907 | 备注 | 哈尔滨冰花啤酒有限公司
237458159378789
发票专用章 |

收款人：李梅印　　　复核：赵雪娇印　　　开票人：赵立兰印　　　销货单位（章）

凭证 2-31（3）

产 成 品 出 库 单　　　产品出库编号：20131204 号

购货单位：哈尔滨家乐福啤酒批发超市　　2013 年 12 月 10 日　　　仓库：2 号库

产品名称	单位	销售数量（吨）	单位成本（元）	总成本（元）	备　注
纯生瓶装啤酒	吨	600			
普通瓶装啤酒	吨	500			
合　计		1 100			

库管员：赵立兰印　　　销售员：李齐印　　　部门负责人：赵雪娇印

凭证 2-32（1）

付 款 报 告 书

部门：财务部　　　　　2013 年 12 月 11 日　　　　　编号 20131211

开 支 内 容	金 额	结 算 方 式	
支付 11 月份工资	1 550 000.00	转账 8 975	附单据 2 张
		转账付讫	
合计（大写）壹佰伍拾伍万元整			

主管会计：周瑞雪印　　　单位负责人：孙伟印　　　出纳：李梅印　　　经办人：李美印

凭证 2-32（2）

中国工商银行转账支票存根		中国工商银行转账支票		No.4358975	
支票号码：4358975	本支票付款期限十天	出票日期（大写） 年 月 日		付款行名称：	
科　目：		收款人：		出票人账号	
对方科目：		大写币（大写）		亿 千 百 十 万 千 百 十 元 角 分	
出票日期： 年 月 日		用途			
收款人：		上列款项请从我账户内支付		科目（借方）	
金　额：				对方科目（贷）	
用　途：		出票人签章		复核　　　记账	
备　注：					

凭证 2-32（3）

2013 年 11 月职工工资发放明细表

2013 年 12 月 11 日　　　　　　　　　　　　单位：元

部　门	职工编号	职工姓名	实发工资	部　门	职工编号	职工姓名	实发工资
董事会	0101	赵立辉	12 000.00	销售部	0701	赵雪娇	8 000.00
经理室	0201	孙　伟	10 000.00	销售部	0702	赵立兰	6 000.00
经理室	0202	陈　强	9 000.00				
				行政部	1001	王一春	8 000.00
财务部	0301	孙大可	8 000.00	行政部	1002	王开放	6 000.00
财务部	0302	李　梅	6 000.00				550 000.00
小计			1 005 000.00	合　计			1 550 000.00

制表人：赵大伟印　　　　　　部门负责人：孙大可印　　　　　　经办人：李梅印

凭证 2-33（1）

付 款 报 告 书

部门：财务部　　　　　　　2013 年 12 月 11 日　　　　　　　编号 20131212

开 支 内 容	金 额	结 算 方 式	附单据2张
支付 11 份住房公积金	248 000.00	划转	
		转账付讫	
合计（大写）贰拾肆万捌仟元整			

主管会计：周瑞雪印　　　单位负责人：孙伟印　　　　出纳：李梅印　　　经办人：赵大伟印

凭证 2-33（2）

住 房 公 积 金 缴 存 回 单

哈尔滨住房公积金管理中心　　　　　　2013 年 12 月 11 日　　　　　　No 0011093 分 0011

缴存单位	单位全称	哈尔滨冰花啤酒有限公司	收款单位	单位全称	哈尔滨市住房公积金管理中心
	付款账号	012314725836907		收款账号	601902017009666
	开户银行	中国工商银行哈尔滨市南岗支行		经办银行	中国建设银行哈尔滨市南岗支行

汇（补）缴金额（大写）　贰拾肆万捌仟元整		千	百	十	万	千	百	十	元	角	分
			¥ 2	4	8	0	0	0	0	0	0

汇（补）缴凭证号	本月实缴金额	上月暂存款金额	本月实缴金额	本月暂存款金额
委托收款结算凭证 201311	248 000.00	0.00	248 000.00	0.00
单位公积金账号	2056800007000			

摘要：汇缴 2013 年 11 月份，人数 400 人 单位汇缴款：124 000.00 元 个人汇缴款：124 000.00 元	上述款项已存入你单位个人公积金账户 2013.12.11

凭证 2-33（3）

住 房 公 积 金 补 缴 清 册

单位账号：2056800007000　　　　　　　　　　　　　　　　　　单位：元

单位全称：公章　补缴 2013 年 11 月至 2013 年 11 月　　　　　共 4 页　　第 4 页

序号	姓 名	个 人 账 号											金 额	备 注
301	张立军	8	0	1	0	7	0	0	0	1	1		1 350.00	单位和个人缴存比例各为50%
302	李东	8	0	1	0	7	0	0	0	1	2		1 200.00	
303	李荣	8	0	1	0	7	0	0	0	1	3		1 100.00	
304	王海	8	0	1	0	7	0	0	0	1	4		1 000.00	
305	朱能	8	0	1	0	7	0	0	0	1	5		950.00	
306	刘权	8	0	7	0	7	0	0	0	1	6		950.00	
	小　　　计												50 000.00	
	合　　　计												248 000.00	

注：其余三张住房公积金补缴清册略。

凭证 2-34（1）

付 款 报 告 书

部门：财务部　　　　　　　　　2013 年 12 月 11 日　　　　　　　编号 20131213

开 支 内 容	金 额	结 算 方 式	附单据5张
支付 11 月份社会保险	690 000.00	划转	
合计（大写）陆拾玖万元整		转账付讫	

主管会计：周瑞雪印　　　单位负责人：孙伟印　　　出纳：李梅印　　　经办人：赵大伟印

凭证 2-34（2）

财政票据监制章 财政部监制

黑龙江省社会保险费票据

2013 年 12 月 11 日　　　　　　　　　　　　　　　　　　　No331801768154

缴费单位或缴费人	全　称	哈尔滨冰花啤酒有限公司	单位代码	237458159378789
	开户行	中国工商银行哈尔滨市南岗支行	行　号	04511
	账　号	012314725836907		

| 缴费金额 | 人民币（大写）肆拾肆万玖仟伍佰元整 | ￥：449 500.00 |
| 缴费日期 | 2013 年 11 月至 2013 年 11 月 | |

缴费项目	备注
险种：养老社会保险 滞纳金：0.00 元	补打：中间业务流水号 765540
单位缴纳：325 500.00 元	
个人缴纳：124 000.00 元	打印日期 2013.12.11

2013.12.11

第一联：收据

收款单位（盖章）：　　　　　　　　收款人：　　　　　　　　（微机专用手写无效）

凭证 2-34（3）

财政票据监制章 财政部监制

黑龙江省社会保险费票据

2013 年 12 月 11 日　　　　　　　　　　　　　　　　　　　No331801768154

缴费单位或缴费人	全　称	哈尔滨冰花啤酒有限公司	单位代码	237458159378789
	开户行	中国工商银行哈尔滨市南岗支行	行　号	04511
	账　号	012314725836907		

| 缴费金额 | 人民币（大写）肆万陆仟伍佰元整 | ￥：46 500.00 |
| 缴费日期 | 2013 年 11 月至 2013 年 11 月 | |

缴费项目	备注
险种：失业保险 滞纳金：0.00 元	补打：中间业务流水号 765540
单位缴纳：31 000.00 元	
个人缴纳：15 500.00 元	打印日期 2013.12.11

2013.12.11

第一联：收据

收款单位（盖章）：　　　　　　　　收款人：　　　　　　　　（微机专用手写无效）

凭证 2-34（4）

财政票据监制章 财政部监制

黑龙江省社会保险费票据

2013 年 12 月 11 日　　　　　　　　　　　　　　　　　　　No331801768154

缴费单位或缴费人	全　称	哈尔滨冰花啤酒有限公司	单位代码	237458159378789
	开户行	中国工商银行哈尔滨市南岗支行	行　号	04511
	账　号	012314725836907		

| 缴费金额 | 人民币（大写）柒仟柒佰伍拾元整 | ￥：7 750.00 |
| 缴费日期 | 2013 年 11 月至 2013 年 11 月 | |

缴费项目	备注
险种：工伤保险 滞纳金：0.00 元	补打：中间业务流水号 765540
单位缴纳：7 750.00 元	
个人缴纳：0.00 元	打印日期 2013.12.11

2013.12.11

第一联：收据

收款单位（盖章）：　　　　　　　　收款人：　　　　　　　　（微机专用手写无效）

凭证 2-34（5）

黑龙江省社会保险费票据

财政部监制

2013 年 12 月 11 日　　　　　　　　　　　　　　　　　No 331801768154

缴费单位或缴费人	全　称	哈尔滨冰花啤酒有限公司	单位代码	237458159378789
	开户行	中国工商银行哈尔滨市南岗支行	行　号	04511
	账　号	012314725836907		

| 缴费金额 | 人民币（大写）壹拾柒万捌仟伍佰元整 | ￥：178 500.00 |
| 缴费日期 | 2013 年 11 月至 2013 年 11 月 | |

缴费项目	备注
险种：医疗保险 滞纳金：0.00 元	补打：中间业务流水号 765540
单位缴纳：139 500.00 元	
个人缴纳：31 000.00 元	
大病保险：8 000.00 元	打印日期 2013.12.11

收款单位（盖章）：　　　　　　　收款人：　　　　　　　（微机专用手写无效）

第一联：收据

凭证 2-34（6）

黑龙江省社会保险费票据

财政部监制

2013 年 12 月 11 日　　　　　　　　　　　　　　　　　No 331801768154

缴费单位或缴费人	全　称	哈尔滨冰花啤酒有限公司	单位代码	237458159378789
	开户行	中国工商银行哈尔滨市南岗支行	行　号	04511
	账　号	012314725836907		

| 缴费金额 | 人民币（大写）柒仟柒佰伍拾元整 | ￥：7 750.00 |
| 缴费日期 | 2013 年 11 月至 2013 年 11 月 | |

缴费项目	备注
险种：生育保险 滞纳金：0.00 元	补打：中间业务流水号 765540
单位缴纳：7 750.00 元	
个人缴纳：0.00 元	
大病保险：0.00 元	打印日期 2013.12.11

收款单位（盖章）：　　　　　　　收款人：　　　　　　　（微机专用手写无效）

第一联：收据

凭证 2-35（1）

付 款 报 告 书

部门：财务部　　　　　　2013 年 12 月 11 日　　　　　　编号 20131214

开 支 内 容	金 额	结 算 方 式
支付 11 月份工会经费	31 000.00	划转
		转账付讫
合计（大写）叁万壹仟元整		

附单据 2 张

主管会计：周瑞雪印　　单位负责人：孙伟印　　出纳：李梅印　　经办人：赵大伟印

凭证 2-35（2）

黑龙江省非税收入一般缴款书（收据）4

征收日期：2013 年 12 月 11 日　收单位名称　哈尔滨市南岗区地方税务局　No 00691575

组织机构代码　203100101-7

<table>
<tr><td rowspan="3">付款人</td><td>全　称</td><td colspan="2">哈尔滨冰花啤酒有限公司</td><td rowspan="3">收款人</td><td>全　称</td><td colspan="3">哈市南岗区地方税务局</td></tr>
<tr><td>开户行</td><td colspan="2">中国工商银行哈尔滨市南岗支行</td><td>开户行</td><td colspan="3">中国银行南岗支行</td></tr>
<tr><td>账　号</td><td colspan="2">012314725836907</td><td>账　号</td><td colspan="3">012314725800900</td></tr>
<tr><td colspan="4">金额（大写）叁万壹仟元整</td><td colspan="4">（小写）￥31 000.00</td></tr>
<tr><td>项目编码</td><td>收入项目名称</td><td>单　位</td><td colspan="2">数　量</td><td>收费标准</td><td colspan="2">金额</td></tr>
<tr><td>88060003</td><td>工会经费</td><td></td><td colspan="2">1 550 000.00</td><td>2%</td><td colspan="2">31 000.00</td></tr>
<tr><td colspan="4">执收执罚单位（盖章）　经办人盖章
2013.12.11</td><td>备注</td><td colspan="3"></td></tr>
</table>

检验码

第四联：执收执罚单位给缴款人的收据

凭证 2-36（1）

中国工商银行贷款凭证（收款通知）　　3

2014 年 12 月 12 日

<table>
<tr><td>贷款单位</td><td colspan="2">哈尔滨冰花啤酒有限公司</td><td>种类</td><td colspan="2">短期</td><td>贷款账号</td><td colspan="9">012314725836907</td></tr>
<tr><td rowspan="2">金　额</td><td colspan="2" rowspan="2">人民币（大写）壹佰万元整</td><td>千</td><td>百</td><td>十</td><td>万</td><td>千</td><td>百</td><td>十</td><td>元</td><td>角</td><td>分</td></tr>
<tr><td>1</td><td>0</td><td>0</td><td>0</td><td>0</td><td>0</td><td>0</td><td>0</td><td>0</td></tr>
<tr><td rowspan="2">用　途</td><td colspan="2" rowspan="2">流动资金周转借款</td><td colspan="3">单位申请期限</td><td colspan="7">自 2013 年 12 月 12 日至 2014 年 6 月 11 日</td></tr>
<tr><td colspan="3">银行核定期限</td><td colspan="7">自 2013 年 12 月 12 日至 2014 年 6 月 11 日</td></tr>
<tr><td colspan="6">上述款项已核准发放，并划入你单位账号　年利率7.2%
中国工商银行 南岗支行 2013.12.12 转讫
银行盖章 年 月 日</td><td colspan="10">单位会计分录
收入
付出
复核　　　　　记账
主管　　　　　会计</td></tr>
</table>

凭证 2-36（2）

中国工商银行贷款申请书

<table>
<tr><td>申请人全称</td><td>哈尔滨冰花啤酒有限公司</td><td>法定代表人</td><td>赵立辉</td></tr>
<tr><td>住　　所</td><td>哈尔滨市南岗区人和路 789 号</td><td>联系电话</td><td>0451-55667799</td></tr>
<tr><td>资产总额</td><td>208 888 700.00 元</td><td>所有者权益</td><td>128 587 950.00 元</td></tr>
<tr><td>资产负债率</td><td>38%</td><td>净利润</td><td>60 000 000.00 元</td></tr>
<tr><td>基本存款账户开户行及账号</td><td colspan="3">中国工商银行哈尔滨市南岗支行 012314725836907</td></tr>
</table>

在工商行开立何种账户和账号		无			
借款卡号	9558812345678900112		信用等级	A 级	
借款用途	购原材料		信用期限	半年	
借款金额	人民币（大写）壹佰万元整				

还款资金来源	销售收入		还款方式	购贷销还	√
	/			一次性偿还	√
	/			分次性偿还	

用款计划	日 期	金 额	还款计划	日 期	金 额
	2013 年 12 月	1 000 000.00		2014 年 6 月	1 000 000.00
	年 月			年 月	
	年 月			年 月	
	年 月			年 月	

借款方式	信用	√	保证	/	抵押	/	质押	

担保情况	担保人全称		法定代表人		联系电话	
	住 所		担保物名称			
	担保人全称		法定代表人		联系电话	
	住 所		担保物名称			
	担保人全称		法定代表人		联系电话	
	住 所		担保物名称			

申请人（公章） 法定代表人（主要负责人） 或授权代理人 2013 年 12 月 8 日	担保人意见： 同意 担保人（公章） 法定代表人（主要负责人） 或授权代理人 年 月 日	银行受理意见： 开户行负责人 2013 年 12 月 12 日

凭证 2-36（3）

流动资金借款合同

立合同单位：
　　中国工商银行哈尔滨南岗支行（以下称贷款方）
　　哈尔滨冰花啤酒有限公司（以下称借款方）
　　哈尔滨信托总公司（以称简称担保方）
　　为明确责任，恪守信用，特签订本合同，共同信守。
　　一、贷款种类：流动资金周转贷款。
　　二、借款金额（大写）：壹佰万元整。

三、借款用途：用于购买生产啤酒的原材料啤酒花（哈尔滨啤酒物资供应公司）。

四、借款利率：借款利率为月息千分之五，按季收息，利随本清。如遇国家调整利率，按调整后的规定计算。

五、借款期限：借款时间自二○一三年十二月十二日至二○一四年六月十一日止。借款实际发放和期限以贷款收款凭证为依据一次发放和收回。

六、还款资金来源及还款方式：

1. 还款资金来源：销售货款。

2. 还款方式：到期前一次偿还。

七、保证条款：

借款方请哈尔滨信托总公司作为自己的借款保证方，经贷款审查，证实保证方具有担保资格和足够代偿借款的能力。保证方有权检查和督促借款方履行合同。当借款方不履行合同时，由保证方连带承担偿还借款本息的责任。必要时，贷款方可以从保证方的存款账户内扣收贷款本息。

八、违约责任：

1. 签订本合同后，贷款方应在借款方提出借据10日内（假日顺延）将贷款放出，转入借款方账户。如贷款方未按期发放贷款，应按违约数额和延期天数的贷款利息的20%计算向借款方偿付违约金。

2. 借款方如不按合同规定的用途使用借款，贷款方有权收回部分或全部贷款。对违约使用部分，按银行规定加收罚息。借款方如在使用借款中造成物资积压或损失浪费，或进行非法经营，贷款方不负任何责任，并有权按银行规定加收罚息或从存款户中扣收贷款本息。如借款方有意转移并违约使用资金，贷款方有权商请其他开户行代为扣款清偿。

3. 借款方应按合同规定的时间还款。如借款方需要将借款展期，应在借款到期前五日内向银行提出申请，有保证方的，还应由保证方签署同意延长担保期限，经贷款方审查同意后办理展期手续。如借款方不按期偿还借款，贷款方有权限期追回贷款，并按银行规定加收逾期利息和罚息。如企业经营不善发生亏损或虚盈实亏，危及贷款安全时，贷款方有权提前收回贷款。

九、其他：

除因《借款合同条例》规定允许变更或解除合同的情况外，任何一方当事人不得擅自变更或解除合同。当事人一方依据《借款合同条例》要求变更或解除合同时，应及时采用书面形式通知其他当事人，并达成书面协议。本合同变更或解除后，借款方占用的借款和应付的利息，仍应按本合同的规定偿付。

合同的附件：税务登记证、资产评估报告、报表等。

本合同经各方签字后生效，贷款本息全部清偿后自动失效。

本合同正本一式三份，贷款方、借款方、保证方各执一份；合同副本三份，报送中国工商银行哈尔滨分行、哈尔滨市工商局和哈尔滨各留存一份。

贷款方：（公章）
法人代表：（盖章）

借款方：（公章）
法人代表：（盖章）

保证方：（公章）
法人代表：（盖章）

开户银行和账号：中国工商银行哈尔滨南岗支行 012314725877777

2013 年 12 月 12 日

凭证 2-37（1）

付 款 报 告 书

部门：财务部　　　　　2013 年 12 月 13 日　　　　　编号 20131215

开 支 内 容	金 额	结 算 方 式
偿还短期借款本金及利息	5 105 600	划转
		转账付讫
合计（大写）伍佰壹拾万零伍仟陆佰元整		

附单据 2 张

主管会计：周瑞雪印　　单位负责人：孙伟印　　出纳：李梅印　　经办人：赵大伟印

175

凭证 2-37（2）

短期借款利息费用计算表

2013 年 12 月 13 日

单位：元

贷款银行	贷款种类	借款金额	年利率	本月应计利息额
中国工商银行哈尔滨南岗支行	流动资金周转借款	5 000 000.00	4.224%	17 600.00

备注：计息日：2013.6.13～2013.12.13。采用按月预提，半年支付方式。

财会主管：周瑞雪印　　　　会计：　　　　　复核：　　　　　制表：赵大伟印

凭证 2-37（3）

中国工商银行计收利息清单（付款通知）

2013 年 12 月 13 日

单位名称	哈尔滨冰花啤酒有限公司	账　　号	012314725836907
贷款金额	5 000 000.00	计息起讫日期	2013.6.13～2013.12.13
计息总计数	—	利率（年）	4.224%
利息金额	人民币（大写）壹拾万零伍仟陆佰元整		中国工商银行 南岗支行 ￥：105 600.00 2.13.12.13 转讫

你单位上述应偿还利息已从你单位账户划出。

此致

借款单位　　（银行盖章）　　　　复核：　　　记账：

凭证 2-37（4）

中国工商银行流动资金还款凭证（回单）

2013 年 12 月 12 日　借款合同编号 955881234567890011201

借款单位	全　称	哈尔滨冰花啤酒有限公司	收款单位	全　称	中国工商银行哈尔滨南岗支行
	账　号	012314725836907		账　号	012314725811111
	开户银行	中国工商银行哈尔滨南岗支行		开户银行	中国工商银行哈尔滨南岗支行

计划还款期限	2013 年 12 月 12 日	还款次序	第　次还款									
				千	百	十	万	千	百	十	元	角	分
借款金额	人民币（大写）伍佰万元整			￥ 5	0	0	0	0	0	0	0	0	0
还款内容	归还六个月流动资金短期借款本金											
备注		上述款项已从你单位往来账户内转还 中国工商银行 南岗支行 2013.12.12 转讫										
		银行盖章　2013 年 12 月 12 日										

凭证 2-38（1）

付款报告书

部门：财务部　　　　　2013 年 12 月 13 日　　　　　编号 20131216

开支内容	金额	结算方式
偿还长期借款利息	1 080 000.00	划转
		转账付讫
合计（大写）壹佰零捌万元整		

附单据 2 张

主管会计：周瑞雪印　　　单位负责人：孙伟印　　　出纳：李梅印　　　经办人：赵大伟印

凭证 2-38（2）

长期借款利息费用计算表

2013 年 12 月 13 日   单位：元

贷款银行	贷款种类	借款金额	年利率	本月应计利息额
中国工商银行哈尔滨南岗支行	厂房建设借款	20 000 000.00	5.4%	90 000.00

备注：计息日：2012.12.13～2013.12.12。采用按月预提，年末支付方式。厂房建造已完工。

财会主管：周瑞雪印   会计：   复核：   制表：赵大伟印

凭证 2-38（3）

中国工商银行计收利息清单（付款通知）

2013 年 12 月 13 日

单位名称	哈尔滨冰花啤酒有限公司	账　号	012314725836907
贷款金额	20 000 000.00	计息起讫日期	2012.12.13～2013.12.12
计息总计数		利率（年）	5.4%
利息金额	人民币（大写）壹佰零捌万元整		1 080 000.00

你单位上述应偿还利息已从你单位账户划出。

此致

借款单位　　　（银行盖章）　　　复核：　　　记账：

中国工商银行
南岗支行
2.13.12.13
转讫

凭证 2-39（1）

中国工商银行贷款凭证（收款通知）   3

2013 年 12 月 13 日

贷款单位	哈尔滨冰花啤酒有限公司	种类	短期	贷款账号	012314725836907	

金　额	人民币（大写）伍佰万元整	千	百	十	万	千	百	十	元	角	分
				5	0	0	0	0	0	0	0

用　途	厂房维修与改造借款	单位申请期限	自 2013 年 12 月 12 日至 2015 年 12 月 11 日
		银行核定期限	自 2013 年 12 月 12 日至 2015 年 12 月 11 日

上述款项已核准发放，并划入你单位账号。年利率 9.0%。

中国工商银行
南岗支行
2013.12.13
转讫

银行盖章
年　月　日

单位会计分录
收入
付出
复核：　　　记账
主管：　　　会计

凭证 2-39（2）

中国工商银行贷款申请书

申请人全称	哈尔滨冰花啤酒有限公司	法定代表人	赵立辉
住　　所	哈尔滨市南岗区人和路 789 号	联系电话	0451-55667799
资产总额	208 888 700.00 元	所有者权益	128 587 950.00 元
资产负债率	38%	净利润	60 000 000.00 元
基本存款账户开户行及账号		中国工商银行哈尔滨市南岗支行 012314725836907	

在工商行开立何种账户和账号			无			
借款卡号	9558812345678900112			信用等级		A级
借款用途	购原材料			信用期限		一年
借款金额			人民币（大写）伍佰万元整			
还款资金来源	销售收入		还款方式	购贷销还		√
	/			一次性偿还		√
	/			分次性偿还		
用款计划	日 期	金 额	还款计划	日 期		金 额
	2013年12月	5 000 000.00		2015年12月		5 000 000.00
	年 月			年 月		
	年 月			年 月		
	年 月			年 月		
借款方式	信用	√	保证	/	抵押	/	质押	/
担保情况	担保人全称		法定代表人		联系电话		
	住 所		担保物名称				
	担保人全称		法定代表人		联系电话		
	住 所		担保物名称				
	担保人全称		法定代表人		联系电话		
	住 所		担保物名称				
申请人（公章） 法定代表人（主要负责人） 等授权代理人 2013年12月8日			担保人意见： 同意 担保人（公章） 法定代表人（主要负责人） 或授权代理人 2013年12月8日			银行受理意见： 同意 开户行负责人 2013年12月12日

凭证 2-39（3）

借款合同

立合同单位：

中国工商银行哈尔滨南岗支行（以下称贷款方）

哈尔滨冰花啤酒有限公司（以下称借款方）

哈尔滨信托总公司（以称简称担保方）

为明确责任，恪守信用，特签订本合同，共同信守。

一、贷款种类：中期贷款。

二、借款金额（大写）：伍佰万元整。

三、借款用途：用于厂房维修与改造。

四、借款利率：借款利率为月息千分之七点五，按年收息。如遇国家调整利率，按调整后的规定计算。

五、借款期限：借款时间自二〇一三年十二月十二日至二〇一四年十二月十一日止。借款实际发放和期限以

贷款收款凭证为依据，一次发放和收回。

六、还款资金来源及还款方式：

1. 还款资金来源：销售货款。

2. 还款方式：到期前一次偿还。

七、保证条款：

借款方请哈尔滨信托总公司作为自己的借款保证方，经贷款审查，证实保证方具有担保资格和足够代偿借款的能力。保证方有权检查和督促借款方履行合同。当借款方不履行合同时，由保证方连带承担偿还借款本息的责任。必要时，贷款方可以从保证方的存款账户内扣收贷款本息。

八、违约责任：

1. 签订本合同后，贷款方应在借款方提出借据 10 日内（假日顺延）将贷款放出，转入借款方账户。如贷款方未按期发放贷款，应按违约数额和延期天数的贷款利息的 20% 计算向借款方偿付违约金。

2. 借款方如不按合同规定的用途使用借款，贷款方有权收回部分或全部贷款。对违约使用部分，按银行规定加收罚息。借款方如在使用借款中造成物资积压或损失浪费，或进行非法经营，贷款方不负任何责任，并有权按银行规定加收罚息或从存款户中扣收贷款本息。如借款方有意转移并违约使用资金，贷款方有权商请其他开户行代为扣收清偿。

3. 借款方应按合同规定的时间还款。如借款方需要将借款展期，应在借款到期前五日内向银行提出申请，有保证方的，还应由保证方签署同意延长担保期限，经贷款方审查同意后办理展期手续。如借款方不按期偿还借款，贷款方有权限期追回贷款，并按银行规定加收逾期利息和罚息。如企业经营不善发生亏损或虚盈实亏，危及贷款安全时，贷款方有权提前收回贷款。

九、其他：

除因《借款合同条例》规定允许变更或解除合同的情况外，任何一方当事人不得擅自变更或解除合同。当事人一方依据《借款合同条例》要求变更或解除合同时，应及时采用书面形式通知其他当事人，并达成书面协议。本合同变更或解除后，借款方占用的借款和应付的利息，仍应按本合同的规定偿付。

合同的附件：税务登记证、资产评估报告、报表等。

本合同经各方签字后生效，贷款本息全部清偿后自动失效。

本合同正本一式三份，贷款方、借款方、保证方各执一份；合同副本三份，报送中国工商银行哈尔滨分行、哈尔滨市工商局和公证处各留存一份。

贷款方： （公章）  借款方： （公章）

法人代表： （盖章） 法人代表： （盖章）

保证方： （公章）

法人代表： （盖章）

开户银行和账号：中国工商银行哈尔滨滨南岗支行 012314725877777

年　月　日

凭证 2-40

中国工商银行计算利息清单（收款通知）

单位名称：哈尔滨冰花啤酒有限公司　　2013 年 12 月 13 日　　　　　　账号：012314725836907

起息日期			结息日期			天数	积数	年利率	利息								
年	月	日	年	月	日				百	十	万	千	百	十	元	角	分
2013	9	13	2013	12	13	90	4 400 000.00	0.36%				¥	3	9	6	0	0	0

中国工商银行
南岗支行
2013.12.13
转讫

上列存款利息已存入单位
012314725836907 账户。

（银行盖章）

分录

记账

第一联：收入凭证

凭证 2-41（1）

收 料 单

供应单位：河北麦芽厂   收料单编号：20131208

发票号码：№ 01301905   2013 年 12 月 15 日   仓库：01

材料名称	计量单位	数量		实际价格（元）				
		应收	实收	单价	发票金额	运杂费	合 计	
							总成本	单位成本
麦芽	吨	400	400	42 000	1 680 000.00	10 000.00	1 690 000.00	4 225.00
验收结论：合格	合 计	400		42 000	1 680 000.00	10 000.00	1 690 000.00	4 225.00
备注：								

第二联：记账

验收员：李东印   收料员：李东印   采购员：李美印   部门负责人：张立军印

凭证 2-41（2）

河北增值税专用发票 发票联

3300133111   No 01301199   3300133111   01301199

校验码 32121   12367   33221   66666   开票日期：2013 年 12 月 14 日

| 购货单位 | 名 称：哈尔滨冰花啤酒有限公司
纳税人识别号：237458159378789
地址、电话：哈尔滨南岗区人和路 789 号 55667799
开户行及账号：中国工商银行哈尔滨市南岗支行
012314725836907 | 密码区 | 2490 - 1 < 9 - 7 - 65555
8 < 032/52 > 9/29533   加密版本：01※
1626 < 8 - 3024 > 36   4300204512
- 47 - 6 < 7 > 2* - / > * > 6/   00015642 |

货物或应税劳务名称	规格型号	单位	数量	单 价	金 额	税率	税 额
麦芽		吨	400	4 200.00	1 680 000.00	17%	285 600.00
合 计					¥ 1 680 000.00		¥ 285 600.00

价税合计（大写） 壹佰玖拾陆万伍仟陆佰元整   （小写）¥ 1 965 600.00

| 销货单位 | 名 称：河北麦芽厂
纳税人识别号：330013748161718
地址、电话：河北省石家庄市维明南大街 33 号 23254455
开户行及账号：中国工商银行石家庄维明支行
3301013339225990777 | 备注 | 河北麦芽厂
330013748161718
发票专用章 |

第三联：发票联 购货方记账凭证

收款人：沈春阳   复核：崔芳   开票人：李思思   销货单位（章）

凭证 2-41（3）

河北增值税专用发票 抵扣联

3300133111   No 01301199   3300133111   01301199

校验码 32121   12367   33221   66666   开票日期：2013 年 12 月 14 日

| 购货单位 | 名 称：哈尔滨冰花啤酒有限责任公司
纳税人识别号：237458159378789
地址、电话：哈尔滨南岗区人和路 789 号 55667799
开户行及账号：中国工商银行哈尔滨市南岗支行
012314725836907 | 密码区 | 2490 - 1 < 9 - 7 - 65555
8 < 032/52 > 9/29533   加密版本：01※
1626 < 8 - 3024 > 36   4300204512
- 47 - 6 < 7 > 2* - / > * > 6/   00015642 |

货物或应税劳务名称	规格型号	单位	数量	单 价	金 额	税率	税 额
麦芽		吨	400	4 200.00	1 680 000.00	17%	285 600.00
合 计					¥ 1 680 000.00		¥ 285 600.00

价税合计（大写） 壹佰玖拾陆万伍仟陆佰元整   （小写）¥ 1 965 600.00

| 销货单位 | 名 称：河北麦芽厂
纳税人识别号：330013748161718
地址、电话：河北省石家庄市维明南大街 33 号 23254455
开户行及账号：中国工商银行石家庄维明支行
3301013339225990777 | 备注 | 河北麦芽厂
330013748161718
发票专用章 |

第二联：抵扣联 购货方记账凭证

收款人：沈春阳   复核：崔芳   开票人：李思思   销货单位（章）

凭证 2-41（4）

3300133760
3300133760
00301900

货物运输业增值税专用发票
发票联

No 00301900

开票日期：2013 年 12 月 14 日

承运人及纳税人识别号	河北仁德大型货物运输有限公司 33045612311223X		密码区	2490 - 1 < 9 - 7 - 61596 8 < 032/52 > 9/29533 1626 < 8 - 3024 > 36 - 47 - 6 < 7 > 2* - / > * > 6/ 加密版本：01※ 4300204512 00015642
实际受票方及纳税人识别号	哈尔滨冰花啤酒有限公司 237458159378789			
收货人及纳税人识别号	哈尔滨冰花啤酒有限公司 237458159378789	发货人及纳税人识别号	河北麦芽厂 330013748161718	
起运地、经由、到达地	河北石家庄、北京、沈阳、哈尔滨		运输货物信息	400 吨麦芽
费用项目及金额	费用项目　　金额　费用项目　金额 运费　　　　10 000.00			
合计金额	￥11 100.00　税率　11%　税额　￥1 100.00 机器编号 499012023045			
价税合计（大写）壹万壹仟壹佰元整			（小写）￥11 100.00	
车种车号		车船吨位	备注	
主管税务机及代码	石家庄市国家税务局维明分局			

第三联：发票联　受票方记账凭证

收款人：孙大力　　　复核：王丽娟　　　开票人：赵玉彬　　　承运人（章）

凭证 2-41（5）

3300133760
3300133760
00301900

货物运输业增值税专用发票
抵扣联

No 00301900

开票日期：2013 年 12 月 14 日

承运人及纳税人识别号	河北仁德大型货物运输有限公司 33045612311223X		密码区	2490 - 1 < 9 - 7 - 61596 8 < 032/52 > 9/29533 1626 < 8 - 3024 > 36 - 47 - 6 < 7 > 2* - / > * > 6/ 加密版本：01※ 4300204512 00015642
实际受票方及纳税人识别号	哈尔滨冰花啤酒有限公司 237458159378789			
收货人及纳税人识别号	哈尔滨冰花啤酒有限公司 237458159378789	发货人及纳税人识别号	河北麦芽厂 330013748161718	
起运地、经由、到达地	河北石家庄、北京、沈阳、哈尔滨		运输货物信息	400 吨麦芽
费用项目及金额	费用项目　　金额　费用项目　金额 运费　　　　10 000.00			
合计金额	￥11 100.00　税率　11%　税额　￥1 100.00 机器编号 499012023045			
价税合计（大写）壹万壹仟壹佰元整			（小写）￥11 100.00	
车种车号		车船吨位	备注	
主管税务机及代码	石家庄市国家税务局维明分局			

第二联：抵扣联　受票方抵扣凭证

收款人：孙大力　　　复核：王丽娟　　　开票人：赵玉彬　　　承运人（章）

凭证 2-41（6）

付款期限
壹个月

中国工商银行（多余款 收账通知）

银行汇票

出票日期（大写）	贰零壹叁年拾贰月零贰日	代理付款行：中国工商银行哈尔滨市南岗支行 行号：04511

收款人：河北麦芽厂	账号：112314723336909

出票金	人民币（大写）	贰佰万元整

实际结算金额	人民币（大写）	壹佰玖拾柒万陆仟柒佰元整	千	百	十	万	千	百	十	元	角	分
			¥	1	9	7	6	7	0	0	0	0

申请人：哈尔滨冰花啤酒有限公司　账号：012314725836907

出票行：中国工商银行哈尔滨市南岗支行　行号：04511

备注：_____

密押
多余金额

千	百	十	万	千	百	十	元	角	分
			¥	2	3	0	0	0	0

复核　记账

见票付款

出票行签章

（中国工商银行哈尔滨市南岗支行 汇票专用章）

此联出票行结清多余款后交还申请人

凭证 2-42（1）

付 款 报 告 书

部门：采购部　　　2013 年 12 月 15 日　　　编号：20131217

开 支 内 容	金 额	结 算 方 式
支付电费	2 106 000.00	支票 8976
合计（大写）贰佰壹拾万陆仟元整		

附单据 3 张

主管会计：周瑞雪印　　单位负责人：张立军印　　出纳：李梅印　　经办人：李美印

凭证 2-42（2）

2300133177

黑龙江增值税专用发票

（全国统一发票监制章 国家税务总局 发票联）

No 01301122　2300133177

01301122

校验码32121　12367　33221　66666

开票日期：2013 年 12 月 15 日

购货单位	名　称：哈尔滨冰花啤酒有限公司 纳税人识别号：237458159378789 地址、电话：哈尔滨南岗区人和路789号　55667799 开户行及账号：中国工商银行哈尔滨市南岗支行　012314725836907	密码区	2490 – 1 < 9 – 7 – 65555 8 < 032/52 > 9/29533 1626 < 8 – 3024 > 45 – 47 – 6 < 7 > 2* – / > * > 6/	加密版本：01※ 4300204512 00015666

货物或应税劳务名称	规格型号	单位度	数量	单价	金额	税率	税额
电费			2 000 000	0.90	1 800 000.00	17%	306 000.00
合计					¥1 800 000.00		¥306 000.00

价税合计（大写）	贰佰壹拾万零陆仟元整	（小写）¥2 106 000.00

销货单位	名　称：哈尔滨市南岗区供电局 纳税人识别号：230013748161712 地址、电话：黑龙江省哈尔滨市尚志大街33号　86254455 开户行及账号：中国工商银行哈尔滨南岗支行　2301013339225990321	备注	（哈尔滨市南岗区供电局 230013748161712 发票专用章）

收款人：沈春阳印　　复核：崔芳印　　开票人：李思思印　　销货单位（章）

第三联：发票联　购货方记账凭证

凭证 2-42（3）

2300133177

黑龙江增值税专用发票

抵扣联

No 01301122　2300133177

01301122

校验码 32121　12367　33221　66666

开票日期：2013 年 12 月 15 日

购货单位	名　　称：哈尔滨冰花啤酒有限公司 纳税人识别号：237458159378789 地址、电话：哈尔滨南岗区人和路789号　55667799 开户行及账号：中国工商银行哈尔滨市南岗支行 012314725836907	密码区	2490 - 1 < 9 - 7 - 65555　加密版本：01※ 8 < 032/52 > 9/29533　4300204512 1626 < 8 - 3024 > 45　00015666 - 47 - 6 < 7 > 2* - / > * > 6/

货物或应税劳务名称	规格型号	单位度	数量	单价	金额	税率	税额
电费			2 000 000	0.90	1 800 000.00	17%	306 000.00
合　计					￥1 800 000.00		￥306 000.00

价税合计（大写）	贰佰壹拾万零陆仟元整	（小写）￥2 106 000.00

销货单位	名　　称：哈尔滨市南岗区供电局 纳税人识别号：230013748161712 地址、电话：黑龙江省哈尔滨市尚志大街33号　86254455 开户行及账号：中国工商银行哈尔滨南岗支行 2301013339225990321	备注	

第二联：抵扣联　购货方抵扣凭证

收款人：沈春阳印　　　复核：崔芳印　　　开票人：李思思印　　　销货单位（章）

凭证 2-42（4）

中国工商银行转账支票存根		中国工商银行转账支票		No.4258976									
支票号码：4258976		出票日期（大写）　　年　月　日		付款行名称：									
科　目：		收款人：		出票人账号									
对方科目：		人民币（大写）		亿	千	百	十	万	千	百	十	元	角	分
出票日期：年 月 日													
收款人：		用途　购电											
金　额：		上列款项请从我账户内支付		科目（借方）									
用　途：				对方科目（贷）									
备　注：		出票人签章		复核　　　　记账									

凭证 2-43（1）

付 款 报 告 书

部门：采购部　　　　2013 年 12 月 15 日　　　　编号：20131218

开 支 内 容	金 额	结 算 方 式
支付水费	702 000.00	支票5977
合计（大写）柒拾万零贰仟元整		

附单据 3 张

主管会计：周瑞雪印　　　单位负责人：张立军印　　　出纳：李梅印　　　经办人：李美印

凭证 2-43（2）

2300133369

黑龙江增值税专用发票
发票联

No 01301258　2300133369
01301258

校验码 32121　12367　33221　66666

开票日期：2013 年 12 月 15 日

| 购货单位 | 名　称：哈尔滨冰花啤酒有限公司
纳税人识别号：237458159378789
地址、电话：哈尔滨南岗区人和路 789 号　55667799
开户行及账号：中国工商银行哈尔滨市南岗支行
012314725836907 | 密码区 | 2490 - 1 < 9 - 7 - 65555
8 < 032/52 > 9/29533
1626 < 8 - 3024 > 45
- 47 - 6 < 7 > 2* - / > * > 6/ | 加密版本：01※
4300204512
00015666 |

货物或应税劳务名称	规格型号	单位	数量	单价	金额	税率	税额
水　费		吨	100 000	6.00	600 000.00	17%	102 000.00
合　计					¥ 600 000.00		¥ 102 000.00

价税合计（大写）	柒拾万零贰仟元整	（小写）¥ 702 000.00

| 销货单位 | 名　称：哈尔滨市南岗区自来水公司
纳税人识别号：230013748160101
地址、电话：黑龙江省哈尔滨市通达街 66 号　86255656
开户行及账号：中国工商银行哈尔滨南岗支行
230101333 9225997878 | 备注 | 哈尔滨市南岗区自来水公司
230013748160101
发票专用章 |

收款人：李树柏印　　　复核：金芳印　　　开票人：刘思思印　　　销货单位（章）

第三联：发票联　购货方记账凭证

凭证 2-43（3）

2300133369

黑龙江增值税专用发票
发票联

No 01301258　2300133369
01301258

校验码 32121　12367　33221　66666

开票日期：2013 年 12 月 15 日

| 购货单位 | 名　称：哈尔滨冰花啤酒有限公司
纳税人识别号：237458159378789
地址、电话：哈尔滨南岗区人和路 789 号　55667799
开户行及账号：中国工商银行哈尔滨市南岗支行
012314725836907 | 密码区 | 2490 - 1 < 9 - 7 - 65555
8 < 032/52 > 9/29533
1626 < 8 - 3024 > 45
- 47 - 6 < 7 > 2* - / > * > 6/ | 加密版本：01※
4300204512
00015666 |

货物或应税劳务名称	规格型号	单位	数量	单价	金额	税率	税额
水　费		吨	100 000	6.00	600 000.00	17%	102 000.00
合　计					¥ 600 000.00		¥ 102 000.00

价税合计（大写）	柒拾万零贰仟元整	（小写）¥ 702 000.00

| 销货单位 | 名　称：哈尔滨市南岗区自来水公司
纳税人识别号：230013748160101
地址、电话：黑龙江省哈尔滨市通达街 66 号　86255656
开户行及账号：中国工商银行哈尔滨南岗支行
230101333 9225997878 | 备注 | 哈尔滨市南岗区自来水公司
230013748160101
发票专用章 |

收款人：李树柏印　　　复核：金芳印　　　开票人：刘思思印　　　销货单位（章）

第二联：抵扣联　购货方抵扣凭证

凭证 2-43（4）

中国工商银行转账支票存根		中国工商银行转账支票		No.4258977	
支票号码：4258977	本支票付款期限十天	出票日期（大写）　年　月　日	付款行名称：		
科　　目：		收款人：	出票人账号		
对方科目：		大写币（大写）	亿 千 百 十 万 千 百 十 元 角 分		
出票日期：　年　月　日					
收款人：		用途：			
金　　额：		上列款项请从我账户内支付	科目（借方）		
用　　途：			对方科目（贷）		
备　　注：		出票人签章　财务专用章	复核　　　记账		

凭证 2-44（1）

付 款 报 告 书

2013 年 12 月 15 日

部门：销售部　　　　　　　　　　　　　　　　编号：20131219

开 支 内 容	金　　额	结 算 方 式	附单据2张
支付广告费	40 000.00	支票 8978	
合计（大写）肆万元整			

主管会计：周瑞雪印　　　单位负责人：赵雪娇印　　　出纳：李梅印　　　经办人：赵立兰印

凭证 2-44（2）

黑龙江省广告业统一发票

发票代码：230001654321

发票号码：00100234

客户名称：哈尔滨冰花啤酒有限公司　　　2013 年 12 月 15 日

项　目	摘　　要	单　位	数　量	单　价	金　额
广告费	晚 7：30 分省卫视 20 秒广告 2013 年 12 月 17 日至 2013 年 12 月 31 日	秒	20	2 000.00	40 000.00
合计（大写）肆万元整					￥40 000.00

收款：邹丽印　　　　　　经办：赵艳印　　　　　　收款单位（盖章）

（机打发票手写无效）　　　　　　　　　　　　　　税控码 231006123654

第二联：发票联

凭证 2-44（3）

<table>
<tr><td colspan="2">中国工商银行转账支票存根</td><td rowspan="9">本支票付款期限十天</td><td colspan="2">中国工商银行转账支票</td><td>No.4358978</td></tr>
<tr><td>支票号码：4358978</td><td></td><td colspan="2">出票日期（大写）　　年　月　日</td><td>付款行名称：</td></tr>
<tr><td>科　　目：</td><td></td><td colspan="2">收款人：</td><td>出票人账号</td></tr>
<tr><td>对方科目：</td><td></td><td rowspan="2">大写币
（大写）</td><td colspan="2">亿 千 百 十 万 千 百 十 元 角 分</td></tr>
<tr><td>出票日期：　年 月 日</td><td></td><td colspan="2"></td></tr>
<tr><td>收款人：</td><td></td><td colspan="2">用途　广告</td><td></td></tr>
<tr><td>金　　额：</td><td></td><td colspan="2">上列款项请从
我账户内支付</td><td>科目（借方）
对方科目（贷）</td></tr>
<tr><td>用　　途：</td><td></td><td colspan="2"></td><td></td></tr>
<tr><td>备　　注：</td><td></td><td colspan="2">出票人签章</td><td>复核　　　　记账</td></tr>
</table>

凭证 2-45（1）

付 款 报 告 书

部门：销售部　　　　　　　2013 年 12 月 15 日　　　　　　　编号：20131220

<table>
<tr><td>开 支 内 容</td><td>金 额</td><td>结 算 方 式</td></tr>
<tr><td>支付啤酒节摊位费</td><td>60 000.00</td><td>支票</td></tr>
<tr><td>支付啤酒节活动押金</td><td>20 000.00</td><td>支票</td></tr>
<tr><td></td><td></td><td></td></tr>
<tr><td>合计（大写）捌万元整</td><td></td><td></td></tr>
</table>

附单据 4 张

主管会计：周瑞雪印　　单位负责人：赵雪娇印　　　出纳：李梅印　　　经办人：李美印

凭证 2-45（2）

单位或个人名称：哈尔滨冰花啤酒有限公司　　　　　　　　　2013 年 12 月 15 日

<table>
<tr><td rowspan="2">收费项目</td><td rowspan="2">数 量</td><td rowspan="2">单 价</td><td colspan="9">金 额</td><td rowspan="2">备 注</td></tr>
<tr><td>百</td><td>十</td><td>万</td><td>千</td><td>百</td><td>十</td><td>元</td><td>角</td><td>分</td></tr>
<tr><td>摊位费</td><td></td><td>60 000.00</td><td></td><td>￥</td><td>6</td><td>0</td><td>0</td><td>0</td><td>0</td><td>0</td><td></td><td></td></tr>
<tr><td></td><td></td><td></td><td></td><td></td><td></td><td></td><td></td><td></td><td></td><td></td><td></td><td></td></tr>
<tr><td></td><td></td><td></td><td></td><td></td><td></td><td></td><td></td><td></td><td></td><td></td><td></td><td></td></tr>
<tr><td>合计人民币（大写）</td><td colspan="2">陆万元整</td><td></td><td>￥</td><td>6</td><td>0</td><td>0</td><td>0</td><td>0</td><td>0</td><td>0</td><td></td></tr>
</table>

开票人：陆梅印　　　　　收款人：孙朋印　　　　　开票单位（盖章）

凭证 2-45（3）

迎春啤酒节摊位租赁协议

出租方（甲方）：哈尔滨会展中心

承租方（乙方）：哈尔滨冰花啤酒有限公司

根据《中华人民共和国合同法》及哈尔滨迎春啤酒节的相关的规定，甲、乙双方在平等、自愿的基础上，就甲方在 2013 年迎春啤酒节期间将摊位出租给乙方事宜协商一致，订立本合同。

第一条　租赁摊位位于 A 区 33 号，使用面积 300 平方米，用于啤酒参展。

第二条　租赁期从 2013 年 12 月 15 日至 2013 年 12 月 31 日，甲方将摊位交给乙方用于啤酒参展。迎春啤酒节结束收回。

第三条　出租摊位的租金 6 万元（人民币大写陆万元整），签约时一次性支付。

第四条　出租摊位只能用于本单位啤酒参展，不能用于再出租或其他活动。

第五条　啤酒参展期间，必须严格遵守迎春啤酒节的相关规定，否则押金（大写人民币贰万元）没收不予退还。

……

出租方（章）：哈尔滨会展中心　　　　　　　　　　　承租方（章）：哈尔滨冰花啤酒有限公司

签约人：赵雪娇印

2013 年 12 月 10 日

凭证 2-45（4）

收　据

2013 年 12 月 15 日　　　　　　　　　　转收字第 102 号

收到：哈尔滨冰花啤酒有限公司

人民币（大写）贰万元整　　　　　　　　　　　￥ 20 000.00

收款原因：迎春啤酒节摊位押金

结算方式：

第三联：付款人收据

会计主管：张伟印　　　　单位印章：　　　　批准人：崔金印　　　　经手人：崔金印

凭证 2-45（5）

中国工商银行转账支票存根		中国工商银行转账支票			No.4358979
支票号码：4358979	本支票付款期限十天	出票日期（大写）　年　月　日		付款行名称：	
科　　目：		收款人：		出票人账号	
对方科目：		大写币（大写）		亿 千 百 十 万 千 百 十 元 角 分	
出票日期：　年　月　日					
收款人：		用途：参展费			
金　　额：		上列款项请从我账户内支付		科目（借方）	
用　　途：				对方科目（贷）	
备　　注：		出票人签章		复核　　记账	

凭证 2-46（1）

费 用 报 销 单

部门：行政部　　　　　　　　2013 年 12 月 16 日　　　　　　　　编号：20131206

支出内容	金　额	结 算 方 式
报邮寄费	306.00	1. 冲借款_____元
		2. 转账_____元
		3. 汇款_____元
		4. 补付现金　306.00　　元
合计（大写）叁佰零陆元整		

附单据 5 张

会计主管 周瑞雪印　　　单位负责人 王一春印　　　出纳 李梅印　　　经办人 孙华印

凭证 2-46（2）

黑龙江省地方税务局通用机打发票

发票联

发票代码：223001306043
发票号码：07466946

开票日期：2013 年 12 月 10 日　　　　　　　　行业分类：邮电通信业

机打代码：223001340043
机打号码：07466046　　　　防伪码：74F21391A93913D9A82B0A3AB5D69169
付款方名称：哈尔滨冰花啤酒有限公司

经营项目	单位	数量	单价	金额
邮费	1	78	78	

合计（大写）：柒拾捌元整
合计（小写）：78.00
收款方（签章）：哈尔滨市邮政局

2301032401027X

第一联：发票联（付款方付款凭证）（手写无效）

注：该类凭证共有 5 张，共计人民币 306.00 元。其余 4 张同类凭证略。

凭证 2-47（1）

付 款 报 告 书

部门：行政部　　　　　　　　2013 年 12 月 16 日　　　　　　　　编号：20131221

开 支 内 容	金　额	结 算 方 式
支付车辆保险费	110 000.00	支票 7980
支付车船使用税	10 000.00	支票
合计（大写）壹拾贰万元整		

附单据 20 张

主管会计 周瑞雪印　　　单位负责人 王一春印　　　出纳 李梅印　　　经办人 孙华印

凭证 2-47（2）

黑龙江省地方税务局通用机打发票

发票联

发票代码 223001306033
发票号码　00058222

开票日期：2013 年 12 月 17 日　　　　　　行业分类：保险业

付款人：　哈尔滨冰花啤酒有限公司
Payer

承担险种：机动车辆保险　车牌号码：黑 ※ − ※　　　　　期别：1
Coverage

保险单号：1192700100098009699　　　　　　　　　　批单号：
Policy No　　　　　　　　　　　　　　　　　　　　End No

保险费金额（大写）：　　　人民币陆仟玖佰元整　　　（小写）RMB 6 900.00 元
Premium Amount（In Words）　　　　　　　　　　　（In Figures）

代收车船税（小写）　　　　　　　　　　　　　　　滞纳金（小写）
Vehicle & Vessel Tax(In Figures)　　　　　　　　　Overdue Fine(In Figures)

合计（大写）　　　　　人民币陆仟玖佰元整　　　　（小写）RMB　6 900.00 元
Consist(In Words)　　　　　　　　　　　　　　　　（In Figures）

附注：　银行名称：　　银行账号：　户名：
Remarks　意外保险单号：11927001 9000 0980 10061

保险公司名称：　　中国平安财产保险股份有限公司　复核：　admin 史宇航　　经手　史宇航
Insurance Company 黑龙江分公司车行业务部　　　Checked by　　　　　　　Handler

保险公司签章　　　　　地址 哈尔滨南岗区先锋路平安大厦　　　　电话　0451-55566677
Stamped by Insurance Company　Add　　　　　　　　Tel

230198702836655

发票专用章
（102）

保险公司纳税人识别号　230198702836655
Taxpayear Identification No

凭证 2-47（3）

黑龙江省地方税务局通用机打发票

发票联

发票代码 223001306033
发票号码 00058222

开票日期：2013 年 12 月 17 日　　　　　行业分类：保险业

付款人：　哈尔滨冰花啤酒有限公司	
Payer	

承担险种：机动车辆强制保险　车牌号码：黑※ - ※　　　期别：1
Coverage

保险单号：1192700100098009698　　　　　批单号：
Policy No　　　　　　　　　　　　　　　　End No

保险费金额（大写）：　　人民币壹仟元整　　　　（小写）RMB 1 000.00 元
Premium Amount（In Words）　　　　　　　　　（In Figures）

代收车船税（小写）　　　　RMB 400.00 元　　　滞纳金（小写）
Vehicle & Vessel Tax(In Figures)　　　　　　　Overdue Fine(In Figures)

合计（大写）　　　人民币壹仟肆佰元整　　　　（小写）RMB　1 400.00 元
Consist(In Words)　　　　　　　　　　　　　　（In Figures）

附注：　银行名称：　银行账号：　户名：
Remarks　意外保险单号：119270019000098010061

保险公司名称：　中国平安财产保险股份有限公司　复核：　admin 史宇航　经手　史宇航
Insurance Company 黑龙江分公司车行业务部　　Checked by　　　　　　Handler

保险公司签章　　　　地址 哈尔滨南岗区先锋路平安大厦　电话 0451-55566677
Stamped by Insurance Company　Add　　　　　　Tel

保险公司纳税人识别号　230198702836655
Taxpayear Identification No

第一联：发票联（付款方付款凭证）（手写无效）一

注：此类发票共 20 张，总金额 120 000 元，其中车船税为 10 000.00 元，其余均为车辆保险费（其余18章发票略）。

凭证 2-47（4）

中国工商银行转账支票存根		中国工商银行转账支票			No.4358980										
支票号码：4358980	本支票付款期限十天	出票日期（大写）　年　月　日		付款行名称：											
科　目：		收款人：		出票人账号											
对方科目：		大写币（大写）		亿	千	百	十	万	千	百	十	元	角	分	
出票日期：　年 月 日															
收款人：		用途　保险费													
金　额：		上列款项请从我账户内支付		科目（借方）											
用　途：				对方科目（贷）											
备　注：		出票人签章		复核　　　　记账											

凭证 2-48（1）

付 款 报 告 书

部门：销售部   2013 年 12 月 17 日   编号：20131222

开 支 内 容	金 额	结 算 方 式
垫付伊春啤酒批发部运费	25 000.00	支票 7981
合计（大写）贰万伍仟元整		

主管会计：周瑞雪印   单位负责人：赵雪娇印   出纳：李梅印   经办人：刘兰兰印

凭证 2-48（2）

黑龙江增值税专用发票
发票联

2300224628   No 01302708

校验码 32121 12367 44678 45900   开票日期：2013 年 12 月 17 日

| 购货单位 | 名　　称：伊春啤酒批发公司
纳税人识别号：235678159379872
地址、电话：伊春市人民路 55 号　0458-65657713
开户行及账号：中国工商银行伊春市人民支行
　　　　　045847258360001 | 密码区 | 2489－1＜9－7－61599
8＜032/52＞9/29534
1626＜8－3024＞78
－47－6＜7＞2*－/＞*＞6/ | 加密版本：01※
4300204533
00014641 |

货物或应税劳务名称	规格型号	单位	数量	单价	金 额	税率	税 额
纯生瓶装啤酒		吨	600	5 000.00	3 000 000.00	17%	510 000.00
普通瓶装啤酒		吨	500	4 000.00	2 000 000.00	17%	340 000.00
合　计					￥5 000 000.00		￥850 000.00

| 价税合计（大写） | 伍佰捌拾伍万元整 | （小写） | ￥5 850 000.00 |

| 销货单位 | 名　　称：哈尔滨冰花啤酒有限公司
纳税人识别号：237458159378789
地址、电话：哈尔滨南岗区人和路 789 号　55667799
开户行及账号：中国工商银行哈尔滨市南岗支行
　　　　　012314725836907 | 备注 | 哈尔滨冰花啤酒有限公司
237458159378789
发票专用章 |

第一联：发票联 销货方记账凭证

收款人：李梅印   复核：赵雪娇印   开票：赵立兰印   销货单位（章）

凭证 2-48（3）

产成品出库单

购货单位：伊春啤酒批发公司   2013 年 12 月 17 日   产品出库编号：20131205 号   仓库：2 号库

产品名称	单位	销售数量（吨）	单位成本（元）	总成本（元）	备　注
纯生瓶装啤酒	吨	600			
普通瓶装啤酒	吨	500			
合　计		1 100			

库管员：赵立兰印   销售员：刘兰兰印   部门负责人：赵雪娇印

凭证 2-48（4）

运费垫支凭证

2013 年 12 月 17 日

收货单位	运单号	货物名称	发运数量	运费	保险费	其他	金额合计	经手人
伊春啤酒批发公司	201312266	啤酒	1 100 吨	15 000.00	4 000.00	1 000.00	20 000.00	刘兰兰

金额合计（大写）贰万元整	小写：￥20 000.00

制单：赵大伟印

凭证 2-48（5）

中国工商银行转账支票存根		中国工商银行转账支票		No.4358981
支票号码：4358981	本支票付款期限十天	出票日期（大写） 年 月 日	付款行名称：	
科　　目：		收款人：	出票人账号	
对方科目：		大写币（大写）	亿 千 百 十 万 千 百 十 元 角 分	
出票日期： 年 月 日		用途		
收款人：		上列款项请从我账户内支付	科目（借方） 对方科目（贷）	
金　　额：				
用　　途：		出票人签章	复核 记账	
备　　注：				

凭证 2-48（6）

中国工商银行（受理回单）

委托日期：2013 年 12 月 17 日

业务类型		委托收款（□邮划、□电划）		托收承付（□邮划、☑电划）			
付款人	全　称	伊春啤酒批发公司	收款人	全　称	哈尔滨冰花啤酒有限公司		
	账　号	045847258360001		账　号	012314725836907		
	地　址	黑龙江省伊春市	开户行	中国工商银行人民支行	地　址	哈南岗区人和路789 号	开户行	中国工商银行南岗支行
金额	人民币（大写）伍佰捌拾柒万伍仟元整			千 百 十 万 千 百 十 元 角 分 ￥ 5 8 7 5 0 0 0 0 0			
款项内容	货款及运费货号201312266	托收凭据名　称	专用发票	附寄单证张数	4 张		
商品发运情况	货物已发		合同名称号码	3665421			
备注：	款项收妥日期			中国工商银行 南岗支行 2013.12.17 转讫			
复核 记账		年 月 日		收款人开户银行签章 2013 年 12 月 17 日			

凭证 2-49（1）

付 款 报 告 书

部门：销售部　　　　　　　　　2013 年 12 月 18 日　　　　　　　　编号：20131223

开 支 内 容	金 额	结 算 方 式
垫付大兴安岭啤酒批发部运费	30 000.00	支票 8982
合计（大写）叁万元整		

附单据 4 张

主管会计 周瑞雪印　　　单位负责人 赵雪娇印　　　出纳 李梅印　　　经办人 刘兰兰印

凭证 2-49（2）

黑龙江增值税专用发票

发票联

2300224626　　　　　　　　　　　　　　　　　　　No 01302708

校验码 32121　12367　44678　45930　　　　　　开票日期：2013 年 12 月 18 日

购货单位	名　　称：大兴安岭啤酒批发公司 纳税人识别号：235678159379872 地址、电话：大兴安岭解放路 22 号　0457-65657700 开户行及账号：中国工商银行大兴安岭解放支行 045747258360606	密码区	2489 - 1 < 9 - 7 - 61599 8 < 032/52 > 9/29534 1626 < 8 - 3024 > 78 - 47 - 6 < 7 > 2* - / > * > 6/	加密版本：01※ 4300204533 00014641

货物或应税劳务名称	规格型号	单位	数量	单价	金 额	税率	税 额
纯生瓶装啤酒		吨	1 000	5 000.00	5 000 000.00	17%	850 000.00
普通瓶装啤酒		吨	500	4 000.00	2 000 000.00	17%	340 000.00
合　　计					￥7 000 000.00		￥1 190 000.00

价税合计（大写）　　捌佰壹拾玖万元整　　　　　　（小写）￥8 190 000.00

销货单位	名　　称：哈尔滨冰花啤酒有限公司 纳税人识别号：237458159378789 地址、电话：哈尔滨南岗区人和路 789 号　55667799 开户行及账号：中国工商银行哈尔滨市南岗支行 012314725836907	备注	哈尔滨冰花啤酒有限公司 237458159378789 发票专用章

第一联：发票联 销货方记账凭证

收款人 李梅印　　　复核 赵雪娇印　　　开票人 赵立兰印　　　销货单位（章）

凭证 2-49（3）

产 成 品 出 库 单

　　　　　　　　　　　　　　　　　　　　　产品出库编号：20131206 号

购货单位：大兴安岭啤酒批发公司　　2013 年 12 月 18 日　　　　　仓库：2 号库

产品名称	单位	销售数量（吨）	单位成本（元）	总成本（元）	备 注
纯生瓶装啤酒	吨	1 000			
普通瓶装啤酒	吨	500			
合　计		1 500			

库管员 赵立兰印　　　　　销售员 刘兰兰印　　　　　部门负责人 赵雪娇印

凭证 2-49（4）

运费垫支凭证

2013 年 12 月 18 日

收货单位	运单号	货物名称	发运数量	运费	保险费	其他	金额合计	经手人
大兴安岭啤酒批发公司	201312266	啤酒	2000 吨	25 000.00	4 000.00	1 000.00	30 000.00	刘兰兰
金额合计（大写）叁万元整							小写：￥30 000.00	

制单：赵大伟印

凭证 2-49（5）

中国工商银行转账支票存根		中国工商银行转账支票		No.4358982
支票号码：4358982	本支票付款期限十天	出票日期（大写）　年　月　日	付款行名称：	
科目：		收款人：	出票人账号	
对方科目：		大写币（大写）	亿 千 百 十 万 千 百 十 元 角 分	
出票日期：　年 月 日				
收款人：		用途：运费		
金额：		上列款项请从我账户内支付	科目（借方）	
用途：			对方科目（贷）	
备注：		出票人签章	复核　　　记账	

凭证 2-49（6）

	商业承兑汇票		2	地 HH 名 01	22335656

出票日期（大写）　贰零壹叁年壹拾贰月壹拾捌日

出票人全称	大兴安岭啤酒批发公司	收款人	全　称	哈尔滨冰花啤酒有限公司											
出票人账号	045747258360606		账　号	012314725836907											
付款行全称	中国工商银行大兴安岭解放支行		开户银行	中国工商银行哈尔滨市南岗支行											
汇票金额	人民币（大写）　捌佰贰拾贰万元整				万	千	百	十	万	千	百	十	元	角	分
					￥ 8	2	2	0	0	0	0	0	0	0	0
汇票到期日（大写）	贰零壹参年壹拾贰月贰拾捌日	付款行	行号	0457											
承兑协议编号	20131201		地址	大兴安岭解放路 33 号											
本汇票请你承兑，到期无条件付票款。		本汇票已经承兑，到期日由本单位付款。													
出票人签章		承兑单位签章													
		承兑日期　年　月　日													
		备注：		复核　记账											

凭证 2-50（1）

付 款 报 告 书

部门：行政部   2013 年 12 月 18 日   编号：20131223

开 支 内 容	金 额	结 算 方 式
支付贷款建设车辆通行费	18 330.00	支票
合计（大写）壹万捌仟叁佰叁拾元整		

附单据 20 张

主管会计：周瑞雪印   单位负责人：王一春印   出纳：李梅印   经办人：孙华印

凭证 2-50（2）

中国工商银行转账支票存根		中国工商银行转账支票	No.4358983
支票号码：4358983	本支票付款期限十天	出票日期（大写） 年 月 日	付款行名称：
科 目：		收款人：	出票人账号
对方科目：		大写币（大写）	亿 千 百 十 万 千 百 十 元 角 分
出票日期： 年 月 日			
收款人：		用途 运费	
金 额：		上列款项请从我账户内支付	科目（借方）
用 途：			对方科目（贷）
备 注：		出票人签章	复核 记账

财务专用章

辉赵印立

凭证 2-50（3）

电子票号：222201337878

数字指纹：007A7832993A11FB35

黑龙江省非税收入票据

2013 年 12 月 18 日   No222201337878

缴款单位（个人）	哈尔滨冰花啤酒有限公司				
收费项目	单位	数量	标准	金额	
贷款建设路桥车辆通行费	辆	10	1 833.00	18 330.00	
合计金额（大写）：壹万捌仟叁佰叁拾元整				￥: 18 330.00	
备注：黑※－※ ，黑※－※ （共10辆）					

征费专用

收款单位（盖章）：哈尔滨市贷款建设路桥收费管理所   收款人：王丽   微机专用   手填无效

注：电子票号与纸质票号不一致则为无效票。

凭证 2-51（1）

费　用　报　销　单

部门：行政部　　　　　　　　2013 年 12 月 19 日　　　　　　编号：20131207

支 出 内 容	金　　额	结 算 方 式
报销公用车停车费	300.00	1. 冲借款＿＿＿＿＿＿＿元
		2. 转账＿＿＿＿＿＿＿＿元
		3. 汇款＿＿＿＿＿＿＿＿元
		4. 补付现金　300.00　元
合计（大写）叁佰元整		

附单据 30 张

会计主管：周瑞雪印　　　单位负责人：王一春　　　出纳：李梅印　　　经办人：孙华印

凭证 2-51（2）

哈尔滨火车站站前
停车场专用发票
发票联

发票代码：223011371639
发票号码：00655424

车道：出口车道 2　金额：5.00
车型：临时车 A　收费员：佟圣陶
停车时间：2013 年 12 月 10 日 08 时 15 分至
2013 年 12 月 10 日 09 时 15 分
停车场

注意：只收取泊位服务费或保管费
车辆，物品自行保管。

第二联：发票联

注：此类其他 29 张票据略。

凭证 2-52（1）

付　款　报　告　书

部门：财务部　　　　　　　　2013 年 12 月 19 日　　　　　　编号：20131224

开 支 内 容	金　　额	结 算 方 式
购支票	30.00	银行转账
合计（大写）叁拾元整		

附单据 2 张

主管会计：周瑞雪印　　　单位负责人：孙大可印　　　出纳：李梅印　　　经办人：李梅印

凭证 2-52（2）

中国工商银行票据及结算凭证申购单

客户名称：哈尔滨冰花啤酒有限公司　　账号：012314725836907　　2013 年 12 月 19 日

票据和结算凭证名称	单位	数量	号 码		备注
			起	止	
现金支票	本	1		中国工商银行 南岗支行 2013..12.19 办讫 （10）	

银行专用栏	交易码：0605　售出支票　　交易日期 2013.12.19　　　　交易流水号 72611101915273
	账号：012314725836907　　　　　　　　　　　　　　任务号 14021872611101911066655
	凭证种类：04　　　　凭证数量：25
	起始号码：00093876　　终止号码：00093876

复核　　　　　　　　　记账　　　　　　　领用人签收

凭证 2-52（3）

中国工商银行　　　　　　　　　　收费凭证（回单栏）

INDUSTRIAL AND COMMERCIAL BANK OF CHINA

2013-12-19

工本费付费户名：哈尔滨冰花啤酒有限公司

工本费付费账号：012314725836907

手续费付费户名：哈尔滨冰花啤酒有限公司

手续费付费账号：012314725836907

中国工商银行
南岗支行
2013..12.19
办讫
（10）

服务项目（凭证种类）	数量	凭证号码	工本费	手续费	金额小计
转账支票	1	00093876-00093900	5.00	25.00	30.00

金额合计（大写）：人民币（本位币）叁拾元整

金额合计（小写）：人民币（本位币）RMB30.00

地区号：0451　　网点号　　0024　　　操作柜员：　　　记账：01229

凭证 2-53（1）

付 款 报 告 书

部门：行政部　　　　　2013 年 12 月 19 日　　　　　编号：20131225

开支内容	金　额	结算方式
税收罚款	500.00	划转
合计（大写）伍佰元整		

附单据 2 张

主管会计：周瑞雪印　　单位负责人：孙大可印　　出纳：李梅印　　经办人：赵大伟印

凭证 2-53（2）

中华人民共和国
税收通用缴款书
（201312）哈国缴

国

隶属关系：区

注册类型：其他有限责任公司　填发日期：2013 年 12 月 9 日　征收机关：哈尔滨市南岗国税局

缴款单位	代 码	237458159378789	科目预算	编码	101043900
	全 称	哈尔滨冰花啤酒有限公司		名称	税收罚款
	开户银行	中国工商银行哈尔滨市南岗支行		级次	中央 100%
	账 号	012314725836907	收缴国库		国家金库哈尔滨南岗区支库

税款所属时期 2013 年 11 月 1 日至 11 月 30 日　　　税款限缴日期 2013 年 12 月 10 日

品目名称	课税数量	计税金额或销售收入	税率或单位税额	已缴或扣除额	实缴金额										
					亿	千	百	十	万	千	百	十	元	角	分
税收罚款										5	0	0	0	0

金额合计（大写）陆佰元整　　　　　　　　　　　　　　　　¥ 5 0 0 0 0

缴款单位（人）（盖章）	税务机关（盖章）	上列款项已收妥并划转收款单位账户	备注：未按规定办理纳税申报
哈尔滨冰花啤酒有限公司 财务专用章 经办人（章）李梅印	哈尔滨市南岗区国税局 1 号 填票人（章）李可印	中国工商银行 南岗支行 2013.12.09 转讫 国库（银行）盖章 年 月 日	

第一联：（收据）国库（经收处）收款盖章后退缴款单位（个人）作完税凭证

凭证 2-53（3）

哈尔滨市南岗区国家税务局
税务行政处罚决定书

哈南国税简罚【2013】15 号

被处罚人名称	哈尔滨冰花啤酒有限公司		
被处罚人证件名称	税务登记证	证件号码	237458159378789
处罚地点	哈尔滨市南岗区国家税务局税源管理三科	处罚时间	2013.12.19
违法事实及处罚依据	未按照规定期限办理纳税申报		
缴纳方式	☑ 1. 当场缴纳； □ 2. 限 15 日内到 　　　　　　　　　　　　　　缴纳。		
罚款金额	（大写）伍佰元整　　　　¥500.00		
告知事项	1. 当事人应终止违法行为并予以纠正； 2. 如对本决定不服，可以自收到本决定书之日起 60 日内依法向 　　　申请行政复议，或者自收到本决定书之日起 3 个月内依法向人民法院起诉； 3. 到期不缴纳罚款的，可在缴款期限届满日起每日按罚款数额的 3% 加收罚款； 4. 对处罚决定逾期不申请行政复议也不向人民法院起诉，又不履行的，税务机关依法采取强制执行措施或者申请人民法院强制执行。		
税务机关			

经办人：王镏金　　　　　　负责人：　　　　　　　税务机关（签章）
2013 年 12 月 19 日　　　　2013 年 12 月 19 日　　2013 年 12 月 19 日

凭证 2-54

产成品入库单

产品入库编号：20131201 号

2013 年 12 月 20 日 仓库：2 号库

产品名称	单位	入库数量	单位成本（元）	总成本（元）	备注
纯生啤酒		2 000			
普通啤酒		2 000			
		4 000			

库管员：赵立兰印 经办人：李小伟印 部门负责人：赵立春印

凭证 2-55（1）

产成品出库单

产品出库编号：20131207 号

购货单位：个人 2013 年 12 月 20 日 仓库：2 号库

产品名称	单位	销售数量（吨）	单位成本（元）	总成本（元）	备　　注
纯生瓶装啤酒	吨	500			消费者个人
普通瓶装啤酒	吨	500			
合　　计		1 000			

库管员：赵立兰印 销售员：朱海峰印 部门负责人：赵雪娇印

凭证 2-55（2）

黑龙江增值税专用发票

发票联

2300224628

校验码 32121　12367　44678　55918

№ 01302713

开票日期：2013 年 12 月 20 日

购货单位	名　　称：个人 纳税人识别号： 地　址、电话： 开户行及账号：			密码区	2489 - 1 < 9 - 7 - 61596 8 < 032/52 > 9/29578 1626 < 8 - 3024 > 36 - 47 - 6 < 7 > 2* - / > * > 6/	加密版本：01※ 4300204521 00015641

货物或应税劳务名称	规格型号	单位	数量	单 价	金 额	税率	税 额
纯生瓶装啤酒		吨	500	5 000.00	2 500 000.00	17%	425 000.00
普通瓶装啤酒		吨	500	4 000.00	2 000 000.00	17%	340 000.00
合　　计					¥ 4 500 000.00		¥ 765 000.00

价税合计（大写）	伍佰贰拾陆万伍仟元整	（小写）¥ 5 265 000.00

销货单位	名　　称：哈尔滨冰花啤酒有限公司 纳税人识别号：237458159378789 地　址、电话：哈尔滨南岗区人和路 789 号　55667799 开户行及账号：中国工商银行哈尔滨市南岗支行 　　　　　　　012314725836907	备注

第一联：发票联 销货方记账凭证

收款人：李梅印 复核：赵雪娇印 开票人：赵立兰印 销货单位（章）

凭证 2-55（3）

ICBC　　　**中国工商银行现金存款凭证**

2013 年 12 月 20 日

存款人	全　称	哈尔滨冰花啤酒有限公司			项款来源	销售款
	账　号	012314725836907			交款人	
	开户行	中国工商银行哈尔滨市南岗支行				

金额大写	伍佰贰拾陆万伍仟元整			金额小写	RMB 5 265 000.00	

票面	张数	票面	张数	票面	张数	
一百元	50000	五角				
五十元	52000	二角				
二十元	200	一角				
十元	100	分币				
五元						中国工商银行 南岗支行 2013.12.20 收讫
二元						
一元						经办　　复核

凭证 2-56（1）

产成品出库单　　　产品出库编号：20131208 号

购货单位：个人汇总　　　2013 年 12 月 20 日　　　仓库：2 号库

产品名称	单位	销售数量（吨）	单位成本（元）	总成本（元）	备　注
纯生瓶装啤酒	吨	400			消费者个人
普通瓶装啤酒	吨	500			
合　计		900			

库管员：赵立兰印　　　销售员：朱海峰印　　　部门负责人：赵雪娇印

凭证 2-56（2）

黑龙江增值税专用发票

2300224629

校验码 32121　12367　44678　55919　　　开票日期：2013 年 12 月 20 日

No 01302713

购货单位	名　称：个人			密码区	2489 - 1 < 9 - 7 - 61596		
	纳税人识别号：				8 < 032/52 > 9/29578	加密版本：01※ 4300204522	
	地　址、电话：				1626 < 8 - 3024 > 36	00015641	
	开户行及账号：				- 47 - 6 < 7 > 2* - / > * > 6/		

货物或应税劳务名称	规格型号	单位	数量	单价	金　额	税率	税　额
纯生瓶装啤酒		吨	400	5 000.00	2 000 000.00	17%	340 000.00
普通瓶装啤酒		吨	500	4 000.00	2 000 000.00	17%	340 000.00
合　计					¥ 4 000 000.00		¥ 680 000.00

价税合计（大写）	肆佰陆拾捌万元整　　　（小写）	¥ 4 680 000.00

销货单位	名　称：哈尔滨冰花啤酒有限公司	备注
	纳税人识别号：237458159378789	
	地址、电话：哈尔滨南岗区人和路 789 号　55667799	
	开户行及账号：中国工商银行哈尔滨市南岗支行	
	012314725836907	

哈尔滨冰花啤酒有限公司 237458159378789 发票专用章

凭证 2-56（3）

注：共有通用定额发票 4 张（其余 39 张略）。共支付现金 2 000 元。

凭证 2-56（4）

POS 签购单	UnionPay
POS SALES SLIP	银联

商户名称（中英文）：哈尔滨冰花啤酒有限公司
MERCHANT NAME：
商户编号：012314725836907
MERCHANT NO：
终端编号：14010888   操作员 01
TERMINAL
卡号：622909********24717/S
CARD NO

发卡行号：中国银行 收单行号：工商银行
ISS NO   ACQ NO
交易类型：购货   有效期：15/3
TXN TYPE   EXP DATE
批次号：000007   凭证号：
BATCH NO：   000470
授权码：814615   日期 / 时间：
AUTH NO：   2013/12/20 14：45：50
参考码：31100202
REE NO：
金额：RMB 70 200.00
AMOUNT

备注：预授权码 /AUTH NO：
REFERECE

持卡人签名 CARDHOLDER SIGNATURE
    崔伟伟
本人确认以上交易，同意将其记入本卡账户
I ACKNOWLEDGE SATISFACTORY RECEIPT
OF RELATIVE GOODS、SERVICES

注：共有此类 POS 签购单 200 张，金额共计 4 680 000 元，其余 199 张略。

凭证 2-57（1）

付　款　报　告　书

部门：行政部　　　　　　　　2013 年 12 月 20 日　　　　　　　编号：20131226

开 支 内 容	金 额	结 算 方 式
购办公用品及元旦奖品	7 300.00	转账支票 8984 #
合计（大写）柒仟叁佰元整		

附单据 3 张

主管会计：周瑞雪印　　　单位负责人：张立军印　　　出纳：李梅印　　　经办人：李荣印

凭证 2-57（2）

中国工商银行转账支票存根		本支票付款期限十天	中国工商银行转账支票　　　　No.4358984	
支票号码：4358984			出票日期（大写）　　年 月 日　付款行名称：	
科　目：			收款人：	出票人账号
对方科目：			大写币（大写）	亿 千 百 十 万 千 百 十 元 角 分
出票日期：　年 月 日			用途：	
收款人：			上列款项请从我账户内支付	科目（借方）
金　额：				对方科目（贷）
用　途：				
备　注：			出票人签章	复核　　　记账

凭证 2-57（3）

黑龙江省国家税务局通用手工发票

黑龙江省
发票联
国家税务局监制

发票代码 223031260831
发票号码 02052233

付款单位：哈尔滨冰花啤酒有限公司　　　　　　　　　　2013 年 12 月 20 日

项目内容	单位	数 量	单 价	金 额						备 注
				千	百	十	元	角	分	
打印纸	箱	10	200.00	2	0	0	0	0	0	
订书器	个	10	20.00		2	0	0	0	0	
碳素笔	盒	10	10.00		1	0	0	0	0	
日历	个	10	5.00		1	0	0	0	0	
合计人民币（大写）	叁仟肆佰零拾零元零角零分			3	4	0	0	0	0	

第二联：发票联

229

凭证 2-57（4）

黑龙江省国家税务局通用手工发票

发票联

发票代码 223031260832
发票号码 02052244

付款单位：哈尔滨冰花啤酒有限公司　　　　　　2013 年 12 月 20 日

项目内容	单位	数量	单价	金 额						备注
				千	百	十	元	角	分	
跳绳	付	30	15.00		4	5	0	0	0	
拉力器	付	30	15.00		4	5	0	0	0	
羽毛球拍	付	20	50.00	1	0	0	0	0	0	
乒乓球拍	付	20	100.00	2	0	0	0	0	0	
合计人民币（大写）		叁仟玖佰零拾零元零角零分		3	9	0	0	0	0	

第二联：发票联

凭证 2-58（1）

付 款 报 告 书

部门：采购部　　　　　　2013 年 12 月 21 日　　　　　　编号：20131216

开 支 内 容	金 额	结 算 方 式
支付陈强业务委托公证费	450.00	陈强公务卡
合计（大写）肆佰伍拾元整		

附单据 2 张

主管会计：周瑞雪印　　单位负责人：孙伟印　　出纳：李梅印　　经办人：陈强印

凭证 2-58（2）

黑龙江省地方税务局通用机打发票

地方税务局联

发票代码 223001306043
发票号码 07466999

开票日期：2013 年 12 月 21 日　　　　　　行业分类：服务业

机打代码：223001340043
机打号码：07466999　　防伪码：74F21391A93913D9A82B0A3AB5D6962D
付款方名称：陈强

经营项目	单位	数量	单价	金额
公证费（委托书）			450.00	450.00

合计（大写）：肆佰伍拾元整
合计（小写）：450.00
备注：
收款方（签章）：黑龙江省哈尔滨市哈尔滨公证处

第一联：发票联（付款方付款凭证）（手写无效）

凭证 2-58（3）

```
            POS 签购单    UnionPay
     POS  SALES  SLIP      银联

商户名称（中英文）：陈强
MERCHANT  NAME：
商户编号：10423015411
MERCHANT  NO
终端编号：14010999    操作员  01
TERMINAL
卡号：622909********24888/S
CARD NO
发卡行号：中国银行 收单行号：建设银行
ISS  NO           ACQ  NO
交易类型：购货    有效期：15/3
TXN  TYPE        EXP  DATE
批次号：000008    凭证号：000470
BATCH  NO：        VOUCHER  NO：
授权码：814615    日期 / 时间：
AUTH  NO：        2013/12/21 13：45：50
参考码：31100303
REE  NO：
金额：RMB 450.00
AMOUNT
备注：预授权码 /AUTH  NO：
REFERECE
持卡人签名  CARDHOLDER  SIGNATURE
            陈强
本人确认以上交易，同意将其记入本卡账户
I ACKNOWLEDGE SATISFACTORY RECEIPT
OF RELATIVE GOODS、SERVICES

    持卡人存根
```

凭证 2-59

关于解除劳动合同给予职工补偿款的请示

企业董事会：

　　根据董事会第 30 次会议研究决定，自 2014 年 1 月 1 日起解除采部购吴尚、行政部金浩的劳动用工合同，并以 12 月份应付工资标准给予一年的工资补偿。具体情况如下表：

姓　名	单　位	12 月份应付职工薪酬	补偿时间	补偿金额	备　注
采购部	吴　尚	3 050.00	12 个月	36 600.00	
行政部	金　浩	3 200.00	12 个月	38 400.00	
合计（大写人民币）柒万伍仟元整			￥75 000.00		

请审核批准。

部门领导审批意见：
王开放印
2013 年 12 月 20 日

企业领导审批意见：
印赵辉
2013 年 12 月 20 日

经办人：李美生印
2013 年 12 月 20 日

凭证 2-60（1）

付 款 报 告 书

部门：行政部　　　　　　2013 年 12 月 21 日　　　　　　编号：20131227

开 支 内 容	金 额	结 算 方 式
支付职工体检费	160 000.00	转账支票 8985
合计（大写）壹拾陆万元整		

附单据 3 张

主管会计：周瑞雪印　　　单位负责人：孙伟印　　　出纳：李梅印　　　经办人：陈强印

凭证 2-60（2）

中国工商银行转账支票存根		中国工商银行转账支票			No.4358985												
支票号码：4358985	本支票付款期限十天	出票日期（大写）　　年 月 日		付款行名称：													
科　　目：		收款人：		出票人账号													
对方科目：		大写币（大写）		亿	千	百	十	万	千	百	十	元	角	分			
出票日期：　年 月 日																	
收款人：		用途：															
金　　额：		上列款项请从我账户内支付		科目（借方）													
用　　途：				对方科目（贷）													
备　　注：		出票人签章　财务专用章		复核　　　　记账													

凭证 2-60（3）

注：电子票号与纸质票号不一致则为无效票。

电子票号：222201337878

数字指纹：007A7832993A11FB35

黑龙江省医疗门诊费收据

就诊号：　　　　　　　日期：2013/12/21　　　　　　No0013114042000

保险编号		姓名	哈尔滨冰花啤酒有限公司	性　别	
就诊科室	体检	人员类别	职工	医保类别	
体检套餐 400×400＝160 000 元					
金额合计（大写）壹拾陆万元整				￥：160 000.00	

第二联：收据

收款单位盖章　　　　　　　收款人：张波　　　　　　（微机专用　手写无效）

凭证 2-60（4）

职工体检明细表
2013 年 12 月 21 日

部门	职工姓名	部门	职工姓名
董事会	赵立辉	采购部	张立军
经理室	孙 伟	采购部	李 东
经理室	陈 强	采购部	李 美
经理室	李 莉	采购部	吴 尚
经理室	齐 心	销售部	赵雪娇
经理室	朱美娜	销售部	赵 贺
质检部	赵 博	销售部	孙 华
质检部	李长文	销售部	金 浩
人数合计	80	人数合计	80

制表人：孙华印   审批人：赵贺印

注：此明细表共计 5 张，其余 4 张略。

凭证 2-61（1）

产成品出库单
购货单位：福利   2013 年 12 月 22 日

产品出库编号：20131209 号
仓库：2 号库

产品名称	单位	销售数量（吨）	单位成本（元）	总成本（元）	备 注
纯生瓶装啤酒	吨	4			元旦春节福利
普通瓶装啤酒	吨	4			元旦春节福利
合 计		8			

库管员：赵立兰印   销售员：   部门负责人：赵贺印

凭证 2-61（2）

元旦春节啤酒发放明细表
2013 年 12 月 22 日

单位：箱

类别	部门或性质		发放数量		领取人签字
			纯生啤酒	普通啤酒	
管理部门	董事会及总经理室		10	10	齐心印
管理部门	财务部		10	10	赵大伟印
管理部门	质检部		5	5	李长文印
管理部门	采购部		10	10	李美印
管理部门	行政部		20	20	孙华印
管理部门	小计		55	55	
生产部门	包装车间	车间管理人员	10	10	李小伟印
生产部门	包装车间	生产工人	70	70	李小伟印
生产部门	酿造车间	车间管理人员	25	25	李伟印
生产部门	酿造车间	生产工人	180	180	李伟印
生产部门	小计		285	285	
销售部门			40	40	赵立兰印
辅助生产部门	机修车间		20	20	王一春印
合 计			400	400	

制表：赵贺印   主管领导：齐心印   企业领导：孙伟印

凭证 2-61（3）

生产工人啤酒分配表

产品名称	包装车间			酿造车间			合计
	生产工时	分配率	福利金额	生产工时	分配率	福利金额	
普通啤酒							
纯生啤酒							
合 计							

凭证 2-62（1）

付 款 报 告 书

部门：行政部　　　　　　　2013 年 12 月 23 日　　　　　　　编号：20131228

开 支 内 容	金 额	结 算 方 式	
支付福利豆油款	93 600.00	转账支票 8986	附单据2张
合计（大写）玖万叁仟陆佰元整			

主管会计：周瑞雪印　　　单位负责人：孙伟印　　　出纳：李梅印　　　经办人：李美印

凭证 2-62（2）

中国工商银行转账支票存根		中国工商银行转账支票　　　　　No.4358986
支票号码：4358986	本支票付款期限十天	出票日期（大写）　　年 月 日　付款行名称：
科　　目：		收款人：　　　　　　　　　　出票人账号
对方科目：		大写币（大写）　　　　　　　亿 千 百 十 万 千 百 十 元 角 分
出票日期：　年 月 日		
收款人：		用途：　运费
金　　额：		上列款项请从我账户内支付　　　　　科目（借方） 对方科目（贷）
用　　途：		
备　　注：		出票人签章　　　　　　复核　　　记账

凭证 2-62（3）

黑龙江增值税专用发票
发票联

2300124629　　　　　　　　　　　　　　No 01300711
校验码 32121　12365　44678　33996　　　开票日期：2013 年 12 月 23 日

购货单位	名　称：哈尔滨冰花啤酒有限公司 纳税人识别号：237458159378789 地址、电话：哈尔滨南岗区人和路 789 号　55667799 开户行及账号：中国工商银行哈尔滨市南岗支行 012314725836907	密码区	2489 - 1 < 9 - 7 - 61596 8 < 032/52 > 9/29533 1626 < 8 - 3024 > 36 - 47 - 6 < 7 > 2* - / > * > 6/	加密版本：01※ 4300204521 00015641

货物或应税劳务名称	规格型号	单位	数量	单价	金额	税率	税额
九三非转基因大豆油 合　计		箱	400	200.00	80 000.00 ¥80 000.00	17%	13 600.00 ¥13 600.00

价税合计（大写）	玖万叁仟陆佰元整　　　　　　（小写）¥93 600.00

销货单位	名　称：哈尔滨九三大豆油厂 纳税人识别号：231103748241000 地址、电话：哈尔滨南岗区西大直街 600 号　56254333 开户行及账号：中国工商银行哈尔滨市南岗支行 901011009225990886	备注	哈尔滨九三大豆油厂 231103748241000 发票专用章

收款人：向丽丽印　　　复核：王可可印　　　开票人：赵微印　　　销货单位（章）

第三联：发票联　购货方记账凭证

凭证 2-62（4）

黑龙江增值税专用发票
抵扣联

2300124629　　　　　　　　　　　　　　No 01300711
校验码 32121　12365　44678　33996　　　开票日期：2013 年 12 月 23 日

购货单位	名　称：哈尔滨冰花啤酒有限公司 纳税人识别号：237458159378789 地址、电话：哈尔滨南岗区人和路 789 号　55667799 开户行及账号：中国工商银行哈尔滨市南岗支行 012314725836907	密码区	2489 - 1 < 9 - 7 - 61596 8 < 032/52 > 9/29533 1626 < 8 - 3024 > 36 - 47 - 6 < 7 > 2* - / > * > 6/	加密版本：01※ 4300204521 00015641

货物或应税劳务名称	规格型号	单位	数量	单价	金额	税率	税额
九三非转基因大豆油 合　计		箱	400	200.00	80 000.00 ¥80 000.00	17%	13 600.00 ¥13 600.00

价税合计（大写）	玖万叁仟陆佰元整　　　　　　（小写）¥93 600.00

销货单位	名　称：哈尔滨九三大豆油厂 纳税人识别号：231103748241000 地址、电话：哈尔滨南岗区西大直街 600 号　56254333 开户行及账号：中国工商银行哈尔滨市南岗支行 901011009225990886	备注	哈尔滨九三大豆油厂 231103748241000 发票专用章

收款人：向丽丽印　　　复核：王可可印　　　开票人：赵微印　　　销货单位（章）

第二联：抵扣联　购货方抵扣凭证

凭证 2-62（5）

元旦春节豆油发放明细表

2013 年 12 月 22 日　　　　　　　　　　　　　　单位：箱

类别		部门或性质	发放数量	领取人签字
管理部门		董事会及总经理室	10	齐心印
		财务部	10	赵大伟印
		质检部	5	李长文印
		采购部	10	李美印
		行政部	20	孙华印
		小计	55	
生产部门	包装车间	车间管理人员	10	李小伟印
		生产工人	70	李小伟印
	酿造车间	车间管理人员	25	李伟印
		生产工人	180	李伟印
		小计	285	
销售部门			40	赵立兰印
辅助生产部门		机修车间	20	王一春印
合　计			400	

制表：赵贺印　　　　　　　　　主管领导：齐心印　　　　　　　　　企业领导：孙伟印

凭证 2-62（6）

生产工人豆油分配表

产品名称	包装车间			酿造车间			合　计
	生产工时	分配率	福利金额	生产工时	分配率	福利金额	
纯生啤酒							
普通啤酒							
合　计							

凭证 2-63（1）

付 款 报 告 书

部门：行政部　　　　　　　　2013 年 12 月 22 日　　　　　　　　编号：20131229

开 支 内 容	金 额	结 算 方 式	
支付高管 12 月份房租及押金	152 000.00	转账支票 8987	附单据4张
合计（大写）壹拾伍万贰仟元整			

主管会计：周瑞雪印　　　　单位负责人：孙伟印　　　　出纳：李梅印　　　　经办人：赵贺印

凭证 2-63（2）

房屋租赁合同

出租方（以下简称甲方）：哈尔滨远大房屋开发有限公司

承租方（以下简称乙方）：哈尔滨冰花啤酒有限公司

根据《中华人民共和国合同法》及相关法律法规的规定，甲、乙双方在平等、自愿的基础上，甲方将房屋出租给乙单位使用，乙方承租甲方房屋，为明确双方权利义务，经协商一致订立本合同。

第一条　甲方保证所出租的房屋符合国家对租赁房屋的有关规定。

第二条　甲方提供租赁房屋的相关情况说明：

1. 甲方出租给乙方的房屋位于哈尔滨哈平路 107 号远大植物园小区的 G5 号楼的 101～113 共 13 间房屋出租给乙方高管居住。

2. 该房屋的装修、设施及设备情况见合同附件。合同附件是双方交付房屋的依据。

3. 甲方应提供房产证、营业执照、总经理和经办人的身份证、房屋租赁批复相关文件。乙方提供总经理和经办人的身份证及承租房屋的批复相关文件。双方验证后并将复印件留存对方备案。

第三条　房屋租赁期限及用途：

1. 该房屋的租赁期 3 年，期限自 2013 年 12 月 22 日至 2016 年 12 月 22 日止。

2. 乙方承租的房屋只能用于居住，其结构只能围绕居住做简单的改动或装修，并于租赁期满时恢复原装修。

3. 租赁期满时，若续租需提前两个月书面通知甲方，经甲方同意后，就有关事宜达成一致重新签订合同。

第四条　租金及支付方式。每间房屋的月租金是 4 000.00 元，年租金是 48 000.00 元，共计 13 间，月租金总额为大写人民币伍万贰仟元整，年租金总额为陆拾贰万肆仟元整。租金按月支付，于每月月前支付。否则将按日收取 5% 的滞纳金、没收房屋维修保证金并收回房屋。签订租赁合同日支付房屋维修保证金 10 万元。

第五条　合同生效时间。本合同自双方签章后生效，合同一式共两份，双方各持一份，具有同等法律效力。

第六条　其他。除上述合同条款外，如有未尽事宜，需双方在遵守合同法收花啤酒相互协商解决，如未能解决，通过仲裁机构解决。

甲方：哈尔滨远大房屋开发有限公司　　　　乙方：哈尔滨冰花啤酒有限公司

签约代表：王长林印　　　　　　　　　　　签约代表：孙伟印

签约日期：2013 年 12 月 23 日　　　　　　签约日期：2013 年 12 月 23 日

签约地点：哈尔滨远大房屋开发有限公司　　签约地点：哈尔滨远大房屋开发有限公司

凭证 2-63（3）

收　据

2013 年 12 月 22 日　　　　　　　　　　转收字第 100 号

收到：哈尔滨冰花啤酒有限公司

人民币（大写）壹拾万元整　　　　　　　¥100 000.00

收款原因：出租房屋押金。　　　　　结算方式：支票

会计主管：周瑞雪印　财务专用章　单位印章：　　收款人：李梅印　　经手人：李玉刚印

第二联：收款人收据

凭证 2-63（4）

黑龙江省地方税务局通用机打发票
发票联

发票代码 223001306069
发票号码 07466009

开票日期：2013 年 12 月 23 日　　　　　　　　　　　　行业分类：建筑业

机打代码：223001340069				
机打号码：07466009　　　　防伪码：74F21391A93913D9CD2B0A3AB5D6962A				
付款方名称：哈尔滨冰花啤酒有限公司				
经营项目	单位	数量	单价	金额
租金（楼房出租）	月	13	4 000.00	52 000.00
合计（大写）：伍万贰仟元整				
合计（小写）：52 000.00				
备注：				
收款方（签章）：哈尔滨远大房屋开发有限公司				

第一联：发票联（付款方付款凭证）（手写无效）

凭证 2-63（5）

中国工商银行转账支票存根			中国工商银行转账支票		No.4358987	
支票号码：4358987		本支票付款期限十天	出票日期（大写）　　年　月　日		付款行名称：	
科　目：			收款人：		出票人账号	
对方科目：			大写币（大写）		亿 千 百 十 万 千 百 十 元 角 分	
出票日期：　年　月　日						
收款人：			用途：运费			
金　额：			上列款项请从我账户内支付		科目（借方）	
用　途：					对方科目（贷）	
备　注：			出票人签章		复核　　　　记账	

凭证 2-64（1）

付 款 报 告 书

部门：行政部　　　　　　　2013 年 12 月 23 日　　　　　　　编号：20131230

开 支 内 容	金 额	结 算 方 式
支付解除合同职工补偿款	75 000.00	现金支票 2429
合计（大写）柒万伍仟元整		

附单据 2 张

主管会计：周瑞雪印　　　单位负责人：孙伟印　　　出纳：李梅印　　　经办人：陈强印

凭证 2-64（2）

<table>
<tr><td colspan="2">中国工商银行现金支票存根</td><td rowspan="7">本支票付款期限十天</td><td colspan="3">中国工商银行现金支票</td><td colspan="2">No.4572429</td></tr>
<tr><td colspan="2">支票号码：4572429</td><td colspan="2">出票日期（大写）　年 月 日</td><td colspan="2">付款行名称：</td></tr>
<tr><td colspan="2">科　目：</td><td colspan="2">收款人：</td><td colspan="2">出票人账号</td></tr>
<tr><td colspan="2">对方科目：</td><td>大写币
（大写）</td><td colspan="3">亿 千 百 十 万 千 百 十 元 角 分</td></tr>
<tr><td colspan="2">出票日期：　年 月 日</td><td>用途</td><td colspan="3"></td></tr>
<tr><td colspan="2">收款人：</td><td>上列款项请从
我账户内支付</td><td colspan="3">科目（借方）
对方科目（贷）</td></tr>
<tr><td colspan="2">金　额：</td><td colspan="4"></td></tr>
<tr><td colspan="2">用　途：</td><td></td><td colspan="3">出票人签章 财务专用章</td><td colspan="2">复核　　　　记账</td></tr>
<tr><td colspan="2">备　注：</td><td></td><td colspan="4"></td></tr>
</table>

凭证 2-64（3）

解除劳动合同给予职工补偿款计算表
2013 年 12 月 23 日

姓　名	单　位	12 月份应付职工薪酬	补偿时间	补偿金额	备　注
采购部	吴 尚	3 050.00	12 个月	36 600.00	吴尚印
行政部	金 浩	3 200.00	12 个月	38 400.00	金浩印
合　计				75 000.00	

企业主管：孙伟印　　　部门领导：李莉印　　　财务主管：孙大可印　　　经办人：李美生印

凭证 2-65（1）

付 款 报 告 书
部门：行政部　　　　　　2013 年 12 月 21 日　　　　　　编号：20131231

开 支 内 容	金 额	结 算 方 式
支付汽车修理费	4 095.00	转账支票 8988
合计（大写）肆仟零玖拾伍元整		注：SAGITAR 是管理部门用， 　　MAGOTAN 是销售部门用

附单据 3 张

主管会计：周瑞雪印　　　单位负责人：孙伟印　　　出纳：李梅印　　　经办人：赵雪娇印

凭证 2-65（2）

黑龙江增值税普通发票
发票联

2300124629　　　　　　　　　　　　　　　　　　　　No 01300711

校验码 32121　12365　44678　33333　　　　开票日期：2013 年 12 月 23 日

| 购货单位 | 名　称：哈尔滨冰花啤酒有限公司
纳税人识别号：237458159378789
地址、电话：哈尔滨南岗区人和路 789 号　55667799
开户行及账号：中国工商银行哈尔滨市南岗支行
012314725836907 | | 密码区 | 2489—1 ＜ 9—7—61596
8 ＜ 032/52 ＞ 9/29533　　加密版本：01※
1626 ＜ 8—3024 ＞ 36　　4300204521
—47—6 ＜ 7 ＞ 2*—/ ＞ * ＞ 6/　00015641 | | |

货物或应税劳务名称	规格型号	单位	数量	单 价	金 额	税率	税 额
SAGITAR 保养修理费		辆	1	1 500.00	1 500.00	17%	255.00
MAGOTAN 保养修理费		辆	1	2 000.00	2 000.00	17%	340.00
合　计			2		¥ 3 500.00		¥ 595.00

价税合计（大写）	肆仟零玖拾伍元整　　　　　　（小写）¥ 4 095.00

销货单位	名　称：哈尔滨大众汽车销售服务有限公司 纳税人识别号：231103748241777 地址、电话：哈尔滨道里区先锋路 369 号　86254123 开户行及账号：中国工商银行哈尔滨市先锋支行 901011009225993333	备注	

收款人：向丽丽印　　　复核：王可可印　　　开票人：赵微印　　　销货单位（章）

第三联：发票联　购货方记账凭证

凭证 2-65（3）

黑龙江增值税普通发票
抵扣联

2300124629　　　　　　　　　　　　　　　　　　　　No 01300711

校验码 32121　12365　44678　33333　　　　开票日期：2013 年 12 月 23 日

| 购货单位 | 名　称：哈尔滨冰花啤酒有限公司
纳税人识别号：237458159378789
地址、电话：哈尔滨南岗区人和路 789 号　55667799
开户行及账号：中国工商银行哈尔滨市南岗支行
012314725836907 | | 密码区 | 2489—1 ＜ 9—7—61596
8 ＜ 032/52 ＞ 9/29533　　加密版本：01※
1626 ＜ 8—3024 ＞ 36　　4300204521
—47—6 ＜ 7 ＞ 2*—/ ＞ * ＞ 6/　00015641 | | |

货物或应税劳务名称	规格型号	单位	数量	单 价	金 额	税率	税 额
SAGITAR 保养修理费		辆	1	1 500.00	1 500.00	17%	255.00
MAGOTAN 保养修理费		辆	1	2 000.00	2 000.00	17%	340.00
合　计			2		¥ 3 500.00		¥ 595.00

价税合计（大写）	肆仟零玖拾伍元整　　　　　　（小写）¥ 4 095.00

销货单位	名　称：哈尔滨大众汽车销售服务有限公司 纳税人识别号：231103748241777 地址、电话：哈尔滨道里区先锋路 369 号　86254123 开户行及账号：中国工商银行哈尔滨市先锋支行 901011009225993333	备注	

收款人：向丽丽印　　　复核：王可可印　　　开票人：赵微印　　　销货单位（章）

第二联：抵扣联　购货方抵扣凭证

凭证 2-65（4）

中国工商银行转账支票存根		本支票付款期限十天	中国工商银行转账支票			No.4358988	
支票号码：4358988			出票日期（大写）　　年　月　日			付款行名称：	
科　　目：			收款人：		出票人账号		
对方科目：			大写币（大写）		亿 千 百 十 万 千 百 十 元 角 分		
出票日期：　年 月 日							
收款人：			用途　运费				
金　　额：			上列款项请从我账户内支付		科目（借方） 对方科目（贷）		
用　　途：							
备　　注：			出票人签章		复核　　　　记账		

凭证 2-66（1）

付款报告书

部门：行政部　　　　　2013 年 12 月 21 日　　　　　编号：20131232

开　支　内　容	金　　额	结　算　方　式	附单据3张
支付汽车油款	1 170.00	转账支票 8989	
合计（大写）壹仟壹佰柒拾元整			

主管会计：周瑞雪印　　　单位负责人：王一春印　　　出纳：李梅印　　　经办人：孙华印

凭证 2-66（2）

黑龙江增值税普通发票
发票联

23001246549　　　　　　　　　　　　　　　　　　　　No 01300711

校验码 32121　12365　44678　00003　　　　开票日期：2013 年 12 月 23 日

购货单位	名　　称：哈尔滨冰花啤酒有限公司 纳税人识别号：237458159378789 地址、电话：哈尔滨南岗区人和路 789 号　55667799 开户行及账号：中国工商银行哈尔滨市南岗支行 012314725836907		密码区	2489—1 < 9—7—61596 8 < 032/52 > 9/29533 1626 < 8—3024 > 36 —47—6 < 7 > 2*—/ > * > 6/	加密版本：01※ 4300204521 00015641	
货物或应税劳务名称	规格型号	单位	数量	单价	金　额	税率	税额

货物或应税劳务名称	规格型号	单位	数量	单价	金　额	税率	税额
汽油 97		升	125	8.00	1 000.00	17%	170.00
合　计			2		￥1 000.00		￥170.00

价税合计（大写）	壹仟壹佰柒拾元整		（小写）￥1 170.00	
销货单位	名　　称：中国石油化工有限公司黑龙江石油分公司 纳税人识别号：231103748241555 地址、电话：哈尔滨香坊区跃进加油站　86254123 开户行及账号：中国工商银行哈尔滨香坊支行 901011009225121212		备注	

收款人：白丽新印　　　　复核：王维可印　　　　开票人：赵一品印　　　　销货单位（章）

第三联：发票联　购货方记账凭证

凭证 2-66（3）

黑龙江增值税普通发票
抵扣联

23001246549　　　　　　　　　　　　　　　　　　　　　№ 01300711

校验码 32121　12365　44678　00003　　　　　开票日期：2013 年 12 月 23 日

购货单位	名　称：哈尔滨冰花啤酒有限公司 纳税人识别号：237458159378789 地址、电话：哈尔滨南岗区人和路 789 号　55667799 开户行及账号：中国工商银行哈尔滨市南岗支行 　　　　　　　012314725836907	密码区	2489—1 < 9—7—61596　　加密版本：01※ 8 < 032/52 > 9/29533　　4300204521 1626 < 8—3024 > 36　　00015641 —47—6 < 7 > 2*—/ > * > 6/

第二联：抵扣联　购货方抵扣凭证

货物或应税劳务名称	规格型号	单位	数量	单价	金　额	税率	税　额
汽油 97		升	125	8.00	1 000.00	17%	170.00
合　计			2		¥ 1 000.00		¥ 170.00

价税合计（大写）	壹仟壹佰柒拾元整	（小写）¥ 1 170.00

销货单位	名　称：中国石油化工有限公司黑龙江石油分公司 纳税人识别号：231103748241555 地址、电话：哈尔滨香坊区跃进加油站　86254123 开户行及账号：中国工商银行哈尔滨香坊支行 　　　　　　　901011009225121212	备注	中国石油化工有限公司黑龙江石油分公司 231103748241555 发票专用章 （3）

收款人：白丽新印　　　　复核：王维可印　　　　开票人：赵一品印　　　　销货单位（章）

凭证 2-66（4）

中国工商银行转账支票存根			中国工商银行转账支票													No.4358989	
支票号码：4358989		本支票付款期限十天	出票日期（大写）　年　月　日							付款行名称：							
科　目：			收款人：				出票人账号										
对方科目：			大写币（大写）			亿	千	百	十	万	千	百	十	元	角	分
出票日期：　年　月　日																
收款人：			用途：													
金　额：			上列款项请从我账户内支付							科目（借方）							
用　途：										对方科目（贷）							
备　注：			出票人签章　财务专用章				复核					记账					

凭证 2-67（1）

固定资产处置审批表

单位：行政部　　　　　　　　　2013 年 12 月 23 日

固定资产名称		计算机	规定使用年限	6 年	原值	7 400
型号规格		486 联想	已年折旧年限	6 年	已提折旧	7 100
单位		数量	5	预计收回残值	净值	
资产编号		0201、0202、1009、1010、1011	存放地点	经理室 2 台、行政部 3 台		
处置原因		到期报废，设备陈旧，影响办公				
处置方式		出售				
经办人签章： 孙华印 2013 年 12 月 23 日	技术鉴定小组意见 同意 负责人签章 王一春印 2013 年 12 月 23 日		主管领导意见 同意		主管领导签章 孙伟印 2013 年 12 月 23 日	

凭证 2-67（2）

固定资产入账（出账）一览表

资产编号：0201

资产名称	计算机	类　别	办公设备	固定资产附件		无
入账原因	外购	购置或安装日期	2008-01-15	竣工或交付使用日期		2008-01-15
制造厂商	哈尔滨电脑城 221	使用部门	行政部	存放地点		人事部办公室
型号或规格	486 联想	折旧方法	直线法	出账	时间	2013.12.23
					原因	将要到期报废

项　目	金　额	折旧				折旧			
		年份	年折旧	月折旧	累计折旧	年份	年折旧	月折旧	累计折旧
成本或买价	7 400.00	2008	1 200	100	1 100				
不抵扣税费		2009	1 200	100	2 300				
运杂费		2010	1 200	100	3 500				
安装调试费		2011	1 200	100	4 700				
固定资产原值	7 400.00	2012	1 200	100	5 900				
预计净残值	200	2013	1 200	100	7 100				
预计使用年限	6								
已使用年限	0								
尚可使用年限	10								
已提折旧	0								

固定资产后续支出记录							
日期	变动原因	变动减少额	变动增加额	变动后价值	月折旧额	年折旧额	累计折旧

固定资产会计：赵大伟印　　　　　　单位负责人：李莉印　　　　　　批准调出人员：赵伟印

注：另还有 4 张同样的资产编号分别是 0202、1009、1010、1011 固定资产入账（出账）一览表略。

凭证 2-68（1）

中国工商银行进账单（收账通知）3

2013 年 12 月 24 日

出票人	全　称	哈尔滨电脑培训学校	收款人	全　称	哈尔滨冰花啤酒有限公司								
	账　号	012314333836907		账　号	012314725836907								
	开户银行	中国工商银行哈尔滨香坊支行		开户银行	中国工商银行哈尔滨市南岗支行								
金额	人民币（大写）叁仟壹佰贰拾元整				百	十	万	千	百	十	元	角	分
							¥3	1	2	0	0	0	
票据种类	转支	票据张数	壹张										
票据号码	12398745				中国工商银行 南岗支行 2013.12.24 转讫								
二手电脑款													
复核		记账			收款人开户行盖章								

收款人开户行交给收款人的受理回单

凭证 2-68（2）

黑龙江增值税普通发票

2300224629

校验码 32121 12367 44678 55995

No 01302719

开票日期：2013 年 12 月 20 日

购货单位	名　　　称：哈尔滨电脑培训学校 纳税人识别号：237458159311122 地址、电话：哈尔滨香坊大街 38 号　0451-84211111 开户行及账号：中国工商银行哈尔滨香坊支行 012314333836907	密码区	2489—1 < 9—7—61596 8 < 032/52 > 9/29578 1626 < 8—3024 > 36 —47—6 < 7 > 2*—/ > * > 6/	加密版本：01※ 4300204522 00015641

货物或应税劳务名称	规格型号	单位	数量	单价	金额	税率	税额
旧计算机	486 联想	台	5	624	3 000.00	4%	120.00
合　　　计					¥ 3 000.00		¥ 120.00

价税合计（大写）	叁仟壹佰贰拾元整	（小写）¥ 3 120.00

销货单位	名　　　称：哈尔滨冰花啤酒有限公司 纳税人识别号：237458159378789 地址、电话：哈尔滨南岗区人和路 789 号　55667799 开户行及账号：中国工商银行哈尔滨市南岗支行 012314725836907	备注	

第一联：记账联　销货方记账凭证

凭证 2-69

固定资产清理净损益计算表

2013 年 12 月 24 日

固定资产名称	计算机		使用单位		经理室、行政部	
原始价值	37 000.00	累计折旧	35 500.00	账面价值	1 500.00
清理费用	—	残料入库	—	变价收入	3 120.00
应交增值税	60.00	保险赔偿	—	过失人赔偿	—
应交营业税	—	清理净收益	1 560.00	清理净损失	

主管会计：周瑞雪印

固定资产会计：赵伟印

凭证 2-70

固定资产更新改造审批表

单位：包装车间　　　　　　2013 年 12 月 24 日

固定资产名称		包装生产线	规定使用年限	8 年	原值	350 000.00
型号规格		混联包装线	已年折旧年限	4 年	已提折旧	150 000.00
单位	条	数量　　1	预计收回残值	50 000.00	净值	200 000.00
资产编号	0502		存放地点	包装车间		
改造原因	产能下降，购置新生产线成本高时间长					
改造方式	更换液体灌装机					
经办人签章： 朱美娜印 2013 年 12 月 23 日	技术鉴定小组意见 同意 　　　　　　负责人签章 　　　　　　赵立春印 年　月　日			主管领导意见 同意 　　　　　主管领导签章 　　　　　陈强印 年　月　日		

凭证 2-71（1）

付 款 报 告 书

部门：包装车间　　　　　2013 年 12 月 21 日　　　　　编号：20131233

开 支 内 容	金 额	结 算 方 式
购液体灌装机	110 850.00	电汇

合计（大写）壹拾壹万零捌佰伍拾元整

附单据 5 张

主管会计：周瑞雪印　　单位负责人：陈强印　　出纳：李梅印　　经办人：赵立春印

凭证 2-71（2）

辽宁省增值税普通发票
发票联

2800124629　　　　　　　　　　　　　　　　　　　　　　No 0130071
校验码 32121　12365　44678　6969　　开票日期：2013 年 12 月 23 日

<table>
<tr><td rowspan="4">购货单位</td><td>名　　称：哈尔滨冰花啤酒有限责任公司</td><td rowspan="4">密码区</td><td rowspan="4">2489—1 < 9—7—61596
8 < 032/52 > 9/29533
1626 < 8—3024 > 36
—47—6 < 7 > 2*—/ > * > 6/</td><td rowspan="4">加密版本：28※
4300204521
00015641</td></tr>
<tr><td>纳税人识别号：237458159378789</td></tr>
<tr><td>地址、电话：哈尔滨南岗区人和路 789 号　55667799</td></tr>
<tr><td>开户行及账号：中国工商银行哈尔滨市南岗支行
012314725836907</td></tr>
</table>

货物或应税劳务名称	规格型号	单位	数量	单 价	金 额	税 率	税 额
液体灌装机		台	1	90 000.00	90 000.00	17%	15 300.00
合　计			1		￥90 000.00		￥15 300.00

价税合计（大写）　　壹拾万零伍仟叁佰元整　　　　（小写）￥105 300.00

<table>
<tr><td rowspan="4">销货单位</td><td>名　　称：沈阳饮品设备制造有限公司</td><td rowspan="4">备注</td><td rowspan="4">沈阳饮品设备制造有限公司
280103748241333
发票专用章</td></tr>
<tr><td>纳税人识别号：280103748241333</td></tr>
<tr><td>地址、电话：沈阳市铁峰区铁锋路 963 号　24564123</td></tr>
<tr><td>开户行及账号：中国工商银行沈阳市铁锋支行
901011009225994321</td></tr>
</table>

收款人：刘美玉印　　　复核：王小晓印　　　开票人：朱微印　　　销货单位（章）

凭证 2-71（3）

辽宁省增值税普通发票
抵扣联

2800124629　　　　　　　　　　　　　　　　　　　　　　No 01300717
校验码 32121　12365　44678　6969　　开票日期：2013 年 12 月 23 日

<table>
<tr><td rowspan="4">购货单位</td><td>名　　称：哈尔滨冰花啤酒有限公司</td><td rowspan="4">密码区</td><td rowspan="4">2489—1 < 9—7—61596
8 < 032/52 > 9/29533
1626 < 8—3024 > 36
—47—6 < 7 > 2*—/ > * > 6/</td><td rowspan="4">加密版本：28※
4300204521
00015641</td></tr>
<tr><td>纳税人识别号：237458159378789</td></tr>
<tr><td>地址、电话：哈尔滨南岗区人和路 789 号　55667799</td></tr>
<tr><td>开户行及账号：中国工商银行哈尔滨市南岗支行
012314725836907</td></tr>
</table>

货物或应税劳务名称	规格型号	单位	数量	单 价	金 额	税 率	税 额
液体灌装机		台	1	90 000.00	90 000.00	17%	15 300.00
合　计			1		￥90 000.00		￥15 300.00

价税合计（大写）　　壹拾万零伍仟叁佰元整　　　　（小写）￥105 300.00

<table>
<tr><td rowspan="4">销货单位</td><td>名　　称：沈阳饮品设备制造有限公司</td><td rowspan="4">备注</td><td rowspan="4">沈阳饮品设备制造有限公司
280103748241333
发票专用章</td></tr>
<tr><td>纳税人识别号：280103748241333</td></tr>
<tr><td>地址、电话：沈阳市铁峰区铁锋路 963 号　24564123</td></tr>
<tr><td>开户行及账号：中国工商银行沈阳市铁锋支行
901011009225994321</td></tr>
</table>

收款人：刘美玉印　　　复核：王小晓印　　　开票人：朱微印　　　销货单位（章）

第三联：发票联　购货方记账凭证

第二联：抵扣联　购货方抵扣凭证

凭证 2-71（4）

货物运输业增值税专用发票

发票联

2200133766
00301911

No 00301911

开票日期：2013 年 12 月 24 日

承运人及纳税人识别号	沈阳仁伟大型货物运输有限公司 24045612311111×	密码区	2490—1 ＜ 9—7—61596 8 ＜ 032/52 ＞ 9/29533 1626 ＜ 8—3024 ＞ 36 —47—6 ＜ 7 ＞ 2*—/ ＞ * ＞ 6/	加密版本：01※ 4300204512 00015633
实际受票方及纳税人识别号	哈尔滨冰花啤酒有限公司 237458159378789			
收货人及纳税人识别号	哈尔滨冰花啤酒有限公司 237458159378789	发货人及纳税人识别号	沈阳饮品设备制造有限公司 280103748241333	

起运地、经由、到达地	河北石家庄　北京、沈阳　哈尔滨

费用项目及金额	费用项目	金额	费用项目	金额	运输货物信息	一台液体灌装机
	运费	5 000.00				

合计金额	￥5 550.00	税率	11%	税额	￥550.00	机器编号	499012023456

价税合计（大写）伍仟伍佰伍拾元整　　　　　　（小写）￥5 550.00

车种车号		车船吨位		备注	
主管税务机及代码	沈阳市国家税务局铁锋分局				

收款人：孙大可印　　　复核：王丽印　　　开票人：赵海玉印　　　承运人（章）

凭证 2-71（5）

货物运输业增值税专用发票

抵扣联

2200133766
00301911

No 00301911

开票日期：2013 年 12 月 24 日

承运人及纳税人识别号	沈阳仁伟大型货物运输有限公司 24045612311111×	密码区	2490—1 ＜ 9—7—61596 8 ＜ 032/52 ＞ 9/29533 1626 ＜ 8—3024 ＞ 36 —47—6 ＜ 7 ＞ 2*—/ ＞ * ＞ 6/	加密版本：01※ 4300204512 00015633
实际受票方及纳税人识别号	哈尔滨冰花啤酒有限公司 237458159378789			
收货人及纳税人识别号	哈尔滨冰花啤酒有限公司 237458159378789	发货人及纳税人识别号	沈阳饮品设备制造有限公司 280103748241333	

起运地、经由、到达地	河北石家庄　北京、沈阳　哈尔滨

费用项目及金额	费用项目	金额	费用项目	金额	运输货物信息	一台液体灌装机
	运费	5 000.00				

合计金额	￥5 550.00	税率	11%	税额	￥550.00	机器编号	499012023456

价税合计（大写）伍仟伍佰伍拾元整　　　　　　（小写）￥5 550.00

车种车号		车船吨位		备注	
主管税务机及代码	沈阳市国家税务局铁锋分局				

收款人：孙大可印　　　复核：王丽印　　　开票人：赵海玉印　　　承运人（章）

凭证 2-71（6）

中国工商银行电汇凭证（回单）1

☑普通　□加急　委托日期　　2013 年 12 月 24 日

汇款人	全　称	哈尔滨冰花啤酒有限公司	收款人	全　称	沈阳饮品设备制造有限公司
	账　号	012314725836907		账　号	901011009225994321
	汇出地点	黑龙江　省　哈尔滨　市/县		汇入地点	辽宁　省　沈阳　市/县
	开户银行	中国工商银行哈尔滨市南岗支行		开户银行	中国工商银行沈阳市铁峰支行

金额	人民币（大写）	壹拾壹万零捌佰伍拾元整	亿	千	百	十	万	千	百	十	元	角	分
					￥	1	1	0	8	5	0	0	0

汇出行签章：

中国工商银行
南岗支行
2013.12.24
转讫

支付密码

附加信息及用途
支付前欠货款

复核：　　　　　　记账：

此联是付款行给汇款人的回单

凭证 2-72（1）

费 用 报 销 单

部门：包装车间　　　　　　2013 年 12 月 24 日　　　　　　编号：20131208

	金　额	结 算 方 式
支付生产线改建人员工资	3 000.00	1. 冲借款＿＿＿＿＿＿元
		2. 转账＿＿＿＿＿＿元
		3. 汇款＿＿＿＿＿＿元
		4. 补付现金　3 000.00　元
合计（大写）叁仟元整		

附单据 1 张

会计主管：周瑞雪印　　　单位负责人：陈强印　　　出纳：李梅印　　　经办人：赵立春印

凭证 2-72（2）

包装生产线更新改造劳务报酬表

姓　名	单位及技术职务	劳务报酬（元）	收款人签章
朱大能	沈阳饮品设备制造有限公司　高级工程师	1 500.00	朱大能印
张万强	沈阳饮品设备制造有限公司　高级工程师	1 500.00	张万强印
合　计		3 000.00	

上款系：包装生产线更新改造工程技术人员劳务报酬。

制表人：　　　　　审批人：　　　　　会计主管：　　　　　出纳：

赵立春印　　　　　陈强印　　　　　周瑞雪印　　　　　李梅印

2013 年 12 月 24 日　　　2013 年 12 月 24 日　　　2013 年 12 月 24 日　　2013 年 12 月 24 日

凭证 2-73（1）

旧固定资产入库单

仓库：1　　　　　　　　　2013 年 12 月 25 日　　　　　　　　　入库单编号：20131201

编号	名　称	计量单位	实收数量	原　值	折　旧	净　值	备　注
050201	旧液体灌装机	台	1	50 000.00	25 000.00	25 000.00	0502 更改收回
合　计						35 000.00	

验收员：李东印　　　　　收料员：李东印　　　　　采购员：赵立辉印　　　　　部门负责人：张立军印

凭证 2-73（2）

固定资产入账（出账）一览表

资产编号：0201

资产名称	包装生产线	类　别		生产设备	固定资产附件		含液体灌装机 50 000.00		
入账原因	外购	购置或安装日期		2009-12-15	竣工或交付使用日期		2009-12-15		
制造厂商	沈阳饮品设备制造有限公司	使用部门		包装车间	存放地点		包装车间		
型号或规格	混联包装线	折旧方法		直线法	出账	时间			
						原因			
项　目	金　额	折　旧				折　旧			
		年份	年折旧	月折旧	累计折旧	年份	年折旧	月折旧	累计折旧
成本或买价	330 000.00	2010	37 500	3125	37 500				
不抵扣税费		2011	37 500	3125	75 000				
运杂费	20 000.00	2012	37 500	3125	112 500				
安装调试费		2013	37 500	3125	150 000				
固定资产原值	350 000.00								
预计净残值	50 000.00								
预计使用年限	8								
已使用年限	0								
尚可使用年限	8								
已提折旧	0								
固定资产后续支出记录									
日　期	变动原因	变动减少额		变动增加额	变动后价值	净残值	月折旧	年折旧	
2013.12.25	更新改造	25 000.00		98 000.00	273 000.00	33 000.00	5 000.00	60 000.00	

固定资产会计：赵大伟印　　　　　单位负责人：赵立春印　　　　　批准人员：陈强印

凭证 2-74（1）

付 款 报 告 书

部门：行政部　　　　　　　2013 年 12 月 25 日　　　　　　　编号：20131234

开 支 内 容	金 额	结 算 方 式
付装饰材料款	117 000.00	转账支票 8990
合计（大写）壹拾壹万柒仟元整		

附单据 3 张

主管会计：周瑞雪印　　　单位负责人：陈强印　　　出纳：李梅印　　　经办人：赵贺印

凭证 2-74（2）

No 01300789
2302124620
01300789

黑龙江省增值税专用发票
抵扣联

2302124620

校验码 32121　12365　44678　6111　　　　　开票日期：2013 年 12 月 25 日

购货单位	名　　称：哈尔滨冰花啤酒有限公司 纳税人识别号：237458159378789 地址、电话：哈尔滨南岗区人和路 789 号　55667799 开户行及账号：中国工商银行哈尔滨市南岗支行 　　　　　　012314725836907	密码区	2489—1 ＜ 9—7—61596 8 ＜ 032/52 ＞ 9/29533 1626 ＜ 8—3024 ＞ 36 —47—6 ＜ 7 ＞ 2*—/ ＞ * ＞ 6/	加密版本：28※ 4300204521 00015641

货物或应税劳务名称	规格型号	单位	数量	单价	金 额	税率	税 额
细工木板	1.5×2.0	张	200	200.00	40 000.00	17%	6 800.00
涂　料	50KG	桶	50	400.00	20 000.00	17%	3 400.00
地　板	1.5×0.3	箱	200	100.00	20 000.00	17%	3 400.00
装修装饰零件		套	20	1 000.00	20 000.00	17%	3 400.00
合　计			1		￥100 000.00		￥17 000.00

价税合计（大写）	壹拾壹万柒仟元整	（小写）￥117 000.00

销货单位	名　　称：哈尔滨装饰装修批发城 纳税人识别号：230103748245453 地址、电话：哈尔滨市南岗区长江路 369 号　24564321 开户行及账号：中国工商银行哈尔滨南岗支行 　　　　　　9010110092259556677	备注	230103748245453 发票专用章

收款人：刘伟印　　　　复核：王小宾印　　　　开票人：朱丽印　　　　销货单位（章）

第二联：抵扣联　购货方抵扣凭证

凭证 2-74（3）

No 01300789
2302124620
01300789

黑龙江省增值税专用发票
发票联

2302124620
校验码 32121　12365　44678　6111

开票日期：2013 年 12 月 25 日

购货单位	名　　称：哈尔滨冰花啤酒有限公司 纳税人识别号：237458159378789 地址、电话：哈尔滨南岗区人和路 789 号　55667799 开户行及账号：中国工商银行哈尔滨市南岗支行 012314725836907	密码区	2489—1 < 9—7—61596 8 < 032/52 > 9/29533 1626 < 8—3024 > 36 —47—6 < 7 > 2*—/ > * > 6/	加密版本：28※ 4300204521 00015641

货物或应税劳务名称	规格型号	单位	数量	单价	金额	税率	税额
细工木板	1.5×2.0	张	200	200.00	40 000.00	17%	6 800.00
涂料	50KG	桶	50	400.00	20 000.00	17%	3 400.00
地板	1.5×0.3	箱	200	100.00	20 000.00	17%	3 400.00
装修装饰零件		套	20	1 000.00	20 000.00	17%	3 400.00
合　计			1		￥100 000.00		￥17 000.00

价税合计（大写）	壹拾壹万柒仟元整	（小写）￥117 000.00

销货单位	名　　称：哈尔滨装饰装修批发城 纳税人识别号：230103748245453 地址、电话：哈尔滨市南岗区长江路 369 号　24564321 开户行及账号：中国工商银行哈尔滨南岗支行 9010110092259556677	备注	230103748245453 发票专用章

第三联：发票联　购货方记账凭证

收款人：刘伟印　　　　复核：王小宾印　　　　开票人：朱丽印　　　　销货单位（章）

凭证 2-74（4）

中国工商银行转账支票存根	本支票付款期限十天	中国工商银行转账支票		No.4358990											
支票号码：4358990		出票日期（大写）　　年　月　日		付款行名称：											
科　目：		收款人：		出票人账号											
对方科目：		大写币 （大写）		亿	千	百	十	万	千	百	十	元	角	分	
出票日期：　年　月　日															
收款人：		用途													
金　额：		上列款项请从 我账户内支付			科目（借方） 对方科目（贷）										
用　途：															
备　注：		出票人签章　财务专用章	辉赵印立	复核　　　记账											

凭证 2-75（1）

付 款 报 告 书

部门：行政部　　　　2013 年 12 月 25 日　　　　编号：20131235

开 支 内 容	金　额	结 算 方 式	
付高管用房装修费	50 000.00	转账支票 8991	附单据 3 张
合计（大写）伍万元整			

主管会计：周瑞雪印　　　单位负责人：陈强印　　　出纳：李梅印　　　经办人：赵贺印

凭证 2-75（2）

黑龙江省地方税务局通用机打发票
发票联

发票代码：223001306043
发票号码：07466999

开票日期：2013 年 12 月 25 日　　　　　　　行业分类：服务业

机打代码：223001340043
机打号码：07466999　　　防伪码：74F21391A93913D9A82B0A3AB5D6962D
付款方名称：哈尔滨冰花啤酒有限公司

经营项目	单位	数量	单价	金额
房屋装修费	间	13	3 000.00	39 000.00
房屋装修设计费	套	1	11 000.00	11 000.00

合计（大写）：伍万元整
合计（小写）：50 000.00
备注：
收款方（签章）：哈尔滨城市人家装修有限公司

收款人：金融印　　　　　复核：仁红印　　　　　开票人：开心印

凭证 2-75（3）

中国工商银行转账支票存根		中国工商银行转账支票	No.4358891
支票号码：4358891	本支票付款期限十天	出票日期（大写）　年　月　日　付款行名称：	
科　目：		收款人：	出票人账号
对方科目：		大写币（大写）	亿 千 百 十 万 千 百 十 元 角 分
出票日期：　年　月　日			
收款人：		用途：	
金　额：		上列款项请从我账户内支付	科目（借方）　对方科目（贷）
用　途：			
备　注：		出票人签章	复核　　记账

凭证 2-75（4）

高管租入房屋装修验收书

哈尔滨冰花啤酒有限公司（甲方）委托哈尔滨城市人家装修有限公司（乙方）装修位于哈尔滨哈平路 107 号远大植物园小区的 G5 号楼的 101～113 共 13 间房屋进行装修，现已全部装修完毕，均符合委托合同的各项装修规定，全部合格。乙方承诺完成装修交付使用的 2014 年 1 月 1 日至 2015 年 12 月 31 日期间若出现质量问题，乙方负责全部的修复费用。甲方验收合格之日支付劳务报酬共计人民币（大写）伍万元整。

甲方验收人：赵立春印　陈强印　周瑞雪印　　乙方验收人：贺万强印　姜有德印　杜大能印

验收时间：2013 年 12 月 25 日

凭证 2-76

固定资产折旧计算表

2013 年 12 月 25 日 　　　　　　　　　　单位：元

使用部门	固定资产类别	月初固定资产原值	月折旧率	本月折旧额
管理部门	房屋及建筑物			
	生产设备			
	运输设备			
	办公设备			
	合　计			
销售部门	房屋及建筑物			
	生产设备			
	运输设备			
	办公设备			
	合　计			
酿造车间	房屋及建筑物			
	生产设备			
	运输设备			
	办公设备			
	合　计			
包装车间	房屋及建筑物			
	生产设备			
	运输设备			
	办公设备			
	合　计			
机修车间	房屋及建筑物			
	生产设备			
	运输设备			
	办公设备			
	合　计			
投资性房地产	房产			
合　计				

凭证 2-77（1）

付 款 报 告 书

部门：质检部　　　　　　2013 年 12 月 25 日　　　　　　编号：20131236

开 支 内 容	金 额	结 算 方 式
付质检部门房屋装修设计费	20 000.00	转账支票 8992
合计（大写）贰万元整		

附单据 2 张

主管会计：周瑞雪印　　　单位负责人：陈强印　　　出纳：李梅印　　　经办人：赵博印

凭证 2-77（2）

黑龙江省地方税务局通用机打发票
发票联

发票代码：223001306000
发票号码：07466000

开票日期：2013 年 12 月 25 日　　　　　行业分类：服务业

机打代码：223001340043
机打号码：07466999　　　防伪码：74F21391A93913D9A82B0A3AB5D69333D
付款方名称：哈尔滨冰花啤酒有限公司

经营项目	单位	数量	单价	金额
房屋装修设计费	套	1	20 000.00	20 000.00

合计（大写）：贰万元整
合计（小写）：20 000.00
备注：
收款方（签章）：哈尔滨城市人家装修有限公司

223001306767
哈尔滨城市人家装修有限公司
发票专用章

收款人：金融印　　　　　复核：仁红印　　　　　开票人：开心印

实训情境 二 制造企业会计业务处理

第一联：发票联（付款方付款凭证）（手写无效）

凭证 2-77（3）

中国工商银行转账支票存根		中国工商银行转账支票		No.4358992
支票号码：4358992	本支票付款期限十天	出票日期（大写）　年　月　日　付款行名称：		
科　目：		收款人：	出票人账号	
对方科目：		大写币（大写）	亿 千 百 十 万 千 百 十 元 角 分	
出票日期：　年　月　日				
收款人：		用途	辉赵 印立	
金　额：		上列款项请从我账户内支付	财务专用章	借方 对方科目（贷）
用　途：				
备　注：		出票人签章	复核　　记账	

277

凭证 2-78（1）

付 款 报 告 书

部门：质检部　　　　　　　2013 年 12 月 25 日　　　　　　　编号：20131237

开 支 内 容	金 额	结 算 方 式
付质检部门房屋装修材料款	117 000.00	转账支票 8993
合计（大写）壹拾壹万柒仟元整		

附单据 2 张

主管会计：周瑞雪印　　　单位负责人：陈强印　　　出纳：李梅印　　　经办人：赵博印

凭证 2-78（2）

黑龙江省增值税专用发票
发票联

№ 01300797
2302124628
01300797

2302124628

校验码 32121　12365　44678　6888　　　　　　开票日期：2013 年 12 月 25 日

购货单位	名　　称：哈尔滨冰花啤酒有限公司 纳税人识别号：237458159378789 地址、电话：哈尔滨南岗区人和路 789 号　55667799 开户行及账号：中国工商银行哈尔滨市南岗支行 　　　　　　　012314725836907	密码区	2489—1 < 9—7—61596 8 < 032/52 > 9/29533 1626 < 8—3024 > 36 —47—6 < 7 > 2*—/ > * > 6/	加密版本：28※ 4300204521 00015641

货物或应税劳务名称	规格型号	单位	数量	单价	金 额	税率	税 额
细工木板	1.5×2.0	张	200	200.00	40 000.00	17%	6 800.00
涂　料	50KG	桶	50	400.00	20 000.00	17%	3 400.00
地　板	1.5×0.3	箱	200	100.00	20 000.00	17%	3 400.00
装修装饰零件		套	20	1 000.00	20 000.00	17%	3 400.00
合　计					¥ 100 000.00		¥ 17 000.00

价税合计（大写）	壹拾壹万柒仟元整	（小写）¥ 117 000.00

销货单位	名　　称：哈尔滨装饰装修批发城 纳税人识别号：230103748245453 地址、电话：哈尔滨市南岗区长江路 369 号　24564321 开户行及账号：中国工商银行哈尔滨南岗支行 　　　　　　　9010110092259556677	备注	哈尔滨装饰装修批发城 230103748245453 发票专用章

收款人：刘伟印　　　复核：王小宾印　　　开 票 人：朱丽印　　　销货单位（章）

第三联：发票联　购货方记账凭证

279

凭证 2-78（3）

No 01300797
2302124628
01300797

黑龙江省增值税专用发票
抵扣联

2302124628

校验码 32121　12365　44678　6888

开票日期：2013 年 12 月 25 日

购货单位	名　　称：哈尔滨冰花啤酒有限公司 纳税人识别号：237458159378789 地址、电话：哈尔滨南岗区人和路 789 号　55667799 开户行及账号：中国工商银行哈尔滨市南岗支行 　　　　012314725836907	密码区	2489—1 < 9—7—61596 8 < 032/52 > 9/29533 1626 < 8—3024 > 36 —47—6 < 7 > 2*—/ > * > 6/	加密版本：28※ 4300204521 00015641

货物或应税劳务名称	规格型号	单位	数量	单 价	金 额	税率	税 额
细工木板	1.5×2.0	张	200	200.00	40 000.00	17%	6 800.00
涂 料	50KG	桶	50	400.00	20 000.00	17%	3 400.00
地 板	1.5×0.3	箱	200	100.00	20 000.00	17%	3 400.00
装修装饰零件		套	20	1 000.00	20 000.00	17%	3 400.00
合 计					￥100 000.00		￥17 000.00

价税合计（大写）	壹拾壹万柒仟元整	（小写）￥117 000.00

销货单位	名　　称：哈尔滨装饰装修批发城 纳税人识别号：230103748245453 地址、电话：哈尔滨市南岗区长江路 369 号　24564321 开户行及账号：中国工商银行哈尔滨南岗支行 　　　　9010110092259556677	备注	哈尔滨装饰装修批发城 230103748245453 发票专用章

收款人：刘伟印　　　　复核：王小宾印　　　　开票人：朱丽印　　　　销货单位（章）

凭证 2-78（4）

货物运输业增值税普通发票
发票联

信息码：3020012345
密码：
开票日期：2013 年 12 月 3 日

发票代码 210801831158
发票号码 00112288

机打代码	210801831158	税控码	机器生成
机打号码	00112211		
机器编号	102488150510		
收货人及纳税人识别号	哈尔滨冰花啤酒有限公司 237458159378789	承运人及纳税人识别号	哈尔滨天利货运公司 230255488401333
发货人及纳税人识别号	哈尔滨装饰装修批发城 230103748245453	主管税务机关及代码	黑龙江哈尔滨市国家税务局 120010101

费用项目及金额	货物名称 数量（重量）单位运价 计费里程 金额 材料运费　470 件　　　　　　　3 000.00	其他项目及金额	费用名称　　金额　备注 哈尔滨天利货运公司 230255488401333 发票专用章

运费小计	叁仟元整	其他费用小计	
合计（大写）	叁仟元整	（小写）￥3 000.00	

承运人签章：李喆印　　　　　　　　　　　　　　　　开票人：张广材印

凭证 2-78（5）

中国工商银行转账支票存根		中国工商银行转账支票			No.4358993			
支票号码：4358993	本支票付款期限十天	出票日期（大写）　年 月 日		付款行名称：				
科　目：		收款人：		出票人账号				
对方科目：		大写币（大写）		亿 千 百 十 万 千 百 十 元 角 分				
出票日期：　年 月 日								
收款人：		用途						
金　额：		上列款项请从我账户内支付		科目（借方）				
用　途：				对方科目（贷）				
备　注：		出票人签章　财务专用章		复核　　　　记账				

凭证 2-79（1）

付 款 报 告 书

部门：质检部　　　　　　2013 年 12 月 25 日　　　　　　编号：20131238

开 支 内 容	金 额	结 算 方 式	
付质检部门房屋装修工程人工费	70 000.00	现金支票2430	附单据2张
合计（大写）柒万元整			

主管会计：周瑞雪印　　　单位负责人：陈强印　　　出纳：李梅印　　　经办人：赵博印

凭证 2-79（2）

中国工商银行转账支票存根		中国工商银行转账支票			No.4572430			
支票号码：4572430	本支票付款期限十天	出票日期（大写）　年 月 日		付款行名称：				
科　目：		收款人：		出票人账号				
对方科目：		大写币（大写）		亿 千 百 十 万 千 百 十 元 角 分				
出票日期：　年 月 日								
收款人：		用途						
金　额：		上列款项请从我账户内支付		科目（借方）				
用　途：				对方科目（贷）				
备　注：		出票人签章　财务专用章		复核　　　　记账				

凭证 2-79（3）

质检部房屋装修报酬支付表

姓　名	单位及技术职务	劳务报酬（元）	收款人签章
叶大能	哈尔滨城市人家装饰装修有限公司　高工	25 000.00	叶大能印
贺万强	哈尔滨城市人家装饰装修有限公司　高工	25 000.00	贺万强印
姜有德	哈尔滨城市人家装饰装修有限公司　技工	20 000.00	姜有德印
合　计		70 000.00	

上款系：质检部房屋工程技术人员装修人工费。

制表人：　　　　　　　审批人：　　　　　　　会计主管：　　　　　出纳：

赵博印　　　　　　　　陈强印　　　　　　　　周瑞雪印　　　　　　李梅印

2013 年 12 月 25 日　　2013 年 12 月 25 日　　2013 年 12 月 25 日　　2013 年 12 月 25 日

凭证 2-80（1）

质检部质检用房装修验收书

　　本公司聘请哈尔滨城市人家装修公司进行设计，自行购买装修材料、并组织人员进行自行装修的质检部质检用房现已全部装修完毕，经组织专门人员验收，已符合设计要求完成装修任务，全部合格。若在两年内（2014 年 1 月 1 日至 2015 年 12 月 31 日）出现装修施工质量问题，由哈尔滨城市人家装饰装修有限公司高工叶大能、贺万强、姜有德三人负责免费维修。该房屋的装修使用期限为五年，从 2014 年 1 月份起在五年的时间内进行摊销。

装修企业验收人：　赵博印　　陈强印　　周瑞雪印

施工企业验收人：　贺万强印　　姜有德印　　叶大能印

验收时间：2013 年 12 月 25 日

凭证 2-80（2）

固定资产入账（出账）一览表

资产编号：0601

资产名称	房屋	类 别		质检用房	固定资产附件		无	
入账原因	发包建造	购置或安装日期		2008-12-15	竣工或交付使用日期		2008-12-15	
制造厂商	哈远大房地产公司	使用部门		质检部	存放地点		2 号楼	
型号或规格	砖泥混合结构	折旧方法		直线法	出账	时间		
						原因		
项 目	金 额	折 旧				折 旧		
		年份	年折旧	月折旧	累计折旧	年份	年折旧	月折旧	累计折旧
成本或买价	1 000 000.00	2009	60 000	5 000	60 000				
不抵扣税费		2010	60 000	5 000	120 000				
运杂费		2011	60 000	5 000	180 000				
安装调试费		2012	60 000	5 000	240 000				
固定资产原值	1 000 000.00	2013	60 000	5 000	300 000				
预计净残值	100 000.00								
预计使用年限	15								
已使用年限	0								
尚可使用年限	10								
已提折旧	0								

固定资产后续支出记录								
日期	变动原因	变动减少额	变动增加额	变动后价值	月折旧额	年折旧额	累计折旧
2013.12	装修		21 000.00	210 000.00	3 500	42 000	

固定资产会计：赵大伟印   单位负责人：李莉印   批准调出人员：赵伟印

凭证 2-81（1）

无形资产处置审批表

单位：行政部   2013 年 12 月 26 日

无形资产名称	商标权		规定使用年限	10 年	原值	600 000.00
规格			已年摊销年限	3 年	已摊销	180 000.00
单位	项	数量	1	预计收回残值	0	净值	
资产编号	0101			存放地点	行政部		
处置原因	老商标过时变现						
处置方式	出售						
经办人签章： 孙华印 2013 年 12 月 23 日	技术鉴定小组意见 同意 负责人签章 王一春印 年 月 日			主管领导意见 同意 主管领导签章 孙伟印 年 月 日			

凭证 2-81（2）

无形资产入账（出账）一览表

资产编号：0101

资产名称	无形资产	类 别		商标权	无形资产附件		无
入账原因	申请	购置或申请日期		2010.12.01	交付使用日期		2010-12-01
厂商或部门	黑龙江知识产权局	使用部门		酿造车间	存放地点		1 号楼
型号或规格	商标	摊销方法		直线法	出账	时间	2013.12.26
						原因	出售

项 目	金 额	摊 销				摊 销			
		年份	年摊销	月摊销	累计摊销	年份	年摊销	月摊销	累计摊销
成本或买价	550 000.00	2010	5 000	5 000	5000				
税费	50 000.00	2011	60 000	5 000	65 000				
无形资产原值	600 000.00	2012	60 000	5 000	125 000				
预计净残值	0	2013	55 000	5 000	180 000				
预计使用年限	10								
已使用年限	0								
尚可使用年限	10								
已摊销	0								

无形资产后续资产价值变动记录							
日期	变动原因	变动减少额	变动增加额	变动后价值	月摊销额	年摊销额	累计摊销

固定资产会计：赵大伟印　　　　　　单位负责人：李莉印　　　　　　批准调出人员：赵伟印

凭证 2-81（3）

中国工商银行进账单（收账通知） 3

2013 年 12 月 25 日

出票人	全 称	阿城啤酒有限责任公司	收款人	全 称	哈尔滨冰花啤酒有限公司
	账 号	230011333836907		账 号	012314725836907
	开户银行	中国工商银行可城支行		开户银行	中国工商银行哈尔滨市南岗支行

金额	人民币（大写）伍拾万元整	百	十	万	千	百	十	元	角	分
		¥	5	0	0	0	0	0	0	0

票据种类	转支	票据张数	壹张	
票据号码	12399909			中国工商银行 南岗支行 2013.12.25 转讫
商标权款				
复核　　　　记账				收款人开户行盖章

收款人开户行交给收款人的受理回单

289

凭证 2-81（4）

黑龙江省税务统一发票（代开）

发票联

哈尔滨

代码：222224198761

流水号：550444222　　　2013 年 12 月 26 日

付款单位（个人）：阿城啤酒有限责任公司

企业所属行业	食品饮料	税务登记号	2101114865445566

项目：			
出售商标权	500 000.00		
人民币（大写）伍拾万元整		（小写）¥ 500 000.00	

发票专用章
（06）
2310010011

收款单位：哈尔滨冰花啤酒有限公司　　　　　收款人：　　　　　开票人：尚尚　（手写无效）

凭证 2-81（5）

无形资产处置净损益计算表

2013 年 12 月 26 日

无形资产名称	商标权		使用单位	酿造车间
原始价值	60 000.00	累计摊销	180 000.00	账面价值	420 000.00
保险赔偿	—	残料入库	—	变价收入	500 000.00
应交营业税	25 000.00	过失人赔偿	—	清理净损益	55 000.00

主管会计：周瑞雪印　　　　　　　　　　　　　　　　无形资产会计：赵伟印

凭证 2-82

无形资产摊销计算表

2013 年 12 月 25 日

序号	资产名称	期初余额	本期增加金额	本期减少金额	使用年限	摊销情况			备注
						已摊销	月摊销	累计摊销	
1	啤酒商标权	3 600 000.00		600 000.00	10	720 000.00	25 000.00	745 000.00	自用
2	专利权	1 500 000.00			20	800 000.00	6 250.00	806 250.00	自用
	合计	5 100 000.00		600 000.00		1 520 000.00	31 250.00	1 551 250.00	

会计主管：周瑞雪印　　　　　　　　　　　　　　　　制单：赵伟印

凭证 2-83

核销应收账款坏账的请示

齐齐哈尔代理商李齐的客户阳光啤酒超市因火灾使商店关闭，应收的啤酒款 200 000 元因此无法收回成为坏账，特申请核销该应收账款。

	同意	同意	同意
申请人：李齐印	部门负责人：赵雪娇印	企业负责人：孙伟印	会计主管：周瑞雪印
2013 年 12 月 26 日	2013 年 12 月 26 日	2013 年 12 月 26 日	2013 年 12 月 26 日

凭证 2-84（1）

中国工商银行现金支票存根	本支票付款期限十天	中国工商银行现金支票		No.4572428
支票号码：4572428		出票日期（大写）　年　月　日		付款行名称：
科　　目：		收款人：		出票人账号
对方科目：		大写币（大写）		亿 千 百 十 万 千 百 十 元 角 分
出票日期：　年　月　日				
收款人：		用途		
金　　额：		上列款项请从我账户内支付		科目（借方）
用　　途：				对方科目（贷）
备　　注：		出票人签章		复核　　记账

凭证 2-84（2）

现金支票背面

哈尔滨金融安全印务有限公司 2013 年印制	附加信息		（粘贴单处）
		收款人签章　年　月　日	

凭证 2-85

职 工 困 难 审 批 表

补助人姓名	部门	补助原因	补助金额	收款人签收
朱　娜	酿造车间	爱人生病	2 000.00	朱娜印
朱美娜	包装车间	孩子上大学	1 000.00	朱美娜印
李长文	质检部	老人有病	2 000.00	李长文印
合计金额人民币（大写）伍仟元整		￥5 000.00 元		
审批意见：　　　　同意		现金付讫		单位负责人 孙伟印 日期：2013 年 12 月 26 日

凭证 2-86

坏账准备计算表
2013 年 12 月 26 日

项　目	金　额	备　注
期初坏账准备余额		
本期转销的坏账准备		
本期收回的坏账准备		
期末坏账准备余额		
期末应收款项余额		
坏账准备计提比例		
本期应提的坏账准备		

凭证 2-87

转销无法支付应付账款的请示

　　我单位欠双城玻璃制品厂货款 500 000 元，因该单位已经撤销，债务无法偿还，批准确认该货款无法支付，予以核转销做营业外收入。

同意	同意	同意	同意
申请人：赵大伟印	部门负责人：张立军印	企业负责人：孙伟印	会计主管：周瑞雪印
2013 年 12 月 26 日	2013 年 12 月 26 日	2013 年 12 月 26 日	2013 年 12 月 26 日

凭证 2-88（1）

房产税计算表

2013 年 12 月 26 日

房屋名称	使用部门	原值	扣除率	计税基数	税率	应纳税额
房屋及建筑物	董事会		30%		1.2%	
	经理室		30%		1.2%	
	财务部		30%		1.2%	
	行政部		30%		1.2%	
	质检部		30%		1.2%	
	采购部		30%		1.2%	
	小　计					
	销售部		30%		1.2%	
	酿造车间		30%		1.2%	
	包装车间		30%		1.2%	
	机修车间		30%		1.2%	
	小　计					
	出　租					
	合　计					

凭证 2-88（2）

城镇土地使用税计算表

2013 年 12 月 26 日

土地类型	土地面积（平方米）	单位税额（元）	应纳税额（元）	备注
生产用地	20 000	5.00		
合　计				

凭证 2-89（1）

中华人民共和国
税收通用缴款书

（201312）哈地缴　　　　　　　　　　　　　　　地

隶属关系：区
注册类型：其他有限责任公司　填发日期：2013 年 12 月 27 日　征收机关：哈尔滨市南岗地税局

缴款单位			科目预算		
代　码	237458159378789			编码	101110400
全　称	哈尔滨冰花啤酒有限公司			名称	房产税
开户银行	中国工商银行哈尔滨市南岗支行			级次	市 100%
账　号	012314725836907		收缴国库	国家金库哈尔滨南岗区支库	

税款所属时期 2013 年 11 月 1 日至 11 月 30 日　　税款限缴日期 2013 年 12 月 27 日

品目名称	课税数量	计税金额或销售收入	税率或单位税额	已缴或扣除额	实缴金额									
					亿	千	百	十	万	千	百	十	元	角	分
房产税	原值70%	57 400 000	1.2%				6	8	8	8	0	0	0	0
房产税	租金	100 000	12%					1	2	0	0	0	0	0
金额合计	（大写）柒拾万零捌佰元整				¥	7	0	0	8	0	0	0	0	0

缴款单位（人）（盖章）	税务机关（盖章）	上列款项已收妥并划转收款单位账户	备注：一般申报，正常缴纳
哈尔滨冰花啤酒有限公司 财务专用章 ★ 经办人（章）李梅印	哈尔滨市南岗区地税局 4号 征税专用章 填票人（章）李可印	中国工商银行 南岗支行 2013.12.27 转讫 国库（银行）盖章 年 月 日	

凭证 2-89（2）

税务档案号码 0456078

中华人民共和国
税收
税收通用缴款书

隶属关系：区　　　　　　　　　　　　　　　（201312）哈地缴　　　　　地
注册类型：其他有限责任公司　填发日期：2013 年 12 月 27 日　征收机关：哈尔滨市南岗地税局

缴款单位	代　码	237458159378789	科目预算	编码	101120300
	全　称	哈尔滨冰花啤酒有限公司		名称	城镇土地使用税
	开户银行	中国工商银行哈尔滨市南岗支行		级次	市 100%
	账　号	012314725836907	收缴国库	国家金库哈尔滨南岗区支库	

税款所属时期 2013 年 11 月 1 日至 11 月 30 日　　税款限缴日期 2013 年 12 月 27 日

品目名称	课税数量	计税金额或销售收入	税率或单位税额	已缴或扣除额	实缴金额										
					亿	千	百	十	万	千	百	十	元	角	分
土地使用税	面积	20 000	5					1	0	0	0	0	0	0	0

金额合计　（大写）壹拾万元整　　　　　　　　　　　　￥ 1 0 0 0 0 0 0 0 0

| 缴款单位（人）（盖章） | 税务机关（盖章） | 上列款项已收妥并划转收款单位账户 | 备注：一般申报，正常缴纳 |
| | | | |

哈尔滨冰花啤酒有限公司 财务专用章 ★
经办人（章）李梅印

哈尔滨市南岗区地税局 5号 征税专用章
填票人（章）李可印

中国工商银行 南岗支行 2013.12.27 转讫
国库（银行）盖章 年 月 日

第一联：（收据）国库（经收处）收款盖章后退缴款单位（个人）作完税凭证

凭证 2-90（1）

工资费用计算明细表

2013 年 12 月 27 日

部门名称	编号	姓名	工资项目							应付工资合计
			薪级工资	岗位工资	计件工资	计时工资	岗位津贴	绩效奖金	…	
董事会	0101	赵立辉	3 000	3 000			1 000	2 500		9 500
经理室	0201	孙伟	2 800	2 800			800	2 000		8 400
	小　计		20 000	20 000			7 000	7 000		54 000
财务部	0301	孙大可	2 500	2 500			700	1 500		7 200
	小　计		12 000	12 000			2 000	6 500		32 500
质检车间	0401	赵博	2 500	2 500			1 000	1 500		7 500
	小　计		10 000	10 000			8 000	8 000		36 000
采购部	0501	张立军	2 500	2 500			800	1 600		7 400
	小　计		20 000	20 000			8 000	6 000		54 000

部门名称	编号	姓名	工资项目							应付工资合计
			薪级工资	岗位工资	计件工资	计时工资	岗位津贴	绩效奖金	…	
行政部	1001	王一春	2 500	2 500			700	1 500		7 200
		小 计	21 000	21 000			7 000	7 500		56 500
酿造管理人员	0601	赵青春	2 400	2 400			7 000	1 800		8 600
		小 计	10 000	10 000			2 000	2 000		24 000
酿造生产工人	0608	李小良	1 000	1 000	600		600	300		2 900
		小 计	420 000	420 000	336 000		98 000	70 000		1 344 000
包装管理人员	0801	赵立春	2 300	2 300			800	1 800		7 200
		小 计	5 000	5 000			1 000	1 000		12 000
包装生产工人	0803	胡 海	1 000	1 000			600	400		3 000
			60 000	60 000	108 000		24 000	18 000		270 000
机修车间	0901	钱升财	2 300	2 300			800	2 000		7 600
		小 计	8 000	8 000	9 000		4 000	2 000		31 000
销售部	0701	赵雪娇	2 300	2 300			700	8 000		13 600
		小 计	10 000	10 000			3 000	20 000		43 000
合 计			596 000	596 000	453 000		164 000	148 000		1 957 000

制表人：赵大伟印　　　　部门负责人：李莉印　　　　单位公章：　　　　经办人：李美生印

凭证 2-90（2）

工资费用分配表
2013 年 12 月 27 日

科目名称	产品名称	直接计入	分配计入			合 计
			工 时	分配率	分配金额	
管理费用						
生产成本（酿造）	纯生啤酒					
	普通啤酒					
	小 计					
生产成本（包装）	纯生啤酒					
	普通啤酒					
	小 计					
制造费用	酿造部					
制造费用	包装部					
辅助生产成本						
销售费用						
合 计						

制表人：赵大伟印　　　　主管会计：周瑞雪印　　　　复核：孙大可印

凭证 2-91

职工福利费、工会经费和职工教育经费计提表

2013 年 12 月 27 日

科目名称	工资总额	福利费（4%）	工会经费（2%）	教育经费（1.5%）	计提三费合计
管理费用					
生产成本（酿造纯生）					
生产成本（酿造普通）					
生产成本（包装纯生）					
生产成本（包装普通）					
制造费用（酿造）					
制造费用（包装）					
辅助生产成本					
销售费用					
合　计					

制表人：赵大伟印　　　　主管会计：周瑞雪印　　　　复核：孙大可印

凭证 2-92

企业为职工提取的五险一金计算表

2013 年 12 月 27 日

科目名称	工资总额	养老保险（20%）	医疗保险（8%）	失业保险（2%）	工伤保险（1%）	生育保险（1%）	住房公积金（8%）	五险一金合计
管理费用								
生产成本（酿造纯生）								
生产成本（酿造普通）								
生产成本（包装纯生）								
生产成本（包装普通）								
制造费用（酿造）								
制造费用（包装）								
辅助生产成本								
销售费用								
合　计								

制表人：赵大伟印　　　　主管会计：周瑞雪印　　　　复核：孙大可印

凭证 2-93（1）

职工个人所得税计算表

2013 年 12 月 27 日

部门	编号	姓名	应发工资总额	扣除非应税部分			纳税所得	税率	速算扣除	个人所得税	实发工资
				规定扣除	三险一金	扣除合计					
略	略	赵立辉	9 500								
		孙 伟	8 400								
		孙大丽	5 200								
		赵 博	7 500								
		胡 海	3 000								
		孙 强	18 600								
		…	…								
合计										110 000	

制表人：赵大伟印　　　　　　主管会计：周瑞雪印　　　　　　复核：孙大可印

凭证 2-93（2）

职工个人负担的三险一金、所得税及实发工资计算表

2013 年 12 月 27 日

部门	编号	姓名	应发工资总额	扣款明细						实发工资
				养老保险（8%）	医疗保险（2%）	失业保险（1%）	住房公积金（8%）	个人所得税	扣款合计	
财务部	略	孙大可								
酿造部	略	赵青春								
…		…								
销售部		赵雪娇								
合 计										

制表人：赵大伟印　　　　　　主管会计：周瑞雪印　　　　　　复核：孙大可印

凭证 2-94（1）

付 款 报 告 书

部门：行政部　　　　　　2013 年 12 月 27 日　　　　　　编号 20131239

开 支 内 容	金 额	结 算 方 式
支付汽油款购油卡	37 500.00	转账支票 8971
合计（大写）叁万柒仟伍佰元整		直接用于行政部门的公务交通用油

附单据 2 张

主管会计：周瑞雪印　　　单位负责人：王一春印　　　出纳：李梅印　　　经办人：孙华印

凭证 2-94（2）

黑龙江省哈尔滨市成品油销售发票（加油站专用）

发票联

No244278

购油单位：哈尔滨冰花啤酒有限责任公司　　2013 年 12 月 27 日　　黑国税字（09）1 批 2060 号

货 名	规 格	单 位	数 量	单 价	金　　额								第二联：报销凭证
					十	万	千	百	十	元	角	分	
汽油	93	升	5 000	7.50									
						3	7	5	0	0	0	0	
合计金额（大写）		叁万柒仟伍佰元整			¥	3	7	5	0	0	0	0	
结算方式		转账	银行及账号		中国工商银行哈尔滨市南岗支行 012314725836907								

销售单位（盖章有效）　　　　　　收款人：王娟印　　　　　　开票人：王娟印

凭证 2-94（3）

中国工商银行转账支票存根		中国工商银行转账支票			No.4358994
支票号码：4358994	本支票付款期限十天	出票日期（大写）　年　月　日		付款行名称：	
科　　目：		收款人：		出票人账号	
对方科目：		人民币（大写）		亿 千 百 十 万 千 百 十 元 角 分	
出票日期：　年　月　日					
收款人：		用途			
金　　额：		上列款项请从我账户内支付		科目（借方） 对方科目（贷）	
用　　途：					
备　　注：		出票人签章 财务专用章	复核	记账	

凭证 2-95

外购水费分配表

2013 年 12 月 28 日

应借科目	部门名称	明细科目	投产（完工）数量	定额耗用量	分配数量	单 价	分配金额
生产成本	基本生产（酿造）	纯生					
		普通					
	合　计						
	基本生产（包装）	纯生					
		普通					
	合　计						
	辅助生产成本						
管理费用		水电费					
	合　计						

制表人：赵大伟印　　　　　主管会计：周瑞雪印　　　　　复核：孙大可印

凭证 2-96

外购电费分配表

2013 年 12 月 28 日

应借科目	部门名称		明细科目	电表显示数	投产（完工数量）	分配电量	分配率	分配金额
生产成本	基本生产（酿造）	纯生						
		普通						
	合　计							
	基本生产（包装）	纯生						
		普通						
	合　计							
	辅助生产成本							
管理费用	水电费							
销售费用	水电费							
制造费用	酿造车间							
	包装车间							
合　计								

制表人：赵大伟印　　　　　　主管会计：周瑞雪印　　　　　　复核：孙大可印

凭证 2-97

辅助生产成本分配表

2013 年 12 月 29 日

应借账户	机修工时	分配率	金　额
制造费用——酿造车间			
制造费用——包装车间			
管理费用			
销售费用			
合　计			

制表人：赵大伟印　　　　　　主管会计：周瑞雪印　　　　　　复核：孙大可印

凭证 2-98（1）

No 01302709

黑龙江省增值税普通发票

发票联

2300224623

校验码 32121　12367　44678　45930

开票日期：2013 年 12 月 29 日

购货单位	名　称：齐齐哈尔啤酒批发公司 纳税人识别号：235678159378123 地址、电话：齐齐哈尔铁路街 22 号　65657799 开户行及账号：中国工商银行齐齐哈尔市铁锋支行 　　　　　　　043147258369075	密码区	2489—1 ＜ 9—7—61599 8 ＜ 032/52 ＞ 9/29534 1626 ＜ 8—3024 ＞ 78 —47—6 ＜ 7 ＞ 2*—/ ＞ * ＞ 6/	加密版本：01※ 4300204533 00014641

货物或应税劳务名称	规格型号	单位	数量	单价	金　额	税率	税　额
纯生瓶装啤酒		吨	2 600	5 000.00	13 000 000.00	17%	2 210 000.00
普通瓶装啤酒		吨	1 000	4 000.00	4 000 000.00	17%	680 000.00
合　计					￥17 000 000.00		￥2 890 000.00

价税合计（大写）	壹仟玖佰捌拾玖万元整	（小写）￥19 890 000.00

销货单位	名　称：哈尔滨冰花啤酒有限公司 纳税人识别号：237458159378789 地址、电话：哈尔滨南岗区人和路 789 号　55667799 开户行及账号：中国工商银行哈尔滨市南岗支行 　　　　　　　012314725836907	备注	

收款人：李梅印　　复核：赵雪娇印　　　开票人：赵立兰印　　　　销货单位（章）

凭证 2-98（2）

产成品出库单

产品出库编号：20131210 号

购货单位：齐齐哈尔啤酒批发公司　　　2013 年 12 月 29 日　　　仓库：2 号库

产品名称	单位	销售数量（吨）	单位成本（元）	总成本（元）	备　注
纯生瓶装啤酒	吨	2 600			
普通瓶装啤酒	吨	1 000			
合　计		3 600			

库管员：赵立兰印　　　　销售员：朱海峰印　　　　部门负责人：赵雪娇印

凭证 2-98（3）

中国工商银行电汇凭证（收账通知）2

☑普通　☐加急　委托日期　　2013 年 12 月 29 日

汇款人	全　称	齐齐哈尔啤酒批发公司	收款人	全　称	哈尔滨冰花啤酒有限公司
	账　号	043314725836907		账　号	012314725836907
	汇出地点	黑龙江 省 齐齐哈尔 市/县		汇入地点	黑龙江 省 哈尔滨 市/县
	开户银行	中国工商银行齐齐哈尔市铁峰支行		开户银行	中国工商银行哈尔滨市南岗支行

金额	人民币 （大写）	壹仟玖佰捌拾玖万元整	亿	千	百	十	万	千	百	十	元	角	分
			￥1	9	8	9	0	0	0	0	0	0	0

中国工商银行
南岗支行
2013.12.29
转讫

支付密码

附加信息及用途

支付货款

汇出行签章：　　　　　　　复核：　　　记账：

凭证 2-99

制造费用分配表

2013 年 12 月 30 日

应借科目	酿造部			包装部			合 计
	工 时	分配率	分配金额	工 时	分配率	分配金额	
纯生啤酒							
普通啤酒							
合 计							

制表人：赵大伟印　　　　　　　　主管会计：周瑞雪印　　　　　　　　复核：孙大可印

凭证 2-100

产成品入库单

产品入库编号：20131202 号

2013 年 12 月 20 日　　　　　　仓库：2 号库

产品名称	单位	销售数量	单位成本（元）	总成本（元）	备 注
纯生啤酒		2 000			
普通啤酒					
合 计		2 000			

库管员：赵立兰印　　　　　　　　销售员：李小伟印　　　　　　　　部门负责人：赵立春印

凭证 2-101（1）

限额领料单

领料部门：酿造车间　　　　　　　　　　　　　　　　领料编号：131201

领料用途：生产纯生啤酒　　　　　　2013 年 12 月　　　　发料仓库：1 号库

材料类别	材料编号	材料名称及规格	计量单位	领用限额	实际领用	单价	金额	备注
辅助材料	01	啤酒花	吨	62	62			

供应部门负责人：张立军　　　　　　　　生产计划部门负责人：赵青春

日期	领 料				退 料			限额结余
	请领	实发	领料人签章	发料人签章	数量	收料人签章	退料人签章	
1	2	2	李伟	吴尚				58
2	2	2	李伟	吴尚				56
⋮	⋮	⋮						⋮
31	2	2						0
合计	62	62						

凭证 2-101（2）

限额领料单

领料部门：酿造车间　　　　　　　　　　　　　领料编号：131202
领料用途：生产普通啤酒　　　　2013 年 12 月　　　发料仓库：1 号库

材料类别	材料编号	材料名称及规格	计量单位	领用限额	实际领用	单价	金额	备注
辅助材料	01	啤酒花	吨	31	31			

供应部门负责人：张立军　　　　　　　　　　生产计划部门负责人：赵青春

日期	领料				退料			限额结余
	请领	实发	领料人签章	发料人签章	数量	收料人签章	退料人签章	
1	1	1	李伟	吴尚				30
2	1	1	李伟	吴尚				29
⋮	⋮	⋮						⋮
31	1	1						0
合计	31	31						

凭证 2-101（3）

限额领料单

领料部门：酿造车间　　　　　　　　　　　　　领料编号：131203
领料用途：生产普通啤酒　　　　2013 年 12 月　　　发料仓库：1 号库

材料类别	材料编号	材料名称及规格	计量单位	领用限额	实际领用	单价	金额	备注
原料及主要材料	01	麦芽	吨	248	248			

供应部门负责人：张立军　　　　　　　　　　生产计划部门负责人：赵青春

日期	领料				退料			限额结余
	请领	实发	领料人签章	发料人签章	数量	收料人签章	退料人签章	
1	8	8	李伟	吴尚				240
2	8	8	李伟	吴尚				232
⋮	⋮	⋮						⋮
31	8	8						0
合计	248	248						

凭证 2-101（4）

限额领料单

领料部门：酿造车间　　　　　　　　　　　　　　　　　　领料编号：131204
领料用途：生产纯生啤酒　　　　　2013 年 12 月　　　　　　发料仓库：1 号库

材料类别	材料编号	材料名称及规格	计量单位	领用限额	实际领用	单价	金额	备注
原料及主要材料	01	麦芽	吨	496	496			

供应部门负责人：张立军　　　　　　　　　生产计划部门负责人：赵青春

日期	领料				退料			限额结余
	请领	实发	领料人签章	发料人签章	数量	收料人签章	退料人签章	
1	16	16	李伟	吴尚				480
2	16	16	李伟	吴尚				464
⋮	⋮	⋮						⋮
31	16	16						0
合　计	496	496						

凭证 2-101（5）

限额领料单

领料部门：酿造车间　　　　　　　　　　　　　　　　　　领料编号：131205
领料用途：生产普通啤酒　　　　　2013 年 12 月　　　　　　发料仓库：1 号库

材料类别	材料编号	材料名称及规格	计量单位	领用限额	实际领用	单价	金额	备注
原料及主要材料	02	大米	吨	217	217			

供应部门负责人：张立军　　　　　　　　　生产计划部门负责人：赵青春

日期	领料				退料			限额结余
	请领	实发	领料人签章	发料人签章	数量	收料人签章	退料人签章	
1	7	7	李伟	吴尚				210
2	7	7	李伟	吴尚				203
⋮	⋮	⋮						⋮
31	7	7						0
合　计	217	217						

凭证 2-101（6）

限额领料单

领料部门：酿造车间　　　　　　　　　　　　　　　　　　　领料编号：131206
领料用途：生产纯生啤酒　　　　　2013 年 12 月　　　　　　发料仓库：1 号库

材料类别	材料编号	材料名称及规格	计量单位	领用限额	实际领用	单价	金额	备注
原料及主要材料	02	大米	吨	434	434			

供应部门负责人：张立军　　　　　　　　　　生产计划部门负责人：赵青春

日期	领料				退料			限额结余
	请领	实发	领料人签章	发料人签章	数量	收料人签章	退料人签章	
1	14	14	李伟	吴尚				420
2	14	14	李伟	吴尚				406
⋮	⋮	⋮						⋮
31	14	14						0
合　计	434	434						

凭证 2-101（7）

限额领料单

领料部门：酿造车间　　　　　　　　　　　　　　　　　　　领料编号：131207
领料用途：生产纯生啤酒　　　　　2013 年 12 月　　　　　　发料仓库：1 号库

材料类别	材料编号	材料名称及规格	计量单位	领用限额	实际领用	单价	金额	备注
辅助材料	02	啤酒酵母	吨	3.1	3.1			

供应部门负责人：张立军　　　　　　　　　　生产计划部门负责人：赵青春

日期	领料				退料			限额结余
	请领	实发	领料人签章	发料人签章	数量	收料人签章	退料人签章	
1	0.1	0.1	李伟	吴尚				3.0
2	0.1	0.1	李伟	吴尚				2.9
⋮	⋮	⋮						⋮
31	0.1	0.1						0
合计	3.3	3.3						

凭证 2-101（8）

限额领料单

领料部门：酿造车间　　　　　　　　　　　　　　　　　领料编号：131208
领料用途：生产普通啤酒　　　　2013 年 12 月　　　　　发料仓库：1 号库

材料类别	材料编号	材料名称及规格	计量单位	领用限额	实际领用	单价	金额	备注
辅助材料	02	啤酒酵母	吨	1.55	1.55			

供应部门负责人：张立军　　　　　　　生产计划部门负责人：赵青春

日期	领　料				退　料			限额结余
	请领	实发	领料人签章	发料人签章	数量	收料人签章	退料人签章	
1	0.05	0.05	李伟	吴尚				1.50
2	0.05	0.05	李伟	吴尚				1.45
⋮	⋮	⋮						⋮
31	0.05	0.05						0
合计	15.5	15.5						

凭证 2-101（9）

生产用原料及辅助材料期末加权平均单价计算表
2013 年 12 月 31 日

材料名称	期　初		本　期　增　加		期末平均单价
	数量（吨）	金额（元）	数　量（吨）	金　额（元）	
啤酒花					
啤酒酵母					
麦芽					
大　米					

制表人：赵大伟印　　　　　　　主管会计：周瑞雪印　　　　　　　复核：孙大可印

凭证 2-101（10）

材料发出汇总及分配表

2013 年 12 月 31 日

领用材料 \ 会计科目		生产成本（酿造部）		合　计
		普通啤酒	纯生啤酒	
啤酒花	数量（吨）			
	单价			
	金额（元）			
啤酒酵母	数量（吨）			
	单价			
	金额（元）			
麦芽	数量（吨）			
	单价			
	金额（元）			
大米	数量（吨）			
	单价			
	金额（元）			
合　计				

制表人：赵大伟印　　　　　　　主管会计：周瑞雪印　　　　　　　复核：孙大可印

凭证 2-102（1）

限额领料单

领料部门：包装车间　　　　　　　　　　　　　　　领料编号：131209
领料用途：生产纯生啤酒　　　　2013 年 12 月　　　发料仓库：1 号库

材料类别	材料编号	材料名称及规格	计量单位	领用限额	实际领用	单价	金额	备注
包装材料	01	酒瓶	个	14 000 000	14 000 000			

供应部门负责人：张立军　　　　　　　生产计划部门负责人：赵立春

日期	领　料				退　料			限额结余
	请领	实发	领料人签章	发料人签章	数量	收料人签章	退料人签章	
1	451 612	451 612	李小伟	吴尚				13 548 388
2	451 612	451 612	李小伟	吴尚				13 096 776
⋮	⋮	⋮						⋮
31	451 640	451 640						0
合计	14 000 000	14 000 000						

凭证 2-102（2）

限额领料单

领料部门：包装车间　　　　　　　　　　　　　　　　领料编号：131210
领料用途：生产普通啤酒　　　　　2013 年 12 月　　　　发料仓库：1 号库

材料类别	材料编号	材料名称及规格	计量单位	领用限额	实际领用	单价	金额	备注
包装材料	02	酒瓶	个	8 000 000	8 000 000			

供应部门负责人：张立军　　　　　　生产计划部门负责人：赵立春

日期	领料				退料			限额结余
	请领	实发	领料人签章	发料人签章	数量	收料人签章	退料人签章	
1	258 065	258 065	李小伟	吴尚				7 741 935
2	258 065	258 065	李小伟	吴尚				7 483 870
⋮	⋮	⋮						⋮
31	258 050	258 050						0
合计	8 000 000	8 000 000						

凭证 2-102（3）

限额领料单

领料部门：包装车间　　　　　　　　　　　　　　　　领料编号：131211
领料用途：生产纯生啤酒　　　　　2013 年 12 月　　　　发料仓库：1 号库

材料类别	材料编号	材料名称及规格	计量单位	领用限额	实际领用	单价	金额	备注
包装材料	03	瓶盖	个	14 000 000	14 000 000			

供应部门负责人：张立军　　　　　　生产计划部门负责人：赵立春

日期	领料				退料			限额结余
	请领	实发	领料人签章	发料人签章	数量	收料人签章	退料人签章	
1	451 612	451 612	李小伟	吴尚				13 548 388
2	451 612	451 612	李小伟	吴尚				13 096 776
⋮	⋮	⋮						⋮
31	451 640	451 640						0
合计	14 000 000	14 000 000						

凭证 2-102（4）

限额领料单

领料部门：包装车间　　　　　　　　　　　　　　　　领料编号：131212

领料用途：生产普通啤酒　　　　　2013 年 12 月　　　　发料仓库：1 号库

材料类别	材料编号	材料名称及规格	计量单位	领用限额	实际领用	单价	金额	备注
包装材料	03	瓶盖	个	8 000 000	8 000 000			

供应部门负责人：张立军　　　　　　　　生产计划部门负责人：赵立春

日期	领料				退料			限额结余
	请领	实发	领料人签章	发料人签章	数量	收料人签章	退料人签章	
1	258 065	258 065	李小伟	吴尚				7 741 935
2	258 065	258 065	李小伟	吴尚				7 483 870
⋮	⋮	⋮						⋮
31	258 050	258 050						0
合计	8 000 000	8 000 000						

凭证 2-102（5）

限额领料单

领料部门：包装车间　　　　　　　　　　　　　　　　领料编号：131213

领料用途：生产纯生啤酒　　　　　2013 年 12 月　　　　发料仓库：1 号库

材料类别	材料编号	材料名称及规格	计量单位	领用限额	实际领用	单价	金额	备注
包装材料	04	标签	张	14 000 000	14 000 000			

供应部门负责人：张立军　　　　　　　　生产计划部门负责人：赵立春

日期	领料				退料			限额结余
	请领	实发	领料人签章	发料人签章	数量	收料人签章	退料人签章	
1	451 612	451 612	李小伟	吴尚				13 548 388
2	451 612	451 612	李小伟	吴尚				13 096 776
⋮	⋮	⋮						451 640
31	451 640	451 640						0
合计	14 000 000	14 000 000						

凭证 2-102（6）

限额领料单

领料部门：包装车间　　　　　　　　　　　　　　　　　　领料编号：131214

领料用途：生产普通啤酒　　　　　　2013 年 12 月　　　　　发料仓库：1 号库

材料类别	材料编号	材料名称及规格	计量单位	领用限额	实际领用	单价	金额	备注
包装材料	05	标签	张	8 000 000	8 000 000			

供应部门负责人：张立军　　　　　　　　生产计划部门负责人：赵立春

日期	领　料				退　料				限额结余
	请领	实发	领料人签章	发料人签章	数量	收料人签章	退料人签章	
1	258 065	258 065	李小伟	吴尚				7 741 935
2	258 065	258 065	李小伟	吴尚				7 483 870
⋮	⋮	⋮						⋮
31	258 050	258 050						0
合计	8 000 000	8 000 000						

凭证 2-102（7）

限额领料单

领料部门：包装车间　　　　　　　　　　　　　　　　　　领料编号：131215

领料用途：生产纯生啤酒　　　　　　2013 年 12 月　　　　　发料仓库：1 号库

材料类别	材料编号	材料名称及规格	计量单位	领用限额	实际领用	单价	金额	备注
包装材料	06	胶带	卷	34 100	34 100			

供应部门负责人：张立军　　　　　　　　生产计划部门负责人：赵立春

日期	领　料				退　料				限额结余
	请领	实发	领料人签章	发料人签章	数量	收料人签章	退料人签章	
1	1 100	1 100	李小伟	吴尚				33 000
2	1 100	1 100	李小伟	吴尚				31 900
⋮	⋮	⋮						⋮
31	1 100	1 100						0
合计	34 100	34 100						

凭证 2-102（8）

限额领料单

领料部门：包装车间　　　　　　　　　　　　　　　　　领料编号：131216

领料用途：生产普通啤酒　　　　　2013 年 12 月　　　　　发料仓库：1 号库

材料类别	材料编号	材料名称及规格	计量单位	领用限额	实际领用	单价	金额	备注
包装材料	06	胶带	卷	17 050	17 050			

供应部门负责人：张立军　　　　　　　　　生产计划部门负责人：赵立春

日期	领料				退料			限额结余
	请领	实发	领料人签章	发料人签章	数量	收料人签章	退料人签章	
1	550	550	李小伟	吴尚				16 500
2	550	550	李小伟	吴尚				15 950
⋮	⋮	⋮						⋮
31	550	550						0
合计	17 050	17 050						

凭证 2-102（9）

限额领料单

领料部门：包装车间　　　　　　　　　　　　　　　　　领料编号：131217

领料用途：生产纯生啤酒　　　　　2013 年 12 月　　　　　发料仓库：1 号库

材料类别	材料编号	材料名称及规格	计量单位	领用限额	实际领用	单价	金额	备注
包装材料	07	纸箱	个	700 000	700 000			

供应部门负责人：张立军　　　　　　　　　生产计划部门负责人：赵立春

日期	领料				退料			限额结余
	请领	实发	领料人签章	发料人签章	数量	收料人签章	退料人签章	
1	22 580	22 580	李小伟	吴尚				677 420
2	22 580	22 580	李小伟	吴尚				654 840
⋮	⋮	⋮						⋮
31	22 600	22 600						0
合计	700 000	700 000						

凭证 2-102（10）

限额领料单

领料部门：包装车间　　　　　　　　　　　　　　　　　领料编号：131218
领料用途：生产普通啤酒　　　　2013 年 12 月　　　　　发料仓库：1 号库

材料类别	材料编号	材料名称及规格	计量单位	领用限额	实际领用	单价	金额	备注
包装材料	07	纸箱	个	400 000	400 000			

供应部门负责人：张立军　　　　　　　　生产计划部门负责人：赵立春

日期	领料				退料			限额结余
	请领	实发	领料人签章	发料人签章	数量	收料人签章	退料人签章	
1	12 900	12 900	李小伟	吴尚				387 100
2	12 900	12 900	李小伟	吴尚				374 200
⋮	⋮	⋮						⋮
31	13 000	13 000						0
合计	400 000	400 000						

凭证 2-102（11）

包装材料期末加权平均单价计算表

2013 年 12 月 31 日

材料名称	期　初		本　期　增　加		期末平均单价
	数量（个或张）	金额（元）	数　量（个或张）	金　额（元）	
纯生啤酒瓶					
普通啤酒瓶					
瓶盖					
纯生啤酒标签					
普通啤酒标签					
胶带					
纸箱包装箱					

制表人：赵大伟印　　　　　　主管会计：周瑞雪印　　　　　　复核：孙大可印

凭证 2-102（12）

包装材料发出汇总及分配表

2013 年 12 月 31 日

领用材料	会计科目	生产成本（包装部）		合　计
		普通啤酒	纯生啤酒	
酒瓶	数量（个）			
	单价			
	金额（元）			
瓶盖	数量（个）			
	单价			
	金额（元）			
标签	数量（张）			
	单价			
	金额（元）			
胶带	数量（卷）			
	单价			
	金额（元）			
纸箱	数量（个）			
	单价			
	金额（元）			
合　计				

制表人：赵大伟印　　　　　主管会计：周瑞雪印　　　　　复核：孙大可印

凭证 2-103（1）

产品成本计算单

车间名称：酿造车间

产品名称：纯生啤酒　　　　2013 年 12 月 31 日

摘要	直接材料	燃料和动力	直接人工	制造费用	合计
月初在产品成本					
本月发生的生产费用					
费用合计					
在产品约当量					
完工产品数量					
约当总产量					
单位成本					
完工产品成本					
在产品成本					

制表人：赵大伟印　　　　　主管会计：周瑞雪印　　　　　复核：孙大可印

凭证 2-103（2）

产品成本计算单

车间名称：酿造车间

产品名称：普通啤酒　　　　　　2013 年 12 月 31 日

摘要	直接材料	燃料和动力	直接人工	制造费用	合计
月初在产品成本					
本月发生的生产费用					
费用合计					
在产品约当量					
完工产品数量					
约当总产量					
单位成本					
完工产品成本					
在产品成本					

制表人：赵大伟印　　　　　　　　主管会计：周瑞雪印　　　　　　　复核：孙大可印

凭证 2-104（1）

产品成本计算单

车间名称：包装车间

产品名称：纯生啤酒　　　　　　2013 年 12 月 31 日

摘要	直接材料	燃料和动力	直接人工	制造费用	合计
本月发生的生产费用					
酿造部转入成本					
费用合计					
完工产品总成本					
完工产品数量					
完工产品单位成本					

凭证 2-104（2）

产品成本计算单

车间名称：包装车间

产品名称：普通啤酒　　　　　　2013 年 12 月 31 日

摘要	直接材料	燃料和动力	直接人工	制造费用	合计
本月发生的生产费用					
酿造部转入成本					
费用合计					
完工产品总成本					
完工产品数量					
完工产品单位成本					

凭证 2-104（3）

产成品入库汇总表 产品入库汇总编号：20131201 号

2013 年 12 月 31 日　　　　　　　　　　　　　仓库：2 号库

产品名称	单位	入库数量	单位成本（元）	总成本（元）	备　注
纯生啤酒					
普通啤酒					

库管员：赵立兰印　　　　　　　经办人：李小伟印　　　　　　　部门负责人：赵立春印

凭证 2-105（1）

产品销售成本期末加权平均单价计算表

2013 年 12 月 31 日

材料名称	期　初		本　期　增　加		期末平均单价
	数　量（吨）	金　额（元）	数　量（吨）	金　额（元）	
纯生啤酒					
普通啤酒					

制表人：赵大伟印　　　　　　　主管会计：周瑞雪印　　　　　　　复核：孙大可印

凭证 2-105（2）

产品销售成本计算汇总表

2013 年 12 月 31 日

产品名称	销售数量（吨）	单位成本（元）	总成本（元）	备注
纯生啤酒				
普通啤酒				
合计				

库管员：赵立兰印　　　　　　　销售员：朱海峰印　　　　　　　部门负责人：赵雪娇印

凭证 2-106（1）

中国工商银行现金支票存根		中国工商银行现金支票	No.4572431
支票号码：4572431	本支票付款期限十天	出票日期（大写）　　年　月　日	付款行名称：
科　　目：		收款人：	出票人账号
对方科目：		人民币（大写）	亿 千 百 十 万 千 百 十 元 角 分
出票日期：　年 月 日			
收款人：		用途	
金　　额：		上列款项请从我账户内支付	科目（借方）　对方科目（贷）
用　　途：			
备　　注：		出票人签章　　　财务专用章	复核　　　记账

注：提现金 10 000 元备用。

341

凭证 2-106（2）

现金支票背面

<table>
<tr>
<td rowspan="3">哈尔滨金融安全印务有限公司 2013 年印制</td>
<td>附加信息</td>
<td></td>
<td rowspan="3">（粘贴单处）</td>
</tr>
<tr>
<td></td>
<td></td>
</tr>
<tr>
<td></td>
<td>收款人签章
年　月　日</td>
</tr>
</table>

凭证 2-107（1）

费　用　报　销　单

部门：行政部　　　　　　　2013 年 12 月 31 日　　　　　　　编号：20131209

支出内容	金　额	结　算　方　式
行政部报电话费	3 000.00	1. 冲借款＿＿＿＿＿＿＿元
	现金付讫	2. 转账＿＿＿＿＿＿＿元
		3. 汇款＿＿＿＿＿＿＿元
		4. 补付现金　3 000.00　元
合计（大写）叁仟元整		

附单据 9 张

会计主管：周瑞雪印　　　单位负责人：王一春印　　　出纳：李梅印　　　经办人：孙华印

凭证 2-107（2）

中国移动　　　黑龙江省地方税务局通用机打发票　　　发票代码 223001214505

发票联　　　　　　发票号码　98479745

开票日期：2013 年 12 月 10 日　　　　　　　行业分类：邮电通信

用户名称	哈尔滨冰花啤酒有限公司			
电话号码	0453－87091770	协议号码		支票号码
合计金额	（大写）肆佰元整		（小写）￥400.00	
项　目	预存话费：400.00 元。			

第二联：报销凭证（微机专用　手写无效）

中国移动黑龙江有限公司哈尔滨分公司
南岗营业厅
008
发票专用章

开票：李硕印　　　　　收款：赵美丽印　　　　　复核：

注：此类票据还有 8 张，金额共计 3 000 元，略。

凭证 2-108（1）

增值税计算简表

2013 年 12 月 31 日

进项税额	减免税款	销项税额	进项税额转出	应纳税额	备 注
合　　计					

财务主管：孙大可印　　　　　　复核：周瑞雪印　　　　　　制单：赵大伟印

凭证 2-108（2）

增值税纳税申报表

（适用于增值税一般纳税人）

根据《中华人民共和国增值税暂行条例》第二十二条和第二十三条的规定制定本表。纳税人不论有无销售额，均应按主管税务机关核定的纳税期限按期填报本表，并于次月 1 日起 15 日内，向当地税务机关申报。

税款所属时期：自　　年　　月　　日至　　年　　月　　日

填表日期　　年　　月　　日　　金额单位：元（列至角分）

纳税人识别号				所属行业：	
纳税人名称	（公章）	法定代表人姓名	注册地址	营业地址	
开户银行及账号		企业登记注册类型		电话号码	

项目		栏次	一般货物及劳务		即征即退货物及劳务	
			本月数	本年累计	本月数	本年累计
销售额	（一）按适用税率征税货物及劳务销售额	1				
	其中：应税货物销售额	2				
	应税劳务销售额	3				
	纳税检查调整的销售额	4				
	（二）按简易征收办法征税货物销售额	5				
	其中：纳税检查调整的销售额	6				
	（三）免、抵、退办法出口货物销售额	7			—	—
	（四）免税货物及劳务销售额	8			—	—
	其中：免税货物销售额	9			—	—
	免税劳务销售额	10			—	—
税款计算	销项税额	11				
	进项税额	12				
	上期留抵税额	13		—		—
	进项税额转出	14				
	免抵退货物应退税额	15				
	按适用税率计算的纳税检查应补缴税额	16				
	应抵扣税额合计	17＝12＋13－14－15＋16		—		—
	实际抵扣税额	18（如 17＜11，则 为 17，否则为 11）				

345

税款计算	应纳税额	19＝11－18			
	期末留抵税额	20＝17－18	—		—
	简易征收办法计算的应纳税额	21			
	按简易征收办法计算的纳税检查应补缴税额	22	—		—
	应纳税额减征额	23			
	应纳税额合计	24＝19＋21－23			
税款缴纳	期初未缴税额（多缴为负数）	25			
	实收出口开具专用缴款书退税额	26	—		—
	本期已缴税额	27＝28＋29＋30＋31			
	（1）分次预缴税额	28	—		—
	（2）出口开具专用缴款书预缴税额	29	—		—
	（3）本期交纳上期应纳税额	30			
	（4）本期缴纳欠缴税额	31			
	期末未缴税额（多缴为负数）	32＝24＋25＋26－27			
	其中：欠缴税额（≥0）	33＝25＋26－27	—		—
	本期应补（退）税额	34＝24－28－29	—		—
	即征即退实际退税额	35	—		—
	期初未缴查补税额	36	—		—
	本期入库查补税额	37	—		—
	期末未缴查补税额	38＝16＋22＋36－37	—		—
授权声明	如果你已委托代理人申报，请填写以下资料： 　　为代理一切税务事宜，现授权 （地址）　　　　为本纳税人的代理申报人，任何与本申报表有关的往来文件，都可寄予此人。 　　　　　　　　　　　　授权人签字：		申报人声明	此纳税申报表是根据《中华人民共和国增值税暂行条例》的规定填报的，我相信它是真实的、可靠的、完整的。 　　　　声明人签字：	

以下由税务机关填写：

收到日期：　　　　接收人：　　　　　　主管税务机关盖章：

凭证 2-109（1）

消费税计算简表

2013 年 12 月 31 日

销售数量	单位税额	扣减税额	应纳税额	备　　注
合　　　计				

财务主管：孙大可印　　　　　　复核：周瑞雪印　　　　　　　　　制单：赵大伟印

凭证2-109（2）

消费税纳税申报表

填表日期：　年　月　日

纳税人识别号：

纳税人名称：

地址：

税款所属期：　年　月　日至　年　月　日

应税消费品名称	适用税目	应税销售额（数量）	适用税率（单位税额）	当期准予扣除外购应税消费品买价				外购应税消费品适用税率（单位税额）
				合计 5＝6＋7－8	期初库存外购应税消费品买价 6	当期购进外购应税消费品买价（数量）7	期末库存外购应税消费品买价（数量）8	9
1	2	3	4					
合计								

当期准予扣除外购应税消费品已纳税款		当期准予扣除委托加工应税消费品已纳税款				应纳消费税		已纳消费税	
合计 10＝5×9	累计 16	合计 11＝12＋13－14	期初库存委托加工应税消费品已纳税款 12	当期收回委托加工应税消费品已纳税款 13	期末库存委托加工应税消费品已纳税款 14	本期 15＝3×4－10 或 3×4－10－11	累计 16	本期 17	累计 18

本期应补（退）税（金额）				本年度新增欠税额		截至上年底累计欠税额	减免税额	预缴税额	多缴税额	备注
本期 19＝15－17＋20＋21＋22	上期结算税额 20	补交本年度欠税 21	补交以前年度欠税 22	本期 24	累计 25	23				

如纳税人填报，由纳税人填写以下各栏

纳税人：（公章）

会计主管：（签章）

如委托代理人填报，由代理人填写以下各栏

代理人名称：

代理人地址：

经办人：

代理人（公章）

电话

以下由税务机关填写

接收人：

收到申报表日期：

凭证 2-110（1）

营业税计算简表

2013 年 12 月 31 日

项　　目	营　业　额	税　率	应纳税额	备　　注
合　　计				

财务主管：孙大可印　　　　　　　　　复核：周瑞雪印　　　　　　　　　制单：赵大伟印

凭证 2-111（1）

城建税和教育费附加计算表

2013 年 12 月 31 日

税　　种	计税依据				税率	应交税费	备　注
	增值税	消费税	营业税	合　计			
城建税							具体见城建税和教育费附加纳税申报表
教育费附加							
合　　　　计							

财务主管：孙大可印　　　　　　　　　复核：周瑞雪印　　　　　　　　　制单：赵大伟印

凭证 2-111（2）

城市维护建设税、教育费附加申报表

（适用于增值税、消费税、营业税纳税人）

填表日期：　　　年　　月　　日

纳税人识别号：

纳税人名称：

申报所属期起：

申报所属期止：　　　　　　　　　　　单位：元（列至角分）

税（费种）	计税（费）依据			税（费）率	应纳税（费）额	减免税（费）额	应缴纳税（费）额
	增值税额	消费税额	营业税额				
1	2	3	4	5	6＝(2＋3＋4)×5	7	8＝6-7

如纳税人填报，由纳税人填写以下各栏			如委托税务代理机构填报，由税务代理机构填写以下各栏	
会计主管（签章）	经办人（签章）	税务代理机构名称	税务代理机构（公章）	
		税务代理机构地址		
		代理人（签章）		
申报声明	此纳税申报表是根据国家税收法律的规定填报的，我确信它是真实的、可靠的、完整的。 申报人： 法定代表人（负责人）签字或盖章（公章）		以下由税务机关填写	
			受理日期	受理人
			审核日期	审核人
			审核记录	

凭证 2-110（2）

营业税纳税申报表

（适用于查账征收的营业税纳税人）

纳税人识别号：

纳税人名称（公章）：

税款所属时间：自　年　月　日至　年　月　日　填表日期：　年　月　日　金额单位：　元（列至角分）

税目	营业额					本期税款计算					税款缴纳						本期应缴税额计算		
											本期已缴税额		本期已缴纳				本期应缴税额		本期期末缴欠缴税额
	应税收入	应税减除项目金额	应税营业额	免税收入	税率（%）	小计	本期应纳税额	免（减）税额	期初欠缴税额	前期多缴税额	小计	已缴本期应纳税额	本期已被扣缴税额	本期已缴欠缴税额	小计	本期期末应缴税额		
	2	3	4=2-3	5	6	7=8+9	8=(4-5)×6	9=5×6	10	11	12=13+14+15	13	14	15	16=17+18	17=8-13-14		18=10-11-15
交通运输业																		
建筑业																		
⋮																		
金融保险业																		
文化体育业																		
销售不动产																		
转让无形资产																		
⋮																		
合计	0	0	0	0	5	0	0	0	0	0	0	0	0	0	0	0		0
代扣代缴项目																		
总计	0	0	0	0	5	0	0	0	0	0	0	0	0	0	0	0		0

纳税人或代理人声明：

此纳税申报表是根据国家税收法律的规定填报的，我确定它是真实的、可靠的、完整的。

纳税人（签章）：

如纳税人填报，由纳税人填写以下各栏：

财务负责人（签章）：	法定代表人（签章）：
办税人员（签章）：	联系电话

如委托代理人填报，由代理人填写以下栏：

经办人（签章）：	联系电话
代理人名称	代理人（公章）

以下由税务机关填写

受理人：　　　受理日期：　年　月　日　受理税务机关（签章）：

本表为 A4 横式一式三份，一份纳税人留存，一份主管税务机关留存，一份征收部门留存。

凭证 2-112

2013 年 12 月损益类账户发生额计算表

2013 年 12 月 31 日

项　目	借　方	贷　方
主营业务收入		
其他业务收入		
投资收益		
公允价值变动损益		
营业外收入		
主营业务成本		
其他业务成本		
营业税金及附加		
财务费用		
管理费用		
销售费用		
资产减值损失		
营业外支出		
所得税费用		
合计		

凭证 2-113（1）

纳税调整明细简表

2013 年 12 月 31 日　　　　　　　　　　　　　　　　单位：元

项　目	调增金额	调减金额

财务主管：孙大可印　　　　　　　　复核：周瑞雪印　　　　　　　　制单：赵大伟印

凭证 2-113（2）

2013 年企业所得税计算简表

2013 年 12 月 31 日 　　　　　　　　　　　　　　单位：元

项　　目	金　　额	项　　目	金　　额
2013 年会计利润		企业所得税税率	
纳税调整增加项目金额		应交所得税额	
纳税调整减少项目金额		企业已预缴所得税额	
应纳税所得额		应补缴企业所得税	

财务主管：孙大可印　　　　　　　　　复核：周瑞雪印　　　　　　　　　制单：赵大伟印

凭证 2-113（3）

中华人民共和国企业所得税年度纳税申报表（A 类）

税款所属期间　　　年　月　日至　年　月　日

纳税人名称：

纳税人识别号：□□□□□□□□□□□□□□□　　　　金额单位：元（列至角分）

类　别	行 次	项　　目	金　　额
利润总额计算	1	一、营业收入（填附表一）	
	2	减：营业成本（填附表二）	
	3	营业税金及附加	
	4	销售费用（填附表二）	
	5	管理费用（填附表二）	
	6	财务费用（填附表二）	
	7	减产减值损失	
	8	加：公允价值变动收益	
	9	投资收益	
	10	二、营业利润	
	11	加：营业外收入（填附表一）	
	12	减：营业外支出（填附表二）	
	13	三、利润总额（10＋11－12）	
应纳税所得额计算	14	加：纳税调整增加额（填附表三）	
	15	减：纳税调整减少额（填附表三）	
	16	其中：不征税收入	
	17	免税收入	
	18	减计收入	
	19	减：免税项目所得	

类　别	行　次	项　目	金　额
应纳税所得额计算	20	加计扣除	
	21	抵扣应纳税所得额	
	22	加：境外应税所得弥补境内亏损	
	23	纳税调整后所得（13＋14－15＋22）	
	24	减：弥补以前年度亏损（填附表四）	
	25	应纳税所得额（23－24）	
应纳税额计算	26	税率（25%）	
	27	应纳所得税额（25×26）	
	28	减：减免所得税额（填附表五）	
	29	减：抵免所得税额（填附表五）	
	30	应纳税额（27－28－29）	
	31	加：境外所得应纳所得税额（填附表六）	
	32	减：境外所得抵免所得税额（填附表六）	
	33	实际应纳所得税额（30＋31－32）	
	34	减：本期累计实际已预缴的所得税额	
	35	其中：汇总纳税的总机构分摊预缴的税额	
	36	汇总纳税的总机构财政调库预缴的税额	
	37	汇总纳税的总机构所属分支机构分摊的预缴税额	
	38	合并纳税（母子体制）成员企业就地预缴比例	
	39	合并纳税企业就地预缴的所得税额	
	40	本年应补退的所得税额（33－34）	
附列资料	41	以前年度多缴的所得税额在本年抵减额	
	42	以前年度应缴未缴在本年入库所得税额	

纳税人公章： 经办人： 申报日期：　　年　月　日	代理申报中介机构公章： 经办人执业证件号码： 代理申报日期：　　年　月　日	主管税务机关受理专用章： 受理人： 受理日期：　　年　月　日

注：本实训涉及的附表只填涉及的主要附表，其他附表略。下同。

凭证 2-113（4）

企业所得税年度纳税申报表附件三
纳税调整项目明细表

填报时间：　　　年　　月　　日　　　　　　　　　　金额单位：元（列至角分）

	行次	项　　目	账载金额	税收金额	调增金额	调减金额
			1	2	3	4
	1	一、收入类调整项目	※	※		
	2	1. 视同销售收入（填写附表一）	※	※		
#	3	2. 接受捐赠收入				※
	4	3. 不符合税收规定的销售折扣和折让				※
※	5	4. 未按权责发生制原则确认的收入				※
※	6	5. 按权益法核算长期股权投资对初始投资成本调整确认收益	※	※	※	
	7	6. 按权益法核算的长期股权投资持有期间的投资收益	※	※		
※	8	7. 特殊重组				
※	9	8. 一般重组				
※	10	9. 公允价值变动损益（填写附表七）	※	※		
	11	10. 确认为递延收益的政府补助				
	12	11. 境外应税所得（填写附表六）	※	※	※	
	13	12. 不允许扣除的境外投资损失	※	※		※
	14	13. 不征税收入（填写附表一）	※	※	※	
	15	14. 免税收入（填写附表五）	※	※	※	
	16	15. 减计收入（填写附表五）	※	※	※	
	17	16. 减、免税项目所得（填写附表五）	※	※	※	
	18	17. 抑扣应纳税所得（填写附表五）	※	※	※	
	19	18. 其他				
	20	二、扣除类调整项目	※	※		
	21	1. 视同销售成本（填写附表二）	※	※	※	
	22	2. 工资、薪金支出				
	23	3. 职工福利支出				
	24	4. 职工教育经费支出				
	25	5. 工会经费支出				
	26	6. 业务招待费支出				※
	27	7. 广告费和业务宣传支出（填写附表八）	※	※		
	28	8. 捐赠支出				※

行次	项　目	账载金额	税收金额	调增金额	调减金额
		1	2	3	4
29	9. 利息支出				
30	10. 住房公积金				※
31	11. 罚金、罚款少被收财产物资损失				※
32	12. 税收滞纳金				※
33	13. 赞助支出				※
34	14. 各类基本社会保障性缴款				
35	15. 各类基本养老保险、补充医疗保险				
36	16. 未实现融资收益相关在当期确认的财务费用				
37	17. 与取得收入无关的支出		※		※
38	18. 不征税收入用于支出所形成的费用		※		
39	19. 加计扣除（填写附表五）	※	※	※	
40	20. 其他				
41	三、资产类调整项目	※	※		
42	1. 资产损失				
43	2. 固定资产折旧（填写附表九）	※	※		
44	3. 生产性生物资产折旧（填写附表九）	※	※		
45	4. 长期待摊费用的摊销（填写附表九）	※	※		
46	5. 无形资产摊销（填写附表九）	※	※		
47	6. 投资转让、处置所得（填写附表十一）	※	※		
48	7. 油气勘探投资（填写附表九）				
49	8. 油气开发投资（填写附表九）				
50	9. 其他				
51	四、准备金调整项目（填写附表十）	※	※		
52	五、房地产企业预售收入	※	※		
53	六、特别纳税调整应税所得	※	※		※
54	七、其他	※	※		
55	合　计	※	※		

经办人（签章）：　　　　　　　　　法定代表人（签章）：

注：1. 标有 ※ 的行次为执行新企业会计准则的企业填列，标有 # 的行次为除执行新会计准则以外的企业填列。

　　2. 没有标注的行次，无论执行何种会计核算方法，有差异均填报相应行次，填 ※ □不可填列。

　　3. 有二级附表的项目只填调增、调减金额，账载金额、税收金额不再填写。

企业所得税年度纳税申报表附表五
税收优惠明细表

填报时间：　　年　月　日　　　　　　　　　　金额单位：元（列至角分）

行次	项　目	金　额
1	一、免税收入（3＋3＋4＋5）	
2	1. 国债利息收入	
3	2. 符合条件的居民企业之间的股息、红利等权益性投资收益	
4	3. 符合条件的非营利组织收入	
5	4. 其他	
6	二、减计收入（7＋8）	
7	1. 企业综合利用资源、生产符合国家产业政策规定的产品所取得的收入	
8	2. 其他	
9	三、加计扣除项目合计（10＋11＋12＋13）	
10	1. 开发新技术、新产品、新工艺发生的研究开发费用	
11	2. 安置残疾人员所支付的工资	
12	3. 国家鼓励安置的其他就业人员支付的工资	
13	4. 其他	
14	四、减免所得额合计（15＋25＋29＋30＋31＋32）	
15	（一）免税所得（16＋17＋……＋24）	
16	1. 蔬菜、谷物、薯类、油料、豆类、棉花、麻类、糖料、水果、坚果的种植	
17	2. 农作物新品种的选择	
18	3. 中药材的种植	
19	4. 林木的培育和种植	
20	5. 牲畜、家禽的饲养	
21	6. 林产品的采集	
22	7. 灌溉、农产品加工、兽医、农技推广、农机作业和维修等农、林、牧、渔服务业项目	
23	8. 远洋捕捞	
24	9. 其他	
25	（二）减税所得（26＋27＋28）	
26	1. 花卉、茶以及其他饮料作物和香料作物的种植	
27	2. 海水养殖、内陆养殖	

行次	项　　目	金　额
28	3. 其他	
29	（三）从事国家重点扶持的公共基础设置项目投资经营的所得	
30	（四）从事符合条件的环境保护节能、节水项目的所得	
31	（五）符合条件的技术转让所得	
32	（六）其他	
33	五、减免税合计（34＋35＋36＋37＋38）	
34	（一）符合条件的小组型微利企业	
35	（二）国家需要重点扶持的高新技术企业	
36	（三）民族自治地方的企业应缴纳的企业所得税中属于地方分享的部分	
37	（四）过渡期税收优惠	
38	（五）其他	
39	六、创业投资企业抵扣的应纳税所得额	
40	七、抵免所得税额合计（41＋42＋43＋44）	
41	（一）企业购置用于环境保护专用设备的投资额抵免的税额	
42	（二）企业购置用于节能节水专用设备的投资额抵免的税额	
43	（三）企业购置用于安全生产专用设备的投资额抵免的税额	
44	（四）其他	
45	企业从业人数（全年平均人数）	
46	资产总额（全年平均数）	
47	所属行业（工业企业　其他企业）	

经办人（签章）　　　　　　　　　　　　　　　　法定代表人（签章）

凭证 2-114（1）

净利润计算表
2013 年 12 月 31 日

项　目	金　额	项　目	金　额
2013 年 1～11 月利润总额		2013 年 12 月净利润	
2013 年 1～11 月所得税费用		2013 年全年利润总额	
2013 年 1～11 月净利润		2013 年全年所得税费用	
2013 年 12 月利润总额		2013 年全年净利润	
2013 年 12 月所得税费用			

财务主管：孙大可印　　　　　　　　复核：周瑞雪印　　　　　　　　制单：赵大伟印

凭证 2-114（2）

净利润分配表

2013 年 12 月 31 日

项　目	金　额	备　注
2013 年税后净利润		
2013 年提取法定盈余公积		按净利润的 10% 对外分配
2013 年对外分配股利		按净利润的 50% 对外分配
其中：远大集团		
哈药集团		
职工个人		
2013 年初未分配利润		
2013 年 12 月初未分配利润		
2013 年末未分配利润		

凭证 2-115

资 产 负 债 表

编制单位：　　　　　____年__月__日

会企 01 表

单位：元

资　　产	期末余额	年初余额	负债和所有者权益（股东权益）	期末余额	年初余额
流动资产：		（略）	流动负债：		（略）
货币资金			短期借款		
交易性金融资产			交易性金融负债		
应收票据			应付票据		
应收账款			应付账款		
预付账款			预收账款		
应收利息			应付职工薪酬		
应收股利			应交税费		
其他应收款			应付利息		
存货			应付股利		
一年内到期的非流动资产			其他应付款		
其他流动资产			一年内到期的非流动负债		
流动资产合计			其他流动负债		
非流动资产：			流动负债合计		
可供出售金融资产			非流动负债：		
持有至到期投资			长期借款		
长期应收款			应付债券		
长期股权投资			长期应付款		
投资性房地产			专项应付款		
固定资产			预计负债		
在建工程			递延所得税负债		
工程物资			其他非流动负债		
固定资产清理			非流动负债合计		

资　产	期末余额	年初余额	负债和所有者权益（股东权益）	期末余额	年初余额
生产性生物资产			负债合计		
油气资产			所有者权益（或股东权益）：		
无形资产：			实收资本（或股本）		
开发支出			资本公积		
商誉			减：库存股		
长期待摊费用			盈余公积		
递延所得税资产			未分配利润		
其他非流动资产					
非流动资产合计			所有者权益（或股东权益）合计		
资产总计			负债和所有者权益（或股东权益）总计		

凭证 2-116

利 润 表

会企 02 表

编制单位：　　　　　　　　_____年_____月　　　　　　　　单位：元

项　目	行　次	本期金额	上期金额
一、营业收入			（略）
减：营业成本			
营业税金及附加			
销售费用			
管理费用			
财务费用			
资产减值损失			
加：公允价值变动收益（损失以"-"号填列）			
投资收益（损失以"-"号填列）			
二、营业利润（亏损以"-"号填列）			
加：营业外收入			
减：营业外支出			
其中：非流动资产处置净损失（收益以"-"号填列）			
三、利润总额（亏损总额以"-"号填列）			
减：所得税费用			
四、净利润（净亏损以"-"号填列）			
五、每股收益			
（一）基本每股收益			
（二）稀释每股收益			
六、综合收益			
（一）其他综合收益			
（二）综合收益总额			

实训情境 二 制造企业会计业务处理

现金流量表

会企业 03 表

编制单位：　　　　　　　　　　　　　　年　　　　　　　　　　　　　　单位：元

项　　目	本期金额	上期金额
一、经营活动产生的现金流量：		
销售商品、提供劳务收到现金		
收到的税费返还		
收到其他与经营活动有关的现金		
经营活动现金流入小计		
购买商品、接受劳务支付的现金		
支付给职工以及为职工支付的现金		
支付的各项税费		
支付其他与经营活动有关的现金		
经营活动现金流出小计		
经营活动产生的现金流量净额		
二、投资活动产生的现金流量		
收回投资收到的现金		
取得投资收益收到的现金		
处置固定资产、无形资产和其他长期资产收回的现金净额		
处置子公司及其他营业单位收到的现金净额		
收到其他与投资活动有关的现金		
投资活动现金流入小计		
购建固定资产、无形资产和其他长期资产支付的现金		
投资支付的现金		
取得子公司及其他营业单位支付的现金净额		
支付其他与投资活动有关的现金		
投资活动现金流出小计		
投资活动产生的现金流量净额		
三、筹资活动产生的现金流量		
吸收投资收到的现金		
取得借款收到的现金		
收到其他与筹资活动有关的现金		
筹资活动现金流入小计		
偿还债务支付的现金		
分配股利、利润或偿付利息支付的现金		
支付其他与筹资活动有关的现金		
筹资活动现金流出小计		
筹资活动产生的现金流量净额		
四、汇率变动对现金及现金等价物的影响		
五、现金及现金等价物净增加额		
加：期初现金及现金等价物余额		
六、期末现金及现金等价物余额		

凭证 2-118

所有者权益（股东权益）变动表

编制单位：_____ _____年度

会企 04 表
单位：元

项目	行次	本年金额								上年金额							
		实收资本（或股本）	资本公积	减：库存股	盈余公积	未分配利润	所有者权益合计			实收资本（或股本）	资本公积	减：库存股	盈余公积	未分配利润	所有者权益合计		
一、上年末年余额																	
加：会计政策变更																	
前期差错更正																	
二、本年年初余额																	
三、本年增减变动金额（减少以"—"号填列）																	
（一）净利润																	
（二）直接计入所有者权益的利得和损失																	
1. 可供出售金融资产公允价值变动净额																	
2. 权益法下被投资单位所有者权益变动的影响																	
3. 与计入所有者权益项目相关的所得税影响																	
4. 其他																	
上述（一）和（二）小计																	
（三）所有者投入和减少资本																	
1. 所有者投入资本																	
2. 股份支付计入所有者权益的金额																	
3. 其他																	
（四）利润分配																	
1. 提取盈余公积																	
2. 对所有者（或股东）的分配																	
3. 其他																	
（五）所有者权益内部结转																	
1. 资本公积转增资本（或股本）																	
2. 盈余公积转增资本（或股本）																	
3. 盈余公积弥补亏损																	
4. 其他																	
四、本年末余额																	

凭证 2-119

计算与分析主要财务指标

财务比率计算分析表

主要财务指标类别		主要财务指标计算	主要财务指标分析
偿债能力	短期偿债能力	1. 流动比率	
		2. 速动比率	
	长期偿债能力	3. 资产负债率	
		4. 产权比率	
运营能力	流动资产周转情况	5. 应收账款周转率	
		6. 应收账款周转期	
		7. 存货周转率	
		8. 存货周转期	
		9. 流动资产周转率	
		10. 流动资产周转期	
	固定资产周转情况	11. 固定资产周转率	
		12. 固定资产周转期	
	总资产周转情况	13. 总资产周转率	
		14. 总资产周转期	
获利能力	营业利润率	15. 营业净利率	
		16. 营业毛利率	
	17. 成本费用率		
	18. 总资产报酬率		
	19. 净资产收益率		
发展能力	20. 营业收入增长率		
	21. 资本保值增值率		
	22. 总资产增长率		
	24. 营业利润增长率		

总体评价:

凭证 2-120　编写会计报表附注

会计报表附注编制说明

企业基本情况说明	说明企业注册地、组织形式和总部地址；企业的业务性质和主要经营活动；财务报告批准报出者和财务报告批准报出日期
会计报表编制基础	说明会计年度；记账本位币；会计计量所运用的计量基础；现金和现金等价物的构成；企业持续经营情况
遵循企业会计准则的说明	声明编制的会计报表符合企业会计准则的要求，真实完整地反映了企业的财务状况、经营成果和现金流量等有关信息
重要会计政策和会计估计	披露采用的重要会计政策和会计估计，不重要的会计政策和会计估计可以不披露，在披露重要的会计政策和会计估计时，应当披露主要会计政策的确定依据和会计报表项目的计量基础，以及会计估计中所采用的关键假设和不确定因素
报表重要项目说明	按照资产负债表、利润表、现金流量表、所有者权益动表及项目列示的顺序，采用文字和数字相结合描述的方式进行披露，报表项目的明细金额合计，应当与报表项目金额相衔接
加盖公章报送公关部门、装订存档	加盖企业法人章，与会计一起装订，并办理存档手续，适时报关有关部门

【任务要求】

（1）期初建账

根据信息单中提供的企业客观实际和表 2-3～表 2-15 给定的资料完成期总账、明细账（应收账款、其他应收款、应收票据、交易性金融资产、原材料、周转材料、库存商品、生产成本、持有至到期投资、固定资产、无形资产、应付账款、应付利息、应付职工薪酬、应交税费）和日记账的建账工作。要求账簿选择正确，建账规范，正确达到账账相符。

（2）填制审核凭证、记账

根据凭证 2-1（1）～凭证 2-120、图 2-1～图 2-3，以及企业的会计政策、税收政策、会计核算方法，完成成本计算、纳税申报、填制审核凭证、登记账簿相关会计工作。要求操作规范，符合会计准则、税法及相关法律规定。

（3）对账和结账

根据登记的总账、明细账等账簿资料，完成对账和结账会计工作。要求操作符合会计操作规范。

（4）财务分析和编制会计报表附注

根据登记完成的会计账簿完成凭证 2-119 和凭证 2-120 项财务分析和会计报表附注编写工作。

【任务实施】

依据《中华人民共和国会计工作基础规范》、《企业会计准则》、《中华人民共和国

会计法》和模拟企业的具体情况，以实训小组为单位，通过资讯、计划、决策和实施，按任务要求采用真实会计工作凭据在仿真的会计工作环境中完成实训任务。期初建账要注意建账的规范性、全面性和正确性。记账凭证的填制和审核要注重凭证填制的规范性、成本计算的正确性、纳税申报的合法性、记账的全面性，不仅要注重结果的正确性更要注重计算过程的可操作性和合理性。财务分析要客观实际地说明存在的问题和改进建议，报表附注要全面、规范，说明企业核算的政策依据和过程。

计 划 单

学习领域	会计综合实训		
实训情境二	制造企业会计业务处理	学　时	72
计划方式	小组讨论共同制订计划		
序　号	实施步骤		使用资源
制订计划说明			
计划评价	班　级		第　组 组长签字
	教师签字		日　期
	评语：		

学习领域	会计综合实训		
实训情境二	制造企业会计业务处理	学　时	72

讨论方案

	组　号	方案合理性	实施可操作性	安全性	综合评价
方案对比	1				
	2				
	3				
	4				
	5				
	6				
	7				
	8				
	9				
	10				

方案评价	评语：

班　　级		组长签字		教师签字		月　　日

会计综合实训

学习领域	会计综合实训		
实训情境一	制造企业会计业务处理	学　时	72
实施方式	小组成员合作；动手实践		

序　号	实施步骤	使用资源
1		
2		
3		
4		
5		
6		
7		
8		
9		
10		

实施说明：

班　级		第　　组	组长签字	
教师签字			日　期	
评　语				

学习领域	会计综合实训		
实训情境二	制造企业会计业务处理	学　时	72
序　号	检查项目	检查标准	学生自查	教师检查
1	期初建账	是否全面、规范、正确		
2	填制凭证	是否规范、正确		
3	成本计算	是否规范、正确		
4	税款计算及申报	是否全面、正确		
5	利润形成与分配	是否规范、正确		
6	对账、结账	是否规范、正确		
7	编制报表	是否全面、规范、正确		
8	财务分析	是否全面、结论是否正确		
9	报表附注说明	全面、规范、正确		

	班　级		第　　组	组长签字	
	教师签字		日　期		

检查评价

评语：

会计综合实训

评 价 单

学习领域	会计综合实训					
实训情境二	制造企业会计业务处理		学　时		72	
考核项目	考核内容及要求	分值	学生自评（10%）	小组评分（20%）	教师评分（70%）	实得分
专业能力	全面性检查。包括资讯单、计划单、决策单、装订成册的凭证、账簿、报表及财务报表分析及附注说明（少任何一项不能参加评价。不规范一处扣1分，错一处扣2分，该部分分值扣完为止）	70				
方法能力	计划可行并能组织实施（优秀5分，良4分，及格3分，不及格2分）	5				
	能够进行信息的收集及加工处理（优秀5分，良4分，及格3分，不及格2分）	5				
	具有归纳总结和汇报工作成果的能力（优秀5分，良4分，及格3分，不及格2分）	5				
社会能力	团队精神。团队互相帮助完成实训任务（优秀5分，良4分，及格3分，不及格2分）	5				
	职业态度。无旷工、认真、无抄袭，按时完成并上交实训资料（旷工或抄袭一次扣1分，该项目扣完为止）	5				
	办事能力。准确表述需求和所办事务，按时上交实训资料（如果晚交一天扣2分，该部分扣完为止）	5				
小　计						
评价评语	班　级		姓　名		学号	总　评	
	教师签字		第　组	组长签字		日　期	
	评语：						

学习领域	会计综合实训			
实训情境二	制造企业会计业务处理	学　时		72
序　号	调查内容	是	否	理由陈述
1	是否清楚建账之前要做的工作是什么？			
2	是否清楚建账之后要做的工作是什么？			
3	是否清楚辅助生产成本明细账何时按成本项目设置，何时按费用项目设置？			
4	是否清楚辅助生产成本和制造费用分配的先后顺序？			
5	是否清楚对账的内容包括哪些？			
6	是否清楚结账的方法？			
7	是否清楚科目汇总表账务处理程序与记账凭证账务处理程序的区别？			
8	是否清楚存货明细账的登记依据是什么？			
9	是否知道企业需要交纳的税费有哪些？如何核算？			
10	是否知道企业需要对外编制的报表有哪些？如何编制？			
11	是否会对企业进行财务分析？常用的比率有哪些？			
12	是否会编制报表附注？由几个项目构成？			
13				
14				

你的意见对改进教学非常重要，请写出你的建议和意见。

被调查人签名		调查时间	

会计综合实训

实训情境三

商贸企业会计业务处理

➤ 了解商贸企业的业务特点及业务流程，熟悉商贸企业会计核算的特点，正确理解商品流通企业与制造企业会计核算的异同。

➤ 根据商贸企业不同的经营方式和经营对象，能够选择恰当的库存商品会计核算方式和方法完成会计核算工作任务。

➤ 能运用所学理论、知识和技能分析和解决在商贸企业会计工作中遇到的具体问题，能进行有效的计划、组织、实施、归纳和总结。

➤ 通过实训，能表现出良好的职业道德、较强的责任意识，以及有效的沟通和协调能力，能有效发挥和利用团队的合作力。

➤ 熟悉出纳岗位职责，并能正确履行岗位职责，完成出纳岗位工作任务。

➤ 熟悉会计岗位职责，并能正确履行岗位职责，完成会计岗位工作任务。

➤ 熟悉会计主管岗位职责，并能正确履行岗位职责，完成会计主管岗位工作任务。

实训情境描述

哈尔滨冰雪商贸有限公司，在册职工数为20人，是批零兼营的商品流通企业，主要经营水果、食品和水产品，设置有采购部、财务部、营销部和办公室四个部门。营销部下设水果经销组、食品批发经销组、水产品经销组。水果组和水产组均采用进价金额核算，产品销售成本计算水果组采用个别计价法、水产组采用盘存计销法；批发组的库存商品采用数量进价金额核算，销售商品成本的计算采用加权平均法。大部分销售业务属于内销，小部分业务销往东南亚国家。财务部由四人组成，分别是会计主管、出纳、制单会计和记账会计。各职能部门人员各司其职做好本职工作，力争企业财富最大化。

任 务 单

学习领域	会计综合实训		
实训情境三	商品流通企业会计业务处理	学　时	24
布置任务			
实训目标	1. 能根据企业的客观实际和担任的会计职务完成相应的工作任务； 2. 通过实训能提升学生的综合职业能力。		
任务描述	根据信息单中企业的客观实际、表3-1～表3-8的相关资料及信息单有关内容，根据会计人员的岗位职责，完成相应的岗位工作： 1. 出纳人员完成货币资金的收付、保管，银行票据的填制和保管，日记账的登记等工作； 2. 会计人员完成凭证的填制、审核及明细分类账的登记工作； 3. 会计主管负责审核各类账证，编制科目汇总表并登记总账，编制财务报表进行财务分析。		
学时安排	资讯2学时　　计划1学时　　决策1学时　　实施16学时　　检查2学时　　评价2学时		
提供资料	1. 实训用凭证和报表：包括银行票证、税务发票、各种税费计算表等资料均在实训教材中，每人一套； 2. 账页：总账每人25页，现金和银行存款日记账每人2页，三栏式明细账每人各6页，数量金额式明细账每人5页，横线登记式明细账每人1页，应交增值税明细账每人2页，多栏式明细账每人3张，记账凭证每人80张，其他（凭证皮、绳、账面目标、账夹）每人3套； 3. 报表：资产负债表、利润表、现金流量表、所有者权益变动表、财务报表封面每人各1张，增值税申报表每人各1张； 4. 备品：印章（公章、财务专用章、发票专用章、印鉴、学生人员名章）每组一套； 5. 办公用品（算盘、双色印台、印章、胶水、曲别针、文件夹、资料夹、订书机、装订机等）每组一套。		
对学生的要求	1. 实训前要求： （1）预习并熟悉模拟企业的基本情况。具体包括：①企业的主要业务活动及核算特点；②会计制度设计；③主要税收政策；④会计机构及人员设置；⑤会计核算业务有多少项、实训要求及任务各是什么。		

学习领域	会计综合实训		
实训情境三	商品流通企业会计业务处理	学　时	24
对学生的要求	（2）清点实训耗材及备品。 （3）学生预分组及预分工。学生每四人一组，要求性别、性格、爱好、学习能力均不同。具体岗位分别为会计主管、出纳、制单员（主办会计）和记账员。小组内的每名学生，均需完成所有的会计工作。但各岗位工作人员需按职责分工完成相应的审核、签字和承担相应的责任。 （4）完成咨询，并形成书面记录。 2. 实训要求： （1）具备一定的会计专业知识和能力，能够完成建账、编制和审核会计凭证、登记账簿、编制报表、税费的计算及申报等实训任务。 （2）具有良好的职业道德和工作习惯。工作认真、一丝不苟、诚实守信、严谨、无抄袭、不偷工减料、无旷工、不迟到、不早退，不中途离开现场，不做与工作无关的事情，时间观念强且工作不拖拉。 （3）具有一定的办事能力和团队合作精神，能准表述需求并相互帮助，能借助团队和他人的力量完成实训任务或帮助他人完成实训任务。 （4）具有敬业精神，工作有始有终，能正确面对困难和曲折，保持良好的工作环境，高质量地完成各项工作。 （5）按要求保质保量完成实训任务。 3. 实训后要求： 按实训要求在规定的时间内完成所有实训任务并上交实训资料（包括资讯单、计划单、决策单、实施单、装订成册的会计凭证、编制的报表、登记的账页及实训报告等）。每小组上交一套。		

资 讯 单

学习领域	会计综合实训		
实训情境三	商品流通企业会计业务处理	学　时	24
资讯方式	在实训室利用互联网、实训教材、实训指导书及信息单查询问题；咨询任课教师。		
资讯问题	1. 商品流通企业具体包括哪些企业？库存商品的核算方式有哪些？ 2. 企业的主营业务是什么？库存商品采取什么方法核算？ 3. 企业期末销售成本的结转采用什么方法？ 4. 企业的会计机构如何设置？各岗位的职责是什么？ 5. 如何计提存货跌价准备？其业务如何处理？ 6. 企业需要交纳哪些税？如何计算？ 7. 企业的利润如何形成？是否根据企业利润总额直接计算所得税费用？如何进行利润分配？ 8. 需要编制的报表有哪些？如何编制？		
资讯引导	问题的解答可参考下列资讯引导： 1. 实训情境三中的任务单、信息单、实训情境描述； 2.《商品流通业会计》第二版，丁元霖主编，上海财经大学出版社，2009； 3.《商业会计实务》，ATEP 项目组著，清华大学出版社，2013； 4.《会计模拟实验教程》（商业企业），刘平、张淑萍、刘晓辉、董凤君编，清华大学出版社，2012； 5.《会计基础工作规范培训教材》，中华人民共和国财政部会计司、《会计基础工作规范教材》编写组编，经济科学出版社，1998； 6.《税法》，中国注册会计师协会编，经济科学出版社，2013。		

【任务导入】

3.1 企业基本情况

企业名称：哈尔滨冰雪商贸有限公司（以下简称冰雪公司）

注册地址：哈尔滨市南岗区西大直街 777 号

法定代表人：赵玉彬

注册资金：300 万元

联系电话：0451-88667799

企业类型：有限责任公司

经营范围：水果、食品、水产品及服装的批发与零售

企业代码：110101222987654

微机代码：0456099

税务登记号：237458159378000

注册登记号：2311061234333

银行账号：012314725836111

开户银行：中国工商银行哈尔滨市南岗支行

经营期限：2010 年 1 月 1 日至 2019 年 12 月 31 日

3.2 企业财务部人员配备及岗位职责

3.2.1 会计人员配备及公司的组织结构

财务部共有财会人员 4 人，按照企业内部控制的要求分工如下：财务部长（会计主管）李志强，负责财务部的全面工作，制订公司的财务计划及财务收支的审核业务，进行财务分析；出纳员刘美丽办理货币资金的收、付及保管业务，登记日记账；制单会计张娟负责原始凭证的审核、销售成本的计算及编制记账凭证，登记明细分类账；记账会计高军负责审核记账凭证，总账的登记及对账工作。

3.2.2 出纳员岗位职责

出纳员负责现金的收付、银行票据的填写；登记现金和银行存款日记账及货币资金的账实核对；保管货币资金、各种空白收据和空白支票；按规定完成收付款凭证的编制及传递；完成领导交办的其他任务。

3.2.3 会计人员岗位职责

1. 制单会计岗位职责

制单会计负责原始凭证的审核，计算和缴纳各种税费，计算和发放工资，计提折旧，计算和分配损益，编制转账记账凭证，负责登记各种明细账。

2. 记账会计岗位职责（岗位表示）

记账会计负责库存商品的采购、领用及库存商品发出成本的计价及成本的计算，审核记账凭证，登记总分类账，完成对账和结账工作并编制财务报告。

3.2.4 财务部长岗位职责

负责企业的全面财务工作，组织制定、贯彻执行本单位的财务会计制度，审查或参与拟定经济协议及其他经济文件，制定公司的财务计划，审核单位的财务收支，分析财务报表，审核对外报送的财务报表。

3.2.5 公司的组织结构图及业务流程图

（1）公司的组织结构见图3-1。

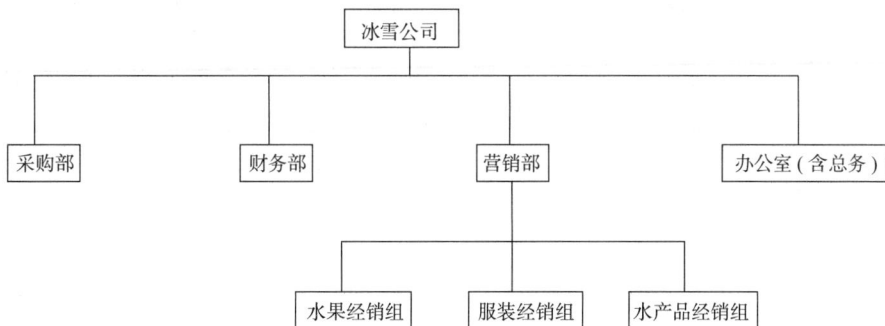

图 3-1　公司组织结构图

（2）各部门的主要人员及职责见表3-1。

表 3-1　各部门的主要人员及职责

部　门	职　务	人　员	部　门	职　务	人　员
办公室	副经理	腾达	营销部	职员	金浩
采购部	采购员	赵立伟	营销部	经理	赵燕
营销部	保管员	王畅	水果组	负责人	田伟
营销部	销售员	郎仪	水果组	营业员	熊河
营销部	保管员	朱德	办公室	主任	吴英
财务部	会计主管	李志强	办公室	工作人员	张山

3.3 企业的主要会计政策和会计核算方法

3.3.1 库存商品的核算方法和职工薪酬的计提比例（见表3-2和表3-3）

表3-2 库存商品的核算方法

部　门	库存商品核算方法	商品销售成本结转	销售收入价税处理
水果组	数量进价金额	个别计价法	随时
服装组	数量进价金额	加权平均法	随时
水产组	数量进价金额	月末盘存计销法	随时
周转材料	数量进价金额	一次摊销、个别认定	

表3-3 与工资有关的五险一金等各项费用的计提基数与比例

项　目	计提依据	计提比例		备　注
		企业负担部分（%）	个人负担部分（%）	
职工福利费	本月工资总额	4		
工会经费	本月工资总额	2		按总额的40%上交上级工会组织
职工教育经费	本月工资总额	1.5		
养老保险	本月工资总额	20	8	
失业保险	本月工资总额	2	1	
医疗保险	本月工资总额	8	2	
生育保险	本月工资总额	1		
工伤保险	本月工资总额	1		
住房公积金	本月工资总额	8	8	

3.3.2 税率和利润分配

该企业为增值税一般纳税人，增值税率为17%。收购农产品按进价的13%抵扣。城市维护建设税税率为7%，教育费附加税率为3%，所得税税率为25%，房产税的扣除率为30%，土地使用税的单位税额为5元。本年利润结转采用"账结法"。一般盈余公积的提取率为当年实现净利润的10%，按本年净利润的30%向投资者分配。

3.3.3 企业差旅费报销的相关规定

（1）职工出差经批准乘坐的各种交通工具费用及出差相关的各种杂费可据实报销。

（2）职工夜间乘车未坐卧铺的，连续时间超过6个小时的，补助50元。

（3）职工出差，每天给予80元补助，不再另外报销和支付交通费。

（4）职工的住宿费用，在标准之内的实报实销。其中高层管理人员住宿费每天150元，中层管理人员住宿费每天100元，一般工作人员食宿费每天80元。

3.3.4 企业的会计政策及相关规定

（1）企业以人民币为记账本位币，外币交易采用即期汇率进行折算，按月计算汇兑差额。库存现金限额 10 000 元。

（2）坏账准备采用备抵法核算，年末按应收款项（包括：应收账款、其他应收款）余额的 5% 提取。

（3）商品采购过程中发生的运杂费计入采购商品的成本。

（4）企业采用科目汇总表方式登记总账，每半月汇总一次。记账凭证采用收付转凭证。

3.3.5 冰雪公司 2014 年总账及有关明细账账户余额及相关资料（见表 3-4～表 3-8）

表 3-4 冰雪公司 2014 年 12 月各账户余额

账户名称	1月1日余额		12月1日余额		备 注
	借 方	贷 方	借 方	贷 方	
库存现金	1 500		8 000		
银行存款	700 000		2 674 000		
交易性金融资产	120 000		550 000		
应收票据	646 000		690 000		
应收账款	700 000		220 000		
北京西宁商场			40 000		
哈尔滨天天商场			200 000		
天津乐乐公司				20 000	
预付账款	70 000		67 000		
哈尔滨老鼎丰食品厂			67 000		
其他应收款	6 000		12 000		
张福君（营销部）			6 000		
范伟业（采购部）			6 000		
坏账准备		67 600		46 100	
在途物资	160 000		170 000		
广州徐记糖果厂	80 000		70 000		
新疆丽达公司	80 000		100 000		
库存商品	2 500 000		711 000		
发出商品	21 000		80 000		
委托代销商品			50 000		
周转材料	85 000		100 000		

账户名称	1月1日余额		12月1日余额		备 注
	借 方	贷 方	借 方	贷 方	
存货跌价准备		2 900		2 000	
交易性金融资产	350 000		500 000		
固定资产	2 100 000		2 100 000		
累计折旧		500 000		600 000	
无形资产	200 000		240 000		
商标权			96 000		
土地使用权			144 000		
累计摊销		40 000		50 000	
短期借款				300 000	
应付票据		360 000		63 000	
应付账款		170 000		37 500	
广州徐记糖果厂		100 000		45 000	
上海富达公司		70 000	7 500		
预收账款				12 500	
沈阳家家超市				15 000	
长春百乐商场			2 500		
应付职工薪酬		30 000		46 100	
工资		30 000		31 000	
应交税费		52 000		65 000	
所得税				17 000	
增值税				42 000	
营业税				2 000	
城建税				3 000	
教育费附加				1 000	
应付股利		200 000		9 000	
其他应付款		9 000		6 000	
代销商品款		200 000			
长期借款		4 000 000		100 000	
实收资本		1 000 000		1 100 000	
资本公积		800 000		780 000	

账户名称	1月1日余额		12月1日余额		备 注
	借 方	贷 方	借 方	贷 方	
盈余公积		138 000		265 900	
本年利润				4 500 000	
利润分配		90 000		90 000	
合 计	7 659 500	7 659 500	8 047 000	8 047 000	

表 3-5　冰雪公司 2014 年 12 月初库存商品明细账

部 门	库存商品名称	计量单位	数 量	单 价	金 额
批发部	水果糖	千克	200	20	4 000
	奶 糖	千克	700	25	17 500
	男西装	套	1 500	300	450 000
	女时装	套	1 000	220	220 000
水产部	对 虾	千克	400	45	18 000
水 果	苹 果	千克	300		1 500
行政（总务）	周转材料		明细略		100 000

表 3-6　2014 年 12 月初固定资产原值明细账及折旧计提情况

固定资产类别	固定资产原值	预计使用年限	净残值率（%）	折旧方法	月折旧额
房屋及建筑物	1 400 000				
其中：办公用房	600 000	40	10	年限平均法	1 125
营业用房	800 000	40	10	年限平均法	1 500
设备	300 000				
其中：管理用设备	100 000	5	4	年限平均法	1 600
营业用设备	200 000	10	4	年限平均法	1 600
车辆	400 000				
其中：行政用车	200 000	10	4	年限平均法	1 600
营业用车	200 000	10	4	年限平均法	1 600
合 计	2 100 000				9 025

表 3-7　2014 年 12 月初无形资产摊销明细表

无形资产名称	摊销方法	摊销年限	残 值	备 注
商标权	直线法	5	0	
土地使用权	直线法	10	0	面积 2 000m²

表 3-8　2014 年 1～11 月损益类账户发生额

2014 年 12 月 1 日

项　目	1～11 月借方发生额	1～11 月贷方发生额	备　注
主营业务收入		23 100 000	按类别（批发、水果、水产）设明细账，按具体经营项目设多栏。
其他业务收入			
投资收益			
公允价值变动损益			
营业外收入		200 000	
主营业务成本	14 000 000		
其他业务成本			
营业税金及附加	165 000		
财务费用	220 000		
管理费用	1 200 000		其中：业务招待费为 300 000
销售费用	1 650 000		其中：广告费为 650 000
资产减值损失	5 000		
营业外支出	60 000		因安全检查不合格罚款支出
所得税费用	1 500 000		
合　计	18 800 000	23 300 000	

3.3.6　商品经营活动情况

批发部的业务分两大类，一是经营服装类商品的批发业务，具体包括男西装、女时装和秋冬两用时装；二是经营糖类食品的批发业务，具体包括水果糖和奶糖。

3.4　哈尔滨冰雪商贸有限公司 2014 年 12 月发生的交易和事项

（1）12 月 1 日，批发部从沈阳宏达食品有限责任公司购进糖类商品，商品已验收入库并通过电汇结算货款，见凭证 3-1～凭证 3-5。

凭证 3-1

付 款 报 告 书

部门：批发部　　　　　　　　2014 年 12 月 1 日　　　　　　编号：20141201

开 支 内 容	金　额	结 算 方 式	
水果糖 200 千克	4 680	电汇	附单据4张
奶糖 400 千克	11 700	电汇	
合计（大写）壹万陆仟叁佰捌拾元整			

主管会计：李志强印　　　单位负责人：赵玉彬印　　　出纳：刘美丽印　　　经办人：赵立伟印

凭证 3-2

中国工商银行电汇凭证（回单）1

☑普通 □加急 委托日期：2014 年 12 月 2 日

汇款人	全　称	哈尔滨冰雪商贸有限公司	收款人	全　称	沈阳宏达食品有限责任公司
	账　号	012314725836111		账　号	9010110092 25991234
	汇出地点	黑龙江　省 哈尔滨　市/县		汇入地点	辽宁 省 沈阳 市/县
	开户银行	中国工商银行哈尔滨市南岗支行		开户银行	中国工商银行沈阳市铁峰支行

金额	人民币（大写）	壹万陆仟叁佰捌拾元整	亿	千	百	十	万	千	百	十	元	角	分
						¥	1	6	3	8	0	0	0

中国工商银行
南岗支行
2014.12.02
转讫

支付密码

附加信息及用途
支付前欠货款

此联付款行给付汇款人的回单

汇出行签章：　　　　复核：　　　　记账：

凭证 3-3

辽宁省增值税专用发票

辽宁省统一发票监制
发票联
国家税务局监制

2800124629　　　　　　　　　　　　　　　　№ 01300711

校 验 码 32121　12365　44678　6900　　开票日期：2014 年 12 月 3 日

购货单位	名　　称：哈尔滨冰雪商贸有限公司	密码区	2489—1 < 9—7—61333
	纳税人识别号：237458159378000		8 < 032/52 > 9/29533 　加密版本：28※
	地址、电话：哈市南岗西大直街 777 号　0451-88667799		1626 < 8—3024 > 36 　4300204521
	开户行及账号：中国工商银行哈尔滨市南岗支行		00015622
	012314725836111		—47—6 < 7 > 2*—/ > * > 6/

货物或应税劳务名称	规格型号	单位	数量	单价	金额	税率	税额
水果糖		千克	200	20	4 000.00	17%	680.00
奶糖		千克	400	25	10 000.00	17%	1 700.00
合　计					¥ 14 000.00		¥ 2 380.00

价税合计（大写）	壹万陆仟叁佰捌拾元整　　　　　　（小写）¥ 16 380.0

销货单位	名　　称：沈阳宏达食品有限责任公司	备注	沈阳宏达食品有限责任公司 280103748241111 发票专用章
	纳税人识别号：280103748241111		
	地址、电话：沈阳市铁峰区铁锋路 900 号　24564001		
	开户行及账号：中国工商银行沈阳市铁锋支行		
	9010110092 25991234		

第三联：发票联 购货方记账凭证

收款人：王美玉印　　　复核：刘小晓印　　　开票人：朱玉印　　　销货单位（章）

凭证 3-4

辽宁省增值税专用发票

抵扣联

2800124629   № 01300711

校 验 码 32121　12365　44678　6900   开 票 日 期：2014 年 12 月 3 日

| 购货单位 | 名　　　称：哈尔滨冰雪商贸有限公司
纳税人识别号：237458159378000
地址、电话：哈市南岗西大直衢 777 号　0451-88667799
开户行及账号：中国工商银行哈尔滨市南岗支行
　　　　　　　012314725836111 | 密码区 | 2489—1 < 9—7—61333
8 < 032/52 > 9/29533
1626 < 8—3024 > 36
—47—6 < 7 > 2*—/ > * > 6/ | 加密版本：28※
4300204521
00015622 |

货物或应税劳务名称	规格型号	单位	数量	单　价	金　额	税率	税　额
水果糖		千克	200	20	4 000.00	17%	680.00
奶糖		千克	400	25	10 000.00	17%	1 700.00
合　计					￥14 000.00		￥2 380.00

价税合计（大写）	壹万陆仟叁佰捌拾元整	（小写）￥16 380.0

| 销货单位 | 名　　　称：沈阳宏达食品有限责任公司
纳税人识别号：280103748241111
地址、电话：沈阳市铁锋区铁锋路 900 号　24564001
开户行及账号：中国工商银行沈阳市铁锋支行
　　　　　　　9010110092259912345 | 备注 | 沈阳宏达食品有限责任公司
280103748241111
发票专用章 |

收款人：王美玉印   复核：刘小晓印   开票人：朱玉印   销货单位（章）

第二联：抵扣联　购货方抵扣凭证

凭证 3-5

收 货 单

收货单编号：PF1201   存放地点：批发部仓库

收货部门：批发部   2014 年 12 月 2 日   供货单位：沈阳宏达食品有限责任公司

货　号	品名或规格	单位	应收数量	实收数量	采购单价	运费	金额	购货单位成本
PS1201	水果糖	千克	200	200	20		4 000	20
PN1201	奶糖	千克	400	400	25		10 000	25
合　计							14 000	

结算联

采购员 赵立伟   保管员：王畅

注：收货单共计 3 联，分别是保管员的入库联、存根联和结算联。其他两联略。

（2）12 月 2 日，采购员赵立伟去山西采购预支差旅费，见凭证 3-6。

凭证 3-6

借 款 单

2014 年 12 月 2 日

借款人	赵立伟	部　门	采购部	职　务	采购员
借款理由	参加太原博览会				
借款金额	人民币（大写）叁仟元整	现金付讫		￥3 000.00	
部门审核意见 同意　腾达 2014 年 12 月 2 日		公司审核意见 同意　赵玉彬 2014 年 12 月 2 日		财务部门审核意见 同意　李志强 2014 年 12 月 2 日	

（3）12月3日，批发部将400套男款服装以离岸价80美元的价格销售给香港新立贸易公司，货已发出，并将发票、信用证及其他相关资料，提交中国银行办理结算。当日的市场汇率1美元＝6.25元人民币，出口退税率为13%，本月应纳税额大于零。见凭证3-7和凭证3-8。

凭证 3-7

哈尔滨冰雪商贸有限公司
BINGXUE TRADING COMPANY
黑龙江

哈平路 777 号
777 HA PING ROAD

哈尔滨 中国
HAERBIN CHINA

发票代码
Lnvoice Code 110101222

新立贸易公司	电传：86-065-87081666	电话：87081678	发票号码
XINLI TRADING COMPANY FAX：86-065-87081666		TEL：87081678	Lnvoice Number 23B02002
海德大街 101 号			订单或合约号码
101HYDE ROAD			Sales Confirmation NoAF-08
香港			发票日期
HONGKONG			Date of invoice DEC3.2014

发 票
INVOICE

装船口岸	哈尔滨	目的地	香港
From	HAERBIN	TO	HONGKONG

信用证号码　　　　　　　　开证银行　香港华德信用储蓄有限公司
Latter of Credit No　LA0023-10567　　Issude byLEAWORD TRUST AND BANKING COLTED HONGKONG

唛头号码 MarKs & Numbers	数量与货品名称 Quantities and description	总 值 Amount
Z No.36-5	男西装 MEN'S SUITS 400 套　　单价 80 美元 / 套 400PCS USD80/PC 400 套男西装在长江号船上 400PCS OF 怀 CHANGJIANG BOAT 400 套男西装装入 40 个纸板箱 400PCS IN 40 CARTON CASES	FOB BEIJING USD32 000.00

哈尔滨冰雪商贸有限公司
HAERBIN BINGXUE TRADING COMPANY

237458159378000
发票专用章

凭证 3-8

商 品 出 库 单

商品出库编号：PF20141201 号

购货单位：香港新立贸易公司　2014 年 12 月 3 日　　　仓库：批发库

产品名称	单 位	销售数量	单位成本	总成本	备 注
男西装	套	400			
合 计		400			

库管员：王畅印　　　　　销售员：朱海印　　　　　部门负责人：腾达印

（4）12 月 4 日，批发部从沈阳中山食品有限责任公司购进糖类商品，收到委托收款单的付款通知，已承付货款，商品未入库，见凭证 3-9～凭证 3-12。

凭证 3-9

付 款 报 告 书

部门：批发部　　　　　2014 年 12 月 4 日　　　　　编号：20141202

开 支 内 容	金 额	结 算 方 式	
水果糖 400 千克	9 828	委托收款	附单据3张
奶糖 800 千克	24 336	委托收款	
合计（大写）叁万肆仟壹佰陆拾肆元整			

主管会计：李志强印　　单位负责人：赵玉彬印　　出纳：刘美丽印　　经办人：赵立伟印

凭证 3-10

中国工商银行委托收款凭证（付款通知）5

委托日期：2014 年 12 月 4 日

	业务类型	委托收款（□邮划、□电划）		托收承付（□邮划、☑电划）										
汇款人	全 称	哈尔滨冰雪商贸有限公司	收款人	全 称	沈阳中山食品有限责任公司									
	账 号	012314725836111		账 号	901011009225992234									
	地 址	黑龙江省哈尔滨市	开户行	工商银行南岗支行	地 址	沈阳市铁锋区铁锋路700号	开户行	工商银行铁峰支行						
金额	人民币（大写）	叁万肆仟壹佰陆拾肆元整		千	百	十	万	千	百	十	元	角	分	
						￥3	4	1	6	4	0	0	
款项内容	货款及运费货号 201412258	托收凭据名称	专用发票	附寄单证张数		2张								
商品发运情况	货物已发		合同名称号码	3665111										
备注	中国工商银行南岗支行 2014.12.04 转讫	款项收妥日期	中国工商银行铁峰支行 2014.12.04 转讫											
复核	记账		年 月 日	收款人开户银行签章 2014 年 12 月 4 日										

（中国工商银行铁峰支行 业务专用章 2014.12.04）

此联是付款人开户银行给付款人的付款通知

凭证 3-11

辽宁省增值税专用发票
发票联

2800124629		No 01300711

校验码 32121　12365　44678　6900　　　　　开票日期：2014 年 12 月 4 日

<table>
<tr><td rowspan="4">购货单位</td><td>名　　称：哈尔滨冰雪商贸有限公司</td><td rowspan="4">密码区</td><td rowspan="4">2489—1 < 9—7—61333
8 < 032/52 > 9/29533
1626 < 8—3024 > 36
—47—6 < 7 > 2*—/ > * > 6/

加密版本：28※
4300204521
00015622</td></tr>
<tr><td>纳税人识别号：237458159378000</td></tr>
<tr><td>地　址、电话：哈尔滨市南岗西大直街 777 号
0451-88667799</td></tr>
<tr><td>开户行及账号：中国工商银行哈尔滨市南岗支行
012314725836111</td></tr>
</table>

货物或应税劳务名称	规格型号	单位	数量	单价	金　额	税率	税　额
水果糖		千克	400	21	8 400.00	17%	1 428.00
奶糖		千克	800	26	20 800.00	17%	3 536.00
合　计					¥ 29 200.00		¥ 4 964.00

价税合计（大写）	叁万肆仟壹佰陆拾肆元整	（小写）¥ 34 164.00

<table>
<tr><td rowspan="4">销货单位</td><td>名　　称：沈阳中山食品有限责任公司</td><td rowspan="4">备注</td><td rowspan="4">沈阳中山食品有限责任公司
280103748242222
发票专用章</td></tr>
<tr><td>纳税人识别号：280103748242222</td></tr>
<tr><td>地　址、电话：沈阳市铁峰区铁锋路 700 号　24564002</td></tr>
<tr><td>开户行及账号：中国工商银行沈阳市铁锋支行
901011009225992234</td></tr>
</table>

收款人：王玉婷印　　　　　复核：刘小丽印　　　　　开票人：朱可印　　　　　销货单位（章）

第三联：发票联　购货方记账凭证

凭证 3-12

辽宁省增值税专用发票
抵扣联

2800124629		No 01300711

校验码 32121　12365　44678　6900　　　　　开票日期：2014 年 12 月 4 日

<table>
<tr><td rowspan="4">购货单位</td><td>名　　称：哈尔滨冰雪商贸有限公司</td><td rowspan="4">密码区</td><td rowspan="4">2489—1 < 9—7—61333
8 < 032/52 > 9/29533
1626 < 8—3024 > 36
—47—6 < 7 > 2*—/ > * > 6/

加密版本：28※
4300204521
00015622</td></tr>
<tr><td>纳税人识别号：237458159378000</td></tr>
<tr><td>地　址、电话：哈尔滨市南岗西大直街 777 号
0451-88667799</td></tr>
<tr><td>开户行及账号：中国工商银行哈尔滨市南岗支行
012314725836111</td></tr>
</table>

货物或应税劳务名称	规格型号	单位	数量	单价	金　额	税率	税　额
水果糖		千克	400	21	8 400.00	17%	1 428.00
奶糖		千克	800	26	20 800.00	17%	3 536.00
合　计					¥ 29 200.00		¥ 4 964.00

价税合计（大写）	叁万肆仟壹佰陆拾肆元整	（小写）¥ 34 164.00

<table>
<tr><td rowspan="4">销货单位</td><td>名　　称：沈阳中山食品有限责任公司</td><td rowspan="4">备注</td><td rowspan="4">沈阳中山食品有限责任公司
280103748242222
发票专用章</td></tr>
<tr><td>纳税人识别号：280103748242222</td></tr>
<tr><td>地　址、电话：沈阳市铁峰区铁锋路 700 号　24564002</td></tr>
<tr><td>开户行及账号：中国工商银行沈阳市铁锋支行
901011009225992234</td></tr>
</table>

收款人：王玉婷印　　　　　复核：刘小丽印　　　　　开票人：朱可印　　　　　销货单位（章）

第二联：抵扣联　购货方抵扣凭证

（5）12 月 4 日，水产部从哈尔滨哈达水产品公司购入水产品并验收入库，支票结

算，见凭证 3-13～凭证 3-17。

凭证 3-13

付 款 报 告 书

部门：水产部　　　　　　　　2014 年 12 月 4 日　　　　　　　　编号 20141203

开 支 内 容	金 额	结 算 方 式
对虾	23 400	转支票 9001
合计（大写）贰万叁仟肆佰元整		

附单据 4 张

主管会计：李志强印　　　单位负责人：赵玉彬印　　　出纳：刘美丽印　　　经办人：赵立伟印

凭证 3-14

黑龙江省增值税专用发票

发票联

2800124629　　　　　　　　　　　　　　　　　　　　　　　　No 01300711

校验码 32121　12365　44678　6900　　　　　　开票日期：2014 年 12 月 4 日

<table>
<tr><td rowspan="5">购货单位</td><td>名　　　称：哈尔滨冰雪商贸有限公司</td><td rowspan="5">密码区</td><td>2489—1 ＜ 9—7—61355</td></tr>
<tr><td>纳税人识别号：237458159378000</td><td>8 ＜ 032/52 ＞ 9/29533　加密版本：28※</td></tr>
<tr><td>地址、电话：哈尔滨市南岗西大直街 777 号</td><td>　　　　　　　　　　　　　4300204521</td></tr>
<tr><td>　　　　　　0451-88667799</td><td>1626 ＜ 8—3024 ＞ 36　　00015625</td></tr>
<tr><td>开户行及账号：中国工商银行哈尔滨市南岗支行
　　　　　　　012314725836111</td><td>—47—6 ＜ 7 ＞ 2*—/ ＞ * ＞ 6/</td></tr>
</table>

货物或应税劳务名称	规格型号	单 位	数 量	单 价	金 额	税 率	税 额
对虾		千克	400	50	20 000.00	17%	3 400.00
合　计					￥20 000.00	17%	￥3 400.00

价税合计（大写）	贰万叁仟肆佰元整	（小写）￥23 400.00

<table>
<tr><td rowspan="4">销货单位</td><td>名　　　称：哈尔滨哈达水产公司</td><td rowspan="4">备注</td></tr>
<tr><td>纳税人识别号：280103748243434</td></tr>
<tr><td>地址、电话：哈尔滨市南岗区西大直街 100 号　80564001</td></tr>
<tr><td>开户行及账号：中国工商银行哈尔滨市南岗支行
　　　　　　　231011009225991234</td></tr>
</table>

哈尔滨哈达水产品公司　280103748243434　发票专用章

收款人：王美玉印　　　复核：刘小晓印　　　开票人：朱玉印　　　销货单位（章）

第三联：发票联　购货方记账凭证

凭证 3-15

黑龙江省增值税专用发票

抵扣联

2800124629　　　　　　　　　　　　　　　　　　　No 01300711

校验码 32121　12365　44678　6900　　　　　　开票日期：2014 年 12 月 4 日

购货单位	名　称：哈尔滨冰雪商贸有限公司
	纳税人识别号：237458159378000
	地址、电话：哈尔滨市南岗西大直街 777 号
	0451-88667799
	开户行及账号：中国工商银行哈尔滨市南岗支行
	012314725836111

密码区：
2489—1 < 9—7—61355
8 < 032/52 > 9/29533　加密版本：28※
1626 < 8—3024 > 36　　4300204521
—47—6 < 7 > 2*—/ > * > 6/　00015625

货物或应税劳务名称	规格型号	单位	数量	单 价	金 额	税率	税 额
对虾		千克	400	50	20 000.00	17%	3 400.00
合　计					￥20 000.00	17%	￥3 400.00

价税合计（大写）	贰万叁仟肆佰元整	（小写）￥23 400.00

销货单位	名　称：哈尔滨哈达水产品公司	备注
	纳税人识别号：280103748243434	
	地址、电话：哈尔滨市南岗区西大直街 100 号　80564001	
	开户行及账号：中国工商银行哈尔滨市南岗支行	
	2310110092259911234	

哈尔滨哈达水产品公司
280103748243434
发票专用章

收款人：王美玉印　　　复核：刘小晓印　　　开票人：朱玉印　　　销货单位（章）

第二联：抵扣联　购货方抵扣凭证

凭证 3-16

收 货 单

收货单编号：SC1201　　　　　　　　　　　　　　　存放地点：水产部

收货部门：水产部　　　　　2014 年 12 月 4 日　　　供货单位：哈尔滨哈达水产品公司

货 号	品名或规格	单 位	应收数量	实收数量	采购单价	运 费	金 额	购货单位成本
SD1201	对虾	千克	400		50		20 000	50
合　计							20 000	

采购员：赵立伟　　　　　　　　　　　　　　　　　　　保管员：朱德

结算联

凭证 3-17

中国工商银行转账支票存根
支票号码：VI001369001
科　　目：
对方科目：
出票日期：2014 年 12 月 4 日
收款人：哈尔滨哈达水产品公司
金　额：23 400.00
用　途：购货
单位主管：李志强 会计：张娟

（6）12月5日，办理银行汇票一张，收款人是上海食品有限公司，见凭证3-18～凭证3-21。

凭证 3-18

中国工商银行汇票申请书（存根）1

申请日期　2014 年 12 月 5 日　　　　　　　　　　　　　　NO.51675333

申请人	哈尔滨冰雪商贸有限公司	收款人	上海食品有限公司										
账号或住址	012314725836111	账号或住址	212314723336901										
用　途	采购商品	代理付款行	中国工商银行上海南京路支行										
汇票金额	伍万元整			亿	千	百	十	万	千	百	十	元	角	分
	中国工商银行南岗支行 2014.12.05 转讫	科　目： 对方科目： 财务主管				¥	5	0	0	0	0	0	0
备注						复核				记账				

此联申请人留用

凭证 3-19

中 国 工 商 银 行
INDUSTRIAL AND COMMERCIAL BANK OF CHINA

收费凭条

2014 年 12 月 5 日

付款人名称	哈尔滨冰雪商贸有限公司		付款人账号	中国工商银行哈尔滨市南岗支行 012314725836111								
服务项目（凭证种类）	数量	工本费	手续费	小　计								上述款项请从我账户支付
				百	十	万	千	百	十	元	角	分
汇款手续费	中国工商银行南岗支行 2014.12.05 转讫							0	0	0	0	预留印鉴：
币种（大写） 贰佰元整								¥	2	0	0	0 0
以下在购买凭证时填写												
		领购人证件类型										
		领购人证件号码										

记账联附件

事后监督：　　　　　　　　　　　　　　　　　　　　　　　　　记账：

凭证 3-20

付款期限
壹个月

中国工商银行

00001133

银行汇票　　2　地 1 ／ 名 01

出票日期（大写）	贰零壹肆年拾贰月零伍日	代理付款行：中国工商银行哈尔滨市南岗支行 行号：04511

收款人：上海食品有限公司	账　号：212314723336701

出票金（大写）	人民币	伍万元整

实际结算金额	人民币（大写）	千	百	十	万	千	百	十	元	角	分

申请人：哈尔滨冰雪商贸有限公司
出票行：中国工商银行哈尔滨市南岗支行　行号：04511
备　注：
见票付款

汇票专用章
2014.12.05

海王印明

账号：012314725836111

密押									
多余金额									
千	百	十	万	千	百	十	元	角	分

复核　记账

此联代理付款行付款后作联行往账借方凭证附件

凭证 3-21

付款期限
壹个月

中国工商银行（解讫通知）

00001133

银行汇票　　3　地 1 ／ 名 01

出票日期（大写）	贰零壹肆年拾贰月零伍日	代理付款行：中国工商银行哈尔滨市南岗支行 行号：04511

收款人：上海食品有限公司	账　号：212314723336901

出票金（大写）	人民币	伍万元整

实际结算金额	人民币（大写）	千	百	十	万	千	百	十	元	角	分

申请人：哈尔滨冰雪商贸有限公司
出票行：中国工商银行哈尔滨市南岗支行　行号：04511
备　注：
见票付款

汇票专用章
2014.12.05

海王印明

账号：012314725836111

密押									
多余金额									
千	百	十	万	千	百	十	元	角	分

复核　记账

此联代理付款行付款后随报单寄出票行 由出票行作多余款贷方凭证

（7）12月5日，批发部转来4日购进糖果类商品的验收单及商品溢缺报告单，见凭证3-22和凭证3-23。

凭证 3-22

收 货 单

收货单编号：PF1202　　　　　　　　　　　　存放地点：批发部仓库

收货部门：批发部　　　2014 年 12 月 5 日　供货单位：沈阳中山食品有限责任公司

货 号	品名或规格	单 位	应收数量	实收数量	采购单价	运 费	金 额	购货单位成本	
PS1201	水果糖	千克	400	450	21		9 450	21	结
PN1201	奶糖	千克	800	760	26		19 760	26	算
									账
合 计							29 210		

采购员：赵立伟　　　　　　　　　　　　　　　　　　　　保管员：王畅

凭证 3-23

商品购进短缺溢余报告单
2014 年 12 月 5 日

货 号	品 名	单 位	应收数量	实收数量	单 价	短 缺		溢 余	
						数 量	金 额	数 量	金 额
PS1201	水果糖	千克	400	450	21			50	1 050
PN1201	奶糖	千克	800	760	26	40	1 040		
合 计						40	1 040	50	1 050
供 货 单 位：沈阳中山食品有限责任公司 专用发票号码：01300711			处理意见：		溢余或短缺原因：待查				

制单：王畅

（8）12 月 6 日，批发部向本市天天商场销售糖果类商品，支票结算，见凭证 3-24～凭证 3-26。

凭证 3-24

商 品 出 库 单　　　　商品出库编号：PF20141202 号

购货单位：哈尔滨市天天商场　2014 年 12 月 6 日　　　　仓库：批发库

产品名称	单 位	销售数量	单位成本	总成本	备 注
水果糖	千克	500			
奶糖	千克	1 000			
合 计		1 500			

库管员：王畅印　　　　　　销售员：朱海印　　　　　　部门负责人：腾达印

凭证 3-25

2014 年 12 月 6 日

出票人	全 称	哈尔滨天天商场	收款人	全 称	哈尔滨冰雪商贸有限公司
	账 号	012314725836000		账 号	012314725836111
	开户银行	中国工商银行哈尔滨市南岗支行		开户银行	中国工商银行哈尔滨市南岗支行

金额	人民币（大写）伍万贰仟陆佰伍拾元整	千	百	十	万	千	百	十	元	角	分
				￥	5	2	6	5	0	0	0

票据种类	转支	票据张数	壹张
票据号码	12398321		

二手电脑款

中国工商银行
南岗支行
2014.12.06
转讫

复核　　记账

收款人开户行盖章

凭证 3-26

黑龙江省增值税专用发票　　№ 01300723

2800124623　　　　　　　　　　　　　2800124623

校验码 32121　12365　44678　6911　　开票日期：2014 年 12 月 6 日

购货单位	名 称：哈尔滨天天商场 纳税人识别号：237458159311000 地 址、电话：哈尔滨市南岗西大直街 456 号 0451-88667771 开户行及账号：中国工商银行哈尔滨市南岗支行 012314725836000	密码区	2489—1 < 9—7—61355 8 < 032/52 > 9/29533 1626 < 8—3024 > 36 —47—6 < 7 > 2*—/ > * > 6/ 加密版本！28※ 4300204521 00015625

货物或应税劳务名称	规格型号	单位	数量	单价	金额	税率	税额
水果糖		千克	500	26	13 000.00	17%	2 210.00
奶糖		千元	1 000	32	32 000.00	17%	5 440.00
合 计					￥45 000.00		￥7 650.00

价税合计（大写）	伍万贰仟陆佰伍拾元整	（小写）￥52 650.00

销货单位	名 称：哈尔滨冰雪商贸有限公司 纳税人识别号：237458159378000 地 址、电话：哈尔滨市南岗大直街 777 号　0451-88667799 开户行及账号：中国工商银行哈尔滨市南岗支行 012314725836111	备注	哈尔滨冰雪商贸有限公司 237458159378000 发票专用章

收款人：王美玉印　　复核：刘小晓印　　开票人：朱玉印　　销货单位（章）

（9）12 月 6 日，用转账支票支付广告费，见凭证 3-27～凭证 3-29。

第一联：发票联　销货方记账凭证

419

凭证 3-27

付 款 报 告 书

部门：营销部　　　　　　　　2014 年 12 月 6 日　　　　　　　编号 20141204

开 支 内 容	金 额	结 算 方 式
支付广告费	40 000.00	支票 9002
合计（大写）肆万元整		

附单据2张

主管会计：李志强印　　　单位负责人：赵玉彬印　　　出纳：刘美丽印　　　经办人：金浩印

凭证 3-28

黑龙江省广告业统一发票

发票代码：230001654321
发票号码：00100234

客户名称：哈尔滨冰雪商贸有限公司　　　2014 年 12 月 6 日

项 目	摘 要	单 位	数 量	单 价	金 额
广告费	晚 7：30 分省卫视 20 秒广告 2014 年 12 月 17 日至 2014 年 12 月 31 日	秒	20	2 000.00	40 000.00
合计（大写）肆万元整					￥40 000.00

第二联：发票联

收款：邹丽印　　　　　　经办：赵艳印　　　　　　收款单位（盖章）

凭证 3-29

中国工商银行转账支票存根
支票号码：VI001369002
科　目：
对方科目：
出票日期：2014 年 12 月 6 日

收款人：黑龙江电视传媒有限公司
金　额：40 000.00
用　途：广告费

单位主管：李志强　会计：张娟

（10）12 月 7 日，根据商品受托代销合同接受冰雪羽绒服厂羽绒服的代销业务，合同规定采取买断方式代销，该羽绒服的协议价为 210 元，销售单价为 260 元。每月末向委托方开具代销商品清单，批发部已收到商品。见凭证 3-30。（合同略）

凭证 3-30

代 销 商 品 收 货 单

收货单编号：DX1201 　　　　　　　　　　　　　　　　　存放地点：批发部仓库
收货部门：批发部 　　　　　　　　2014 年 12 月 7 日 　　　供货单位：冰雪羽绒服厂

货　号	品名或规格	单位	应收数量	实收数量	代销单价	金　额	销售单价
YRF1201	羽绒服	件	100	100	210	21 000	50
合计						21 000	

采购员：赵立伟 　　　　　　　　　　　　　　　　　　　　　　　保管员：朱德

（11）12 月 7 日，开户银行转来电子报税付款通知及进行房产税、土地使用税的纳税申报。房产税和土地使用税的征收期间为 2014 年 1 月 1 日～12 月 31 日，每年征收一次，见凭证 3-31～凭证 3-34。

凭证 3-31

房产税（城市房地产税）纳税申报表

纳税人识别号：□□□□□□□□□□□□□□□
填表日期 2014 年 12 月 6 日 　　　　　　　　　　　　金额单位：元（列至角分）

纳税人名称						税款所属期限					微机管理代码		
地　址						纳税人开户银行					账　户		
房产坐落地点						建筑面积 /M²					房屋结构	砖瓦	
上期申报 房产原值（评估）	本期增减	本期实际房产原值	其中			扣除率（%）	从价计征的房产税			从租计征的房产税			本期	应补（退）税额
			从价计税的房产原值	从租计税的房产原值	税法规定的免税房产原值		房产余值	适用税率	应纳税额	租金收入	适用税率	应纳税额	全年应纳税额	缴纳次数	应纳税额	已纳税额	
1	2	3 = 3-5-6 = 1+2	4 = 3-4-6	5 = 3-4-6	6	7	8 = 4-4×7	9	10 = 8×9	11	12	13 = 11×12	14 = 10+13	15	16 = 14÷15	17	18 = 16-17

如纳税人填报，由纳税人填写以下各栏	如代理人填报，由代理人填写以下各栏	税务机关填写	备注
纳税人公章 会 计 主 管： 办税人员签章： 日　　　期： 联 系 电 话：	代理人名称（公章） 代理人地址： 经办人签章： 日　　　期： 联 系 电 话：	收到申报表日期： 接　收　人： 税务号码记录：	房产税 1～3 季度税款征收期为季度终了后的 10 内，第四季度不能跨年度必须在 12 月 10 日前缴纳。

说明：

① 本表适用于中华人民共和国境内房产纳税人填报。

② 房产原值指纳税人按照会计制度规定，在账簿"固定资产"科目中记载的房产原价。

③ 计税房产余值＝房产原值×（1－税法规定的扣除率）。

④ 本表 1 式 3 联，第 1 联经税务机关审核后返回纳税人留存，作为已申报凭据；第 2 联申报联作为客户留存资料；第 3 联记账联，作为征收机关计财部门留存，作为税收会计应征原始凭证。申报表为 A3 横式。

凭证 3-32

城镇土地使用税纳税申报表

纳税人识别号：□□□□□□□□□□□□□□□□□□

纳税人名称：　　　　　填表日期　年　月　日　　　　金额单位：元（列至角分）

坐落地点	上期占地面积	本期增减	本期实际占地面积	法定免税面积	应税面积	土地等级	适用税额	全年应纳税款	缴纳次数	本 期		
										应纳税额	已纳税额	应补（退）税额
合　计												
备　注												

纳税人或代理人声明：此纳税申报表是根据国家税收法律的规定填报的，我确认它是真实、可靠、完整的。	如纳税人申报，由纳税人填报下列各项				受理机关签章
	办税人员（签章）	财务负责人（签章）	法定代表人（签章）	联系电话	
	如代理人申报，由代理人填报下列各项				日期　年　月　日
	代理人名称	经办人签章	代理人公章	联系电话	

凭证 3-33

中国工商银行哈尔滨市分行
电子报税付款通知

编号：012333

开户银行：南岗支行　　扣款日期：2014 年 12 月 7 日　　收缴国库：国家金库哈尔滨支库

纳税人代码	237458159378000	税务征收机关	哈尔滨市南岗区国税局
纳税人全称	哈尔滨冰雪商贸有限公司	银行账号	012314725836111
纳税人流水号	税　种	税款所属时间	实缴税款
000000000456099	增值税	2014 年 11 月 1～31 日	42 000
合计金额	（大写）肆万贰仟元整		￥42 000.00

本付款通知与银行对账单记录核对一致有效。

上述税款已经扣款，请与银行对账单核对一致
扣款银行（盖章）

2014.12.07
业务章

凭证 3-34

中国工商银行哈尔滨市分行
电子报税付款通知

编号：012333

开户银行：南岗支行　　扣款日期：2014 年 12 月 7 日　　收缴国库：国家金库哈尔滨支库

纳税人代码	237458159378000	税务征收机关	哈尔滨市南岗区地税局
纳税人全称	哈尔滨冰雪商贸有限公司	银行账号	012314725836111
纳税人流水号	税　种	税款所属时间	实缴税款
000000000456099	所得税	2014 年 11 月 1～31 日	17 000
000000000456099	营业税	2014 年 11 月 1～31 日	2 000
000000000456099	城市维护建设税	2014 年 11 月 1～31 日	3 000
000000000456099	教育费附加	2014 年 11 月 1～31 日	1 000
000000000456099	房产税	2014 年 1 月 1 日～12 月 31 日	11 760
000000000456099	土地使用税	2014 年 1 月 1 日～12 月 31 日	10 000
合计金额	（大写）肆万肆仟柒佰陆元整		￥44 760.00

本付款通知与银行对账单记录核对一致有效。

上述税款已经扣款，请与银行对账单核对一致
扣款银行（盖章）

2014.12.07
业务章

（12） 12月8日，持银行汇票从上海食品有限公司购入糖果食品，运费按重量比例分配，入库并收回余款，见凭证3-35～凭证3-40。

凭证 3-35

上海市增值税专用发票

发票联

2800124629　　　　　　　　　　　　　　　　　　　No 02100744

校验码 22121　12365　44678　6900　　　开票日期：2014 年 12 月 8 日

购货单位	名　　称：哈尔滨冰雪商贸有限公司 纳税人识别号：237458159378000 地 址、电 话：哈尔滨市南岗西大直街 777 号 0451-88667799 开户行及账号：中国工商银行哈尔滨市南岗支行 012314725836111	密码区	2489—1＜9—7—61333 8＜032/52＞9/29533　加密版本：28※ 1626＜8—3024＞36　4300204521 —47—6＜7＞2*—/＞*＞6/　00015622

货物或应税劳务名称	规格型号	单 位	数 量	单 价	金 额	税 率	税 额
水果糖		千克	800	20.00	16 000.00	17%	2 720.00
奶糖		千克	800	25.00	20 000.00	17%	3 400.00
合　计					￥36 000.00		￥6 120.00

价税合计（大写）	肆万贰仟壹佰贰拾元整	（小写）￥42 120.00

销货单位	名　　称：上海食品有限公司 纳税人识别号：210103748246789 地 址、电 话：上海市南京路 100 号　24569009 开户行及账号：中国工商银行上海市南京支行 212314723336901	备注	上海食品有限公司 210103748246789 发票专用章

收款人：单玉婷印　　　复核：刘小伟印　　　开票人：赵可印　　　销货单位（章）

凭证 3-36

上海市增值税专用发票

抵扣联

2800124629　　　　　　　　　　　　　　　　　　　No 02100744

校验码 22121　12365　44678　6900　　　开票日期：2014 年 12 月 8 日

购货单位	名　　称：哈尔滨冰雪商贸有限公司 纳税人识别号：237458159378000 地 址、电 话：哈尔滨市南岗西大直街 777 号 0451-88667799 开户行及账号：中国工商银行哈尔滨市南岗支行 012314725836111	密码区	2489—1＜9—7—61333 8＜032/52＞9/29533　加密版本：28※ 1626＜8—3024＞36　4300204521 —47—6＜7＞2*—/＞*＞6/　00015622

货物或应税劳务名称	规格型号	单 位	数 量	单 价	金 额	税 率	税 额
水果糖		千克	800	20.00	16 000.00	17%	2 720.00
奶糖		千克	800	25.00	20 000.00	17%	3 400.00
合　计					￥36 000.00		￥6 120.00

价税合计（大写）	肆万贰仟壹佰贰拾元整	（小写）￥42 120.00

销货单位	名　　称：上海食品有限公司 纳税人识别号：210103748246789 地 址、电 话：上海市南京路 100 号　24569009 开户行及账号：中国工商银行上海市南京支行 212314723336901	备注	上海食品有限公司 210103748246789 发票专用章

收款人：单玉婷印　　　复核：刘小伟印　　　开票人：赵可印　　　销货单位（章）

凭证 3-37

货物运输业增值税专用发票　　　　　　No 00301945

2200133777
00301945

开票日期：2014 年 12 月 8 日

承运人及纳税人识别号	上海仁伟大型货物运输有限公司 24045612312222X	密码区	2490—1 < 9—7—61596 8 < 032/52 > 9/29533　加密版本：01※ 1626 < 8—3024 > 36　4300204512 —47—6 < 7 > 2*—/ > * > 6/　00015633
实际受票方及纳税人识别号	哈尔滨冰雪商贸有限公司 237458159378000	发货人及纳税人识别号	上海食品有限公司 210103748246789
收货人及纳税人识别号	哈尔滨冰雪商贸有限公司 237458159378000		

| 起运地、经由、到达地 | 上海　沈阳　哈尔滨 | | |

| 费用项目及金额 | 费用项目　金 额　费用项目　金 额
运费　　1 600.00 | 运输货物信息 | 运输糖类食品 |

| 合计金额 | ￥1 600.00 | 税率 | 11% | 税额 | ￥176.00 | 机器编号 | 499012023654 |

价税合计（大写）壹仟柒佰柒拾陆元整　　　　　　　（小写）￥1 776.00

| 车种车号 | | 车船吨位 | | 备注 | |
| 主管税务机及代码 | 上海市国家税务局南京分局 | | | | |

收款人：孙大可印　　　复核：王丽印　　　开票人：赵海玉印　　　承运人

凭证 3-38

收 货 单

收货单编号：PF1203　　　2014 年 12 月 8 日　　　存放地点：批发部仓库
收货部门：批发部　　　　　　　　　　　　　　　　供货单位：上海食品有限公司

货 号	品名或规格	单 位	应收数量	实收数量	采购单价	运 费	金 额	购货单位成本
PS1203	水果糖	千克	800	800	20	800	16 800	21
PN1203	奶糖	千克	800	800	25	800	20 800	26
合计							37 600	

采购员：赵立伟　　　　　　　　　　　　　　　　保管员：王畅

凭证 3-39

付款期限
壹个月

中国工商银行

银 行 汇 票　　　　2　地 1　00001133
　　　　　　　　　　　　名 01

出票日期　　贰零壹肆年拾贰月零捌日　　代理付款行：中国工商银行哈尔滨市南岗支行
（大写）　　　　　　　　　　　　　　行号：04511

收款人：上海食品有限公司					账　号：212314723336901								
出票金 （大写）	人民币	伍万元整											
实际结算金额	人民币 （大写）	肆万叁仟捌佰玖拾陆元整		千	百	十	万	千	百	十	元	角	分
						¥	4	3	8	9	6	0	0

申请人：哈尔滨冰雪商贸有限公司　　　　　账号：012314725836111
出票行：中国工商银行哈尔滨市南岗支行　行号：0451
备　注：_____
见票付款

密押										
多余金额										
千	百	十	万	千	百	十	元	角	分	复核　记账
				¥	6	1	0	4	0	0

出票行签章　2014.12.08

（汇票专用章／海王印明）

凭证 3-40

付款期限
壹个月

中国工商银行

（多余款收账通知）

银 行 汇 票　　　　4　地 1　00001133
　　　　　　　　　　　　名 02

出票日期　　贰零壹肆年拾贰月零捌日　　代理付款行：中国工商银行哈尔滨市南岗支行
（大写）　　　　　　　　　　　　　　行号：04511

收款人：上海食品有限公司					账　号：212314723336901								
出票金 （大写）	人民币	伍万元整											
实际结算金额	人民币 （大写）	肆万叁仟捌佰玖拾陆元整		千	百	十	万	千	百	十	元	角	分
						¥	4	3	8	9	6	0	0

（中国工商银行 南岗支行 2014.12.08 转讫）

申请人：哈尔滨冰雪经贸有限公司　　　　账号：012314725836111
出票行：中国工商银行哈尔滨市南岗支行　行号：0451
备　注：_____
见票付款

密押										
多余金额										
千	百	十	万	千	百	十	元	角	分	左侧退回多余余额 已划入你账户内
				¥	6	1	0	4	0	0

出票行签章　2014.12.08

（汇票专用章／海王印明）

（13）12月8日，采购员赵立伟（一般工作人员）出差归来，报销差旅费。出差时间为12月3日至12月7日共计5天，出差地点是太原。火车票单行为400元（均为

白天乘车），住宿费为每天 80 元，另支付会务费 2 000 元。见凭证 3-41～凭证 3-43。

凭证 3-41

差 旅 费 报 销 单

报销部门：　　　　　　　　填报日期　　年　　月　　日

姓　名		职　别				出差事由				
出差起止日期自　年　月　日起至　年　月　日共　日附单据　张										
出　　发			到　　达			票务费	住宿费	补助费	其　他	合　计
月	日	地点	月	日	地点					
小　计										
总计金额（大写）						借支　　　报销　　　补				

部门主管：　　　　公司主管：　　　　财务主管：　　　　报账人：

凭证 3-42

收　据

年　　月　　日　　　　　　　　　现金付字第 20141201 号

收到人民币（大写）　　　　　　　¥ _____	
收款原因：	
批准人（签章）：　　　　　收款人（签章）：	

凭证 3-43

费 用 报 销 单

部门：采购部　　　　　2014 年 12 月 8 日　　　　　编号：20141201

支出内容	金　　额	结　算　方　式	
赵立伟报差旅费	3 520	1. 冲借款 3 000.00 元	附单据 2 张
		2. 转账_____元	
		3. 汇款_____元	
		4. 补付现金 520.00 元	
合计（大写）叁仟伍佰贰拾元整			

会计主管：李志强印　　单位负责人：腾达印　　出纳：刘美丽印　　经办人：赵立伟印

（14）12 月 8 日，批发部与新新商场订立合同并发出商品，合同规定的现金折扣

条件为 1/20、N/30，见凭证 3-44 和凭证 3-45。（合同略）

凭证 3-44

商品出库单

商品出库编号：PF20141203 号

购货单位：哈尔滨市新新商场　　2014 年 12 月 8 日　　仓库：批发库

产品名称	单位	销售数量	单位成本	总成本	备 注
水果糖	千克	500			
奶糖	千克	500			
合 计					

库管员：王畅印　　　　　销售员：朱海印　　　　　部门负责人：腾达印

凭证 3-45

黑龙江省增值税专用发票　　　　　　　　　　№ 01300724

2800124624

校验码 32121　12365　44678　6911　　　　　开票日期：2014 年 12 月 8 日

购货单位	名　　称：哈尔滨市新新商场 纳税人识别号：237458159311000 地址、电话：哈尔滨市南岗西大直街456号　0451-88667771 开户行及账号：中国工商银行哈尔滨市南岗支行 　　　　　012314725836000				密码区	2489—1 < 9—/—61355 8 < 032/52 > 9/29533 1626 < 8—3024 > 36 —47—6 < 7 > 2*—/ > * > 6/	加密版本：28※ 4300204521 00015625	
货物或应税劳务名称	规格型号	单位	数量	单价	金 额	税率	税 额	
水果糖		千克	500	26	13 000.00	17%	2 210.00	
奶糖		千元	500	32	16 000.00	17%	2 720.00	
合 计					￥29 000.00		￥4 930.00	
价税合计（大写）	叁万叁仟玖佰叁拾元整				（小写）￥33 930.00			
销货单位	名　　称：哈尔滨冰雪商贸有限公司 纳税人识别号：237458159378000 地址、电话：哈尔滨市南岗西大直街777号　0451-88667799 开户行及账号：中国工商银行哈尔滨市南岗支行 　　　　　012314725836111				备注			

收款人：王美玉印　　　　复核：刘小晓印　　　　开票人：朱玉印　　　　销货单位（章）

（15）12 月 9 日，批发部从上海时尚服装厂购进服装，款未付，商品已验收入库，运费按服装数量分配，见凭证 3-46～凭证 3-50。

凭证 3-46

上海市增值税专用发票
发票联

2800124630

校验码 22121　12365　44678　6901

No 02100747

开票日期：2014 年 12 月 9 日

| 购货单位 | 名　称：哈尔滨冰雪商贸有限公司
纳税人识别号：237458159378000
地址、电话：哈尔滨市南岗西大直街 777 号
　　　　　　0451-88667799
开户行及账号：中国工商银行哈尔滨市南岗支行
　　　　　　012314725836111 | 密码区 | 2489—1 < 9—7—61333
8 < 032/52 > 9/29533
1626 < 8—3024 > 36
—47—6 < 7 > 2*—/ > * > 6/ | 加密版本：28※
4300204521
00015622 |

货物或应税劳务名称	规格型号	单　位	数　量	单　价	金　额	税　率	税　额
男西装		套	1 000	290.00	290 000.00	17%	49 300.00
女时装		套	500	200.00	100 000.00	17%	17 000.00
合　计					￥390 000.00		￥66 300.00

| 价税合计（大写） | 肆拾伍万陆仟叁佰元整 | （小写）￥456 300.00 |

| 销货单位 | 名　　称：上海时尚服装厂
纳税人识别号：210103748246701
地址、电话：上海市南京路 100 号　24569119
开户行及账号：中国工商银行上海市南京支行
　　　　　　901011009225990321 | 备注 | 上海时尚服装厂
210103748246701
发票专用章 |

第三联：发票联　购货方记账凭证

收款人：单玉印　　复核：刘伟印　　开票人：赵大可印　　销货单位（章）

凭证 3-47

上海市增值税专用发票
抵扣联

2800124630

校验码 22121　12365　44678　6901

No 02100747

开票日期：2014 年 12 月 9 日

| 购货单位 | 名　称：哈尔滨冰雪商贸有限公司
纳税人识别号：237458159378000
地址、电话：哈尔滨市南岗西大直街 777 号
　　　　　　0451-88667799
开户行及账号：中国工商银行哈尔滨市南岗支行
　　　　　　012314725836111 | 密码区 | 2489—1 < 9—7—61333
8 < 032/52 > 9/29533
1626 < 8—3024 > 36
—47—6 < 7 > 2*—/ > * > 6/ | 加密版本：28※
4300204521
00015622 |

货物或应税劳务名称	规格型号	单　位	数　量	单　价	金　额	税　率	税　额
男西装		套	1 000	290.00	290 000.00	17%	49 300.00
女时装		套	500	200.00	100 000.00	17%	17 000.00
合　计					￥390 000.00		￥66 300.00

| 价税合计（大写） | 肆拾伍万陆仟叁佰元整 | （小写）￥456 300.00 |

| 销货单位 | 名　　称：上海时尚服装厂
纳税人识别号：210103748246701
地址、电话：上海市南京路 100 号　24569119
开户行及账号：中国工商银行上海市南京支行
　　　　　　901011009225990321 | 备注 | 上海时尚服装厂
210103748246701
发票专用章 |

第二联：抵扣联　购货方抵扣凭证

收款人：单玉印　　复核：刘伟印　　开票人：赵大可印　　销货单位（章）

凭证 3-48

货物运输业增值税专用发票
发票联

2200133909
00301948

No 00301948

开票日期：2014 年 12 月 9 日

第三联：发票联 受票方记账凭证

承运人及纳税人识别号	上海仁伟大型货物运输有限公司 24045612312222X	密码区	2490—1 ＜ 9—7—61596 加密版本：01※ 8 ＜ 032/52 ＞ 9/29533 4300204512 1626 ＜ 8—3024 ＞ 36 00015633 —47—6 ＜ 7 ＞ 2*—/ ＞ * ＞ 6/

实际受票方及纳税人识别号	哈尔滨冰雪商贸有限公司 237458159378000		

收货人及纳税人识别号	哈尔滨冰雪商贸有限公司 237458159378000	发货人及纳税人识别号	上海时尚服装厂 210103748246789

起运地、经由、到达地	上海 沈阳 哈尔滨

费用项目及金额	费用项目	金额	费用项目	金额	运输货物信息	一台液体灌装机
	运费	3 000.00				

合计金额	￥3 000.00	税率	11%	税额	￥330.00	机器编号	499012023654

价税合计（大写）叁仟叁佰叁拾元整		（小写）￥3 330.00

车种车号		车船吨位		备注	
主管税务机及代码	上海市国家税务局南京分局				

收款人：孙大可印　　复核：王丽印　　开票人：赵海玉印　　承运人

凭证 3-49

收 货 单

收货单编号：PF1204　　　　　　　　　　　　　存放地点：批发部仓库

收货部门：批发部　　　　2014 年 12 月 9 日　　　供货单位：上海时尚服装厂

货　号	品名或规格	单　位	应收数量	实收数量	采购单价	运　费	金　额	购货单位成本	
PN1201	男西服	套	1 000	1 000	290	2 000	292 000	292	结
PN1202	女时装	套	500	495	200	1 000	100 000	202	算
									联
合　计							392 000		

采购员：赵立伟　　　　　　　　　　　　　　　　　　保管员：王畅

凭证 3-50

商品购进短缺溢余报告单

2014 年 12 月 9 日

货 号	品 名	单 位	应收数量	实收数量	单 价	短 缺		溢 余	
						数 量	金 额	数 量	金 额
PN1202	女时装	套	500	495	200	5	1 000		
合　计						5	1 000		

供 货 单 位：上海时尚服装厂 专用发票号码：01300724	处理意见：	溢余或短缺原因：待查

制单：王畅

（16）12 月 9 日，批发部根据合同分期收款销售商品给哈尔滨小太阳超市（合同略），见凭证 3-51。

凭证 3-51

商 品 出 库 单　　　　商品出库编号：PF20141204 号

购货单位：哈尔滨小太阳超市　　2014 年 12 月 9 日　　仓库：　批发库

产品名称	单 位	销售数量	单位成本	总成本	备 注
水果糖	千克	300	20.00		分期收款　售价 26
奶糖	千克	300	25.00		分期收款　售价 32
合　计					

库管员：王畅印　　　　　销售员：朱海印　　　　　部门负责人：腾达印

（17）12 月 10 日，批发部向哈尔滨红博购物中心销售服装类商品，已办妥托收手续，见凭证 3-52～凭证 3-54。

凭证 3-52

商 品 出 库 单　　　　商品出库编号：PF20141205 号

购货单位：哈尔滨红博购物中心　　2014 年 12 月 10 日　　仓库：　批发库

产品名称	单 位	销售数量	单位成本	总成本	备 注
女时装	套	1 000			
男西装	套	500			
合　计					

库管员：王畅印　　　　　销售员：朱海印　　　　　部门负责人：腾达印

凭证 3-53

黑龙江增值税专用发票
发票联

2800124625　　　　　　　　　　　　　　　　　　　　　　　　　　　　No 01300725

校验码 32121　12365　44678　6911　　　　　　　　　开票日期：2014 年 12 月 10 日

购货单位	名　称：哈尔滨红博购物中心 纳税人识别号：237458159311765 地址、电话：哈尔滨市南岗西大直街 114 号 　　　　　　0451 -88666661 开户行及账号：中国工商银行哈尔滨市南岗支行 　　　　　　012314725836975	密码区	2489—1 < 9—7—61355 8 < 032/52 > 9/29533 1626 < 8—3024 > 36 —47—6 < 7 > 2*—/ > * > 6/	加密版本：28※ 4300204521 00015625

货物或应税劳务名称	规格型号	单位	数量	单价	金额	税率	税额
男西装		套	1 000	450	450 000.00	17%	76 500.00
女时装		套	500	300	150 000.00	17%	25 500.00
合　计					￥600 000.00		￥102 000.00

价税合计（大写）	柒拾万零贰仟元整	（小写）￥702 000.00

销货单位	名　　称：哈尔滨冰雪商贸有限公司 纳税人识别号：237458159378000 地址、电话：哈尔滨市南岗西大直街 777 号　0451-88667799 开户行及账号：中国工商银行哈尔滨市南岗支行 　　　　　　012314725836111	备注	

第一联：发票联　销货方记账凭证

收款人：王美玉印　　　　复核：刘小晓印　　　　开票人：朱玉印　　　　销货单位（章）

凭证 3-54

中国工商银行委托收款凭证（回单） 1

委托日期：2014 年 12 月 10 日

业务类型		委托收款（□邮划、☑电划）			托收承付（□邮划、□电划）			
汇款人	全　称	哈尔滨红博购物中心		收款人	全　称	哈尔滨冰雪商贸有限公司		
	账　号	012314725836975			账　号	012314725836111		
	地　址	黑龙江省 哈尔滨市	开户行	工商银行 南岗支行		地　址	黑龙江省哈尔滨市	开户行	工商银行 南岗支行

金额	人民币 （大写）	柒拾万零贰仟元整	千	百	十	万	千	百	十	元	角	分
				￥	7	0	2	0	0	0	0	0

款项内容	货款	托收凭据 名　称	专用发票	附寄单 证张数		2 张	

商品发运情况	货物已发	合同名称号码	3665123	

备注：	款项收妥日期			2014.12.10 收款人开户银行签章 业务章 2014 年 12 月 10 日
复核　　记账		年　月　日		

此联是收款人开户银行给收款人的受理回单

（18）12 月 10 日，向农村专业合作社收购水果，用转账支票付讫，见凭证 3-55～凭证 3-58。

凭证 3-55

付 款 报 告 书

部门：水果部　　　　　　　　2014 年 12 月 10 日　　　　　　　编号 20141205

开 支 内 容	金 额	结 算 方 式
支付收购水果款	200 000.00	转支 9003
合计（大写）贰拾万元整		

附单据 2 张

主管会计：李志强印　　　单位负责人：赵玉彬印　　　出纳：刘美丽印　　　经办人：熊河印

凭证 3-56

黑龙江省国家税务局农产品收购统一发票（网络版）

网络发票号：230117725　　　　　　　　　　发票号码：223001306045

发票代码：07466952

开票日期：2014 年 12 月 10 日　　　　　　行业分类：农产品种植及销售

出售人姓名：徐广海			身份证号码：231023196807081144			
地　　址：哈尔滨市平房区新疆村二组			电话：0451-88776677			
品　名	等级	单位	数量	单价	金额	
苹果	壹等	箱	2 000	100	200 000	
金额（大写）贰拾万元整				小写：￥200 000.00		

第一联：发票联（付款方付款凭证）（手写无效）

开票单位（未盖章无效）　　　　　收款人：吕伟　　　　　开票人：张欢

凭证 3-57

中国工商银行转账支票存根
支票号码：VI001369003
科　目：
对方科目：
出票日期：2014 年 12 月 10 日
收款人：平房水果专业社
金　额：200 000.00
用　途：购货

单位主管：李志强　会计：张娟

凭证 3-58

收 货 单

收货单编号：SG1201　　　　　　　　　　　　　　存放地点：水果部仓库

收货部门：水果部　　　　　2014 年 12 月 10 日　　　供货单位：哈平房水果专业社

货 号	品名或规格	单 位	应收数量	实收数量	采购单价	运 费	金 额	购货单位成本
SG1201	一等苹果	箱	2 000	2 000	100		200 000	100
合 计							200 000	

结算联

采购员：赵立伟　　　　　　　　　　　　　　　　　保管员：王畅

（19）12 月 11 日，收到 10 日哈尔滨红博购物中心的货款，见凭证 3-59。

凭证 3-59

中国工商银行委托收款凭证（承付支款通知）5
委托日期：2014 年 12 月 11 日

业务类型		委托收款（□邮划、☑电划）			托收承付（□邮划、□电划）											
付款人	全 称	哈尔滨红博购物中心			收款人	全 称	哈尔滨冰雪商贸有限公司									
	账 号	012314725836975				账 号	012314725836111									
	地 址	黑龙江省哈尔滨市	开户行	中国工商银行南岗支行		地 址	黑龙江省哈尔滨市	开户行	中国工商银行南岗支行							
金额	人民币（大写）	柒拾万零贰仟元整						千	百	十	万	千	百	十	元	角	分
								￥	7	0	2	0	0	0	0	0
款项内容	货款	托收凭据名 称	专用发票		附寄单证张数		2 张									
商品发运情况		货物已发	合同名称号码		3665123											
备注：		款项收妥日期														
复核　　记账			年　月　日		收款人开户银行签章 2014 年 12 月 11 日											

（此联是收款人开户银行给收款人的受理回单）

中国工商银行
南岗支行
2014.12.11
转讫

（20）12 月 11 日，批发部转来 5 日批发部入库糖果溢余处理意见，见凭证 3-60 ～ 凭证 3-63。

凭证 3-60

商品购进短缺溢余处理报告单
2014 年 12 月 11 日

货 号	品 名	单 位	应收数量	实收数量	单 价	短 缺		溢 余	
						数 量	金 额	数 量	金 额
PS1201	水果糖	千克	400	450	21			50	1 050
PN1201	奶糖	千克	800	760	26	40	1 040		
合　计						40	1 040	50	1 050

供货单位：沈阳中山食品有限公司 专用发票号码：01300711	处理意见： 同意 赵玉彬印	溢余或短缺原因： 溢余 50 千克补作购进处理。 短缺 20 千克由购货单位补发，另 20 千克由运输部门赔偿。

审批：李志强印　　　　　　　　　　　　　　　　　　　　　　制单：王畅

凭证 3-61

收 货 单

收货单编号：PF1205
收货部门：批发部　　　2014 年 12 月 11 日

存放地点：批发部仓库
供货单位：沈阳中山食品有限责任公司

货号	品名或规格	单位	应收数量	实收数量	采购单价	运费	金额	购货单位成本	
PN1201	奶糖	千克	20	20	26		520		结算联
合　计									

采购员：赵立伟　　　　　　　　　　　　　　　　　　　保管员：王畅

凭证 3-62

辽宁省增值税专用发票
发 票 联

2800124630
校验码 32121　12365　44678　6901

No 01300712
开票日期：2014 年 12 月 11 日

购货单位	名　　称：哈尔滨冰雪商贸有限公司 纳税人识别号：237458159378000 地址、电话：哈尔滨市南岗西大直街 777 号 　　　　　　0451-88667799 开户行及账号：中国工商银行哈尔滨市南岗支行 　　　　　　012314725836111	密码区	2489—1 ＜ 9—7—61333 8 ＜ 032/52 ＞ 9/29533 1626 ＜ 8—3024 ＞ 36 —47—6 ＜ 7 ＞ 2*—/ ＞ * ＞ 6/	加密版本：28※ 4300204521 00015622

货物或应税劳务名称	规格型号	单 位	数 量	单 价	金 额	税 率	税 额
水果糖		千克	50	21	1 050.00	17%	178.50
合　计					￥1 050.00	17%	￥178.50

价税合计（大写）	壹仟贰佰贰拾捌元伍角整	（小写）￥1 228.500

销货单位	名　　称：沈阳中山食品有限责任公司 纳税人识别号：280103748242222 地址、电话：沈阳市铁峰区铁锋路 700 号　24564002 开户行及账号：中国工商银行沈阳市铁锋支行 　　　　　　9010110092259922234	备注	沈阳中山食品有限责任公司 280103748242222 发票专用章

收款人：王玉婷印　　　复核：刘小丽印　　　开票人：朱可印　　　销货单位（章）

凭证 3-63

辽宁省增值税专用发票
发票联

2800124630　　　　　　　　　　　　　　　　　　№ 01300712

校验码 32121 12365 44678 6901　　　　　　开票日期：2014 年 12 月 11 日

购货单位	名　称：哈尔滨冰雪商贸有限公司 纳税人识别号：237458159378000 地址、电话：哈尔滨市南岗西大直街 777 号 0451-88667799 开户行及账号：中国工商银行哈尔滨市南岗支行 012314725836111	密码区	2489—1 < 9—7—61333 8 < 032/52 > 9/29533 1626 < 8—3024 > 36 —47—6 < 7 > 2*—/ > * > 6/	加密版本：28※ 4300204521 00015622

货物或应税劳务名称	规格型号	单位	数量	单价	金　额	税率	税　额
水果糖		千克	50	21	1 050.00	17%	178.50
合　计					¥ 1 050.00	17%	¥ 178.00

价税合计（大写）	壹仟贰佰贰拾捌元伍角整	（小写）¥ 1 228.500

销货单位	名　称：沈阳中山食品有限责任公司 纳税人识别号：280103748242222 地址、电话：沈阳市铁峰区铁锋路 700 号　24564002 开户行及账号：中国工商银行沈阳市铁锋支行 901011009225992234	备注	沈阳中山食品有限责任公司 280103748242222 发票专用章

收款人：干玉婷印　　　复核：刘小丽印　　　开票人：朱可印　　　销货单位（章）

第三联：发票联　购货方记账凭证

（21）12 月 12 日，支付参加产品销售展销会相关费用共计 3 000 元，见凭证 3-64～
凭证 3-68。

凭证 3-64

费 用 报 销 单

部门：营销部　　　　　　2014 年 12 月 12 日　　　　　　编号：20141202

支出内容	金　额	结 算 方 式
参展费	3 000	1. 冲借款 _____ 元 2. 转账（现金支票）3 000 _____ 元（0006） 3. 汇款 _____ 元 4. 补付现金 _____ 元
合计（大写）叁仟元整		

附单据 2 张

会计主管：李志强印　　　单位负责人：赵燕印　　　出纳：刘美丽印　　　经办人：金浩印

凭证 3-65

中国工商银行现金支票存根
支票号码：VI0012580006
科　　目：_____
对方科目：_____
出票日期：2014 年 12 月 12 日

收款人：金浩
金　额：3 000.00
用　途：参展会费用

单位主管：李志强 会计：张娟

凭证 3-66

黑龙江省地方税务局通用机打发票
发票联

发票代码：223001306001
发票号码：07466964
行业分类：服务业

开票日期：2013 年 12 月 12 日

机打代码：223001340001					
机打号码：07466064 　　　 防伪码：74F21391A93913D9A82B0A3AB5D69169					
付款方名称：哈尔滨冰雪商贸有限公司					
经营项目	单 位	数 量	单 价	金 额	
印制单证费	套	10	50	500.00	

合　计（大写）：伍佰元整
合　计（小写）：500.00
收款方（签章）：哈尔滨红博印务中心

第一联：发票联（付款方付款凭证）（手写无效）

凭证 3-67

黑龙江省地方税务局通用机打发票
发票联

发票代码：223001306011
发票号码：07466956
行业分类：邮电通信业

开票日期：2013 年 12 月 12 日

机打代码：223001340231					
机打号码：07466064 　　　 防伪码：74F21391A93913D9A82B0A3AB5D69169					
付款方名称：哈尔滨冰雪商贸有限公司					
经营项目	单 位	数 量	单 价	金 额	
展销会场地租金	摊位	2	1 000	2 000	

合　计（大写）：贰仟元整
合　计（小写）：2 000.00
收款方（签章）：哈尔滨红博国际展览中心

第一联：发票联（付款方付款凭证）（手写无效）

凭证 3-68

黑龙江省地方税务局通用机打发票
发票联

发票代码：223001306099
发票号码：07466955
行业分类：邮电通信业

开票日期：2013 年 12 月 12 日

机打代码：223001340020					
机打号码：07466955 　　　 防伪码：74F21391A93913D9A82B0A3AB5D69169					
付款方名称：哈尔滨冰雪商贸有限公司					
经营项目	单 位	数 量	单 价	金 额	
自动门修理费				500.00	

合　计（大写）：伍佰元整
合　计（小写）：500.00
收款方（签章）：哈尔滨白云快修公司

第一联：发票联（付款方付款凭证）（手写无效）

（22）12月12日，支付11月份工资，见凭证3-69~凭证3-71。

凭证3-69

付 款 报 告 书

部门：财务部 　　　　　　2014 年 12 月 12 日 　　　　　　编号：20141206

开 支 内 容	金 额	结 算 方 式	
支付 11 月份工资	46 100	转账 80004	附单据2张
		转账付讫	
合计（大写）肆万陆仟壹佰元整			

主管会计：李志强印 　　　单位负责人：赵玉彬印 　　　出纳：刘丽印 　　　经办人：张娟印

凭证3-70

中国工商银行转账支票存根
支票号码：VI001369004
科　　　目：
对方科目：
出票日期：2014 年 12 月 12 日

| 收款人：工资账户 |
| 金　额：46 100.00 |
| 用　途：11 月份工资 |

单位主管：李志强 会计：张娟

凭证3-71

2014 年 11 月职工工资发放明细表

2014 年 12 月 12 日 　　　　　　　　　　单位：元

部 门	职工编号	职工姓名	实发工资	部 门	职工编号	职工姓名	实发工资
办公室	0101	赵玉彬	5 000.00	营销部	0201	赵燕	4 000.00
财务部	0301	李志强	4 000.00	采购部	0401	腾达	4 000.00
⋮	⋮	⋮	⋮	⋮	⋮	⋮	⋮
合 计 （行政人员）			15 200.00	合 计（营销人员）			30 900.00

制表人：张娟印 　　　部门负责人：李志强印 　　　单位公章： 　　　经办人：刘丽印

（23）12月13日，收到9日分期收款销售给哈尔滨小太阳超市的部分货款，见凭证3-72~凭证3-73。

凭证 3-72

中国工商银行进账单（收账通知） 3

2014 年 12 月 13 日

出票人	全　称	哈尔滨小太阳超市	收款人	全　称	哈尔滨冰雪商贸有限公司
	账　号	012314725836123		账　号	012314725836111
	开户银行	工商银行哈尔滨市南岗支行		开户银行	工商银行哈尔滨市南岗支行

金额	人民币（大写）壹万零壹佰柒拾玖元整	百	十	万	千	百	十	元	角	分
			¥	1	0	1	7	9	0	0

票据种类	转支	票据张数	壹张
票据号码	12398301		
二手电脑款			

中国工商银行
南岗支行
2014.12.13
转讫

复核　　记账

收款人开户行盖章

凭证 3-73

黑龙江省增值税专用发票

发票联

2800124623

校验码 32121　12365　44678　6911

№ 01300724

开票日期：2014 年 12 月 13 日

购货单位	名　　　称	哈尔滨小太阳超市	密码区	2489—1 < 9—7—61355
	纳税人识别号：	237458159333000		8 < 032/52 > 9/29533　加密版本：28※
	地址、电话：	哈尔滨市南岗西大直街 256 号		1626 < 8—3024 > 36　　4300204521
		0451-88668881		00015625
	开户行及账号：	中国工商银行哈尔滨市南岗支行		—47—6 < 7 > 2*—/ > * > 6/
		012314725834567		

货物或应税劳务名称	规格型号	单位	数量	单价	金额	税率	税额
水果糖		千克	150	26	3 900.00	17%	663.00
奶糖		千元	150	32	4 800.00	17%	816.00
合　计					¥ 8 700.00		¥ 1 479.00

价税合计（大写）	壹万零壹佰柒拾玖元整	（小写）¥ 10 179.00

销货单位	名　　　称	哈尔滨冰雪商贸有限公司	备注	
	纳税人识别号：	237458159378000		
	地址、电话：	哈尔滨市南岗西大直街 777 号　0451-88667799		
	开户行及账号：	中国工商银行哈尔滨市南岗支行		
		012314725836111		

哈尔滨冰雪商贸有限公司
237458159378000
发票专用章

（24）12 月 14 日，销售给哈尔滨红博购物中心的女时装做工有瑕疵，要求给予一定的折让，经协商在价格上给予 10% 的折让，见凭证 3-74 ～ 凭证 3-75。

凭证 3-74

黑龙江省增值税专用发票

发票联

2800124626

校验码 32121 12365 44678 6911

№ 01300726

开票日期：2014 年 12 月 14 日

购货单位	名　称：哈尔滨红博购物中心		
	纳税人识别号：237458159311765		
	地址、电话：哈尔滨市南岗西大直街 114 号		
	0451-88666661		
	开户行及账号：中国工商银行哈尔滨市南岗支行		
	012314725836975		

密码区

2489—1 < 9—7—61355
8 < 032/52 > 9/29533
1626 < 8—3024 > 36
—47—6 < 7 > 2*—/ > * > 6/

加密版本：28※
4300204521
00015625

货物或应税劳务名称	规格型号	单位	数量	单价	金　额	税率	税　额
女时装		套	500	30	15 000.00	17%	2 550.00
合　计					￥15 000.00	17%	￥2 550.00

价税合计（大写）	壹万柒仟伍佰伍拾元整	（小写）￥17 550.00

销货单位	名　称：哈尔滨冰雪商贸有限公司	备注
	纳税人识别号：237458159378000	
	地址、电话：哈尔滨市南岗西大直街 777 号　0451-88667799	
	开户行及账号：中国工商银行哈尔滨市南岗支行	
	012314725836111	

收款人：王美玉印　　　复核：刘小晓印　　　开票人：朱玉印　　　销货单位（章）

注：凭证中浅色字体表示实际凭证中的红色字体。下同。

凭证 3-75

哈尔滨市国家税务局
企业进货退出及索取折让证明单

№0123

销货单位	全称	哈尔滨冰雪商贸有限公司		
	税务登记号	237458159378000		

进货退出	货物名称	单价	数量	货款	税额

索取折让	货物名称	货款	税额	要求	
				折让金额	折让税额
	女时装	150 000	25 500	15 000	2 550

退货或索取折让理由	做工瑕疵　经办人：李晓红　单位签章：2014 年 12 月 14 日	税务征收机关签章	同意　经办人：刘洪明　单位签章：2014 年 12 月 14 日

购货单位	全称	哈尔滨红博购物中心
	税务登记号	237458159311765

本证明单一式三联：第一联征收机关留存；第二联交销货单位；第三联购货单位留存。

（25）12 月 15 日，批发部向牡丹江市大福源超市销售糖块，收到银行汇票并存入银行，见凭证 3-76～凭证 3-78。

凭证 3-76

商 品 出 库 单

商品出库编号：PF20141206 号

购货单位：牡丹江大福源超市　　　2014 年 12 月 15 日　　　仓库：　批发库

产品名称	单 位	销售数量	单位成本	总成本	备 注
水果糖	千克	200			
奶糖	千克	700			
合　计					

库管员：王畅印　　　　　销售员：朱海印　　　　　部门负责人：腾达印

凭证 3-77

黑龙江省增值税专用发票

发 票 联

2800124627

校验码 32121　12365　44678　6911

No 01300727

开票日期：2014 年 12 月 15 日

购货单位	名　　　称：牡丹江大福源超市 纳税人识别号：237458159333000 地址、电话：牡丹江东小一条路 20 号　0453-66888171 开户行及账号：中国工商银行牡丹江太平路支行 　　　　　　　013414725834567	密码区	2489—1 < 9—7—61355 8 < 032/52 > 9/29533　　加密版本：28※ 1626 < 8—3024 > 36　　4300204521 　　　　　　　　　　　00015625 —47—6 < 7 > 2*—/ > * > 6/

货物或应税劳务名称	规格型号	单 位	数 量	单 价	金 额	税 率	税 额
水果糖		千克	200	26	5 200.00	17%	884.00
奶糖		千元	700	32	22 400.00	17%	3 808.00
合　计					￥27 600.00		￥4 692.00

价税合计（大写）	叁万贰仟贰佰玖拾贰元整	（小写）￥32 292.00

销货单位	名　　　称：哈尔滨冰雪商贸有限公司 纳税人识别号：237458159378000 地址、电话：哈尔滨市南岗西大直街 777 号　0451-88667799 开户行及账号：中国工商银行哈尔滨市南岗支行 　　　　　　　012314725836111	备注	哈尔滨冰雪商贸有限公司 237458159378000 发票专用章

第一联：发票联　销货方记账凭证

凭证 3-78

中国工商银行进账单（收账通知）3
2014 年 12 月 13 日

出票人	全 称	牡丹江大福源超市	收款人	全 称	哈尔滨冰雪商贸有限公司									
	账 号	013414725834567		账 号	012314725836111									
	开户银行	中国工商银行牡丹江太平路支行		开户银行	中国工商银行哈尔滨市南岗支行									
金额	人民币（大写）叁万贰仟贰佰玖拾贰元整				百	十	万	千	百	十	元	角	分	
					￥	3	2	2	9	2	0	7	0	
	票据种类	银行汇票	票据张数	壹张				收款人开户行盖章						

中国工商银行
南岗支行
2014.12.13
转讫

（26）12 月 15 日，批发部转来 9 日入库商品溢余商品处理报告单，短缺 5 件女时装（系对方少发），经协商由对方补发商品，见凭证 3-79 和凭证 3-80。

凭证 3-79

商品购进短缺溢余报告单
2014 年 12 月 15 日

货 号	品 名	单 位	应收数量	实收数量	单 价	短缺		溢余	
						数 量	金 额	数 量	金 额
PN1202	女时装	套	500	495	200	5	1 000		
合 计						5	1 000		

供 货 单 位：上海时尚服装厂
专用发票号码：01300724

处理意见：
同意
赵玉彬印

溢余或短缺原因：供货方少发。

制单：王畅

凭证 3-80

收 货 单

收货单编号：PF1206
收货部门：批发部
2014 年 12 月 15 日

存放地点：批发部仓库
供货单位：上海时尚服装厂

货 号	品名或规格	单 位	应收数量	实收数量	采购单价	运费	金 额	购货单位成本
PN1202	女时装	套	5	5	200		1 000	
合 计								

结算联

采购员：赵立伟

保管员：王畅

（27）12 月 16 日，水产部、水果部转来上半月销售收入，现金于当天存入银行，见凭证 3-81～凭证 3-84。

凭证 3-81

商品销售收入缴款单

缴款部门：水产部　　　　　2014 年 12 月 16 日

货款种类	张数	金额	货款种类	张数	金额
现金： 票面 100 元 票面 50 元 票面 20 元 票面 10 元 票面 5 元 票面 1 元 角票 分币	300	30 000			
缴款金额（大写）叁万元整			￥30 000.00		
缴款所属期限：2014 年 12 月 1 日至 12 月 15 日					
备　注：					

注：凭证中浅色字体表示了实际凭证中的红色字体。卜同。

凭证 3-82

商品销售收入缴款单

缴款部门：水果部　　　　　2014 年 12 月 16 日

货款种类	张数	金额	货款种类	张数	金额
现金： 票面 100 元 票面 50 元 票面 20 元 票面 10 元 票面 5 元 票面 1 元 角票 分币	200 400	20 000 20 000			
缴款金额（大写）肆万元整			￥40 000.00		
缴款所属期限：2014 年 12 月 1 日至 12 月 15 日					
备　注：					

凭证 3-83

中国工商银行现金存款凭证

2014 年 12 月 16 日

存款人	全　称	哈尔滨冰雪商贸有限公司		项款来源	销售款
	账　号	012314725836111			
	开户行	中国工商银行哈尔滨市南岗支行		交款人	

金额大写	柒万元整			金额小写	RMB 70 000.00

票　面	张　数	票　面	张　数	票　面	张　数	
一百元	500	五角				中国工商银行
五十元	400	一角				南岗支行
二十元		二角				2014.12.16
十元		分币				转讫
五元						
二元						
一元						经办　　复核

凭证 3-84

商 品 出 库 单　　　商品出库编号：SG141201 号

购货单位：个人　　　　2014 年 12 月 16 日　　　仓库：　水果

产品名称	单　位	销售数量	单位成本	总成本	备　注
水果	千克	3 750	5	18 750	
合　计		3 750		18 750	

库管员：熊河印　　　　　　销售员：郎仪印　　　　　　部门负责人：田伟印

（28）12 月 17 日，批发部销售服装，刷卡结算。见凭证 3-85～凭证 3-88。

凭证 3-85

商 品 出 库 单　　　商品出库编号：PF20141207 号

购货单位：哈尔滨百利购物中心　　2014 年 12 月 17 日　　　仓库：　批发库

产品名称	单　位	销售数量	单位成本	总成本	备　注
女时装	套	1 000			
男西装	套	400			
合　计					

库管员：王畅印　　　　　　销售员：朱德印　　　　　　部门负责人：腾达印

凭证 3-86

黑龙江省增值税专用发票

2800124626　　　　　　　　　发票联　　　　　　　　　　No 01300726

校验码 32121　12365　44678　6911　　　　　开票日期：2014 年 12 月 17 日

购货单位	名　　称：哈尔滨百利购物中心	密码区	2489—1 ＜ 9—7—61355
	纳税人识别号：237458159322765		8 ＜ 032/52 ＞ 9/29533　　加密版本：28※
	地址、电话：哈尔滨市平坊红旗大街 119 号		1626 ＜ 8—3024 ＞ 36　　4300204521
	0451-88000171		—47—6 ＜ 7 ＞ 2*—/ ＞ * ＞ 6/　　00015625
	开户行及账号：中国工商银行哈尔滨市平房支行		
	01231472589876		

货物或应税劳务名称	规格型号	单　位	数　量	单　价	金　额	税　率	税　额
男西装		套	1 000	450	450 000.00	17%	76 500.00
女时装		套	400	300	120 000.00	17%	20 400.00
合　计					￥570 000.00		￥96 900.00

| 价税合计（大写） | 陆拾陆万陆仟玖佰元整 | （小写）￥666 900.00 |

销货单位	名　　称：哈尔滨冰雪商贸有限公司	备注
	纳税人识别号：237458159378000	
	地址、电话：哈尔滨市南岗西大直街 777 号　0451-88667799	
	开户行及账号：中国工商银行哈尔滨市南岗支行	
	012314725836111	

收款人：王美玉印　　　复核：刘小晓印　　　开票人：朱玉印　　　销货单位（章）

凭证 3-87

POS 签购单　　　UnionPay 银联
POS SALES SLIP

商户名称（中英文）：哈尔滨冰雪商贸有限公司
MERCHANT NAME：
商户编号：012314725836111
MERCHANT NO：
终端编号：14010777　　操作员　01
TERMINAL
卡号：622909********24717/S
CARD NO

发卡行号：中国银行 收单行号：工商银行
ISS NO　　　　ACQ NO
交易类型：购货　有效期：2016/03
TXN TYPE　　　EXP DATE
批次号：000008　凭证号：
BATCH NO：　　　　000470
授权码：814617　日期 / 时间：
AUTH NO：　　　2014/12/17 14：45：50
参考号：31100203
REE NO：
金额：RMB 666 900.00
AMOUNT

备注：预授权码 /AUTH NO：
REFEREYY

持卡人签名　CARDHOLDER SIGNATURE
　　　崔美美
本人确认以上交易，同意将其记入本卡账户
I ACKNOWLEDGE SATISFACTORY RECEIPT
OF RELATIVE GOODS、SERVICES

收款凭证

凭证 3-88

中国工商银行银联卡	编　　　号：08123
汇 计 单	日　　　期：2014 年 12 月 17 日
	签约单总份数　1 份
签约单名称：	
哈尔滨冰雪商贸有限公司	总 计 金 额　666 900.00
	手 续 费 9‰　6 002.10
特约单位编号：	合 计 金 额　660 897.90

第一联单位据退
特约单位：银行交盖费章收后据

中国工商银行
南岗支行
2014.12.17
转讫

（29）12 月 17 日补提 11 月五险一金及工会经费、职工教育经费和职工福利费，见凭证 3-89 和凭证 3-90。

凭证 3-89

2014 年 11 月份职工薪酬结算汇总表

部　门	应付工资	各种扣款						实发工资
		养老保险（8%）	医疗保险（2%）	失业保险（1%）	公积金（8%）	个人所得税	扣款合计	
行政	20 000.00	1 600.00	400.00	200.00	1 600.00	1 000.00	4 800.00	15 200.00
经销	40 000.00	3 200.00	800.00	400.00	3 200.00	1 500.00	9 100.00	30 900.00
合计	60 000.00	4 800.00	1 200.00	600.00	4 800.00	2 500.00	13 900.00	46 100.00

凭证 3-90

2014 年 11 月职工薪酬企业负担部分汇总表

部　门	应付工资	企业承担部分									
		养老保险（20%）	医疗保险（8%）	失业保险（2%）	生育保险（1%）	工伤保险（1%）	公积金（8%）	职工教育经费（1.5%）	工会经费（2%）	福利费（4%）	合计
行政	20 000.00	4 000.00	1 600.00	400.00	200.00	200.00	1 600.00	300.00	400.00	800.00	9 500.00
经销	40 000.00	8 000.00	3 200.00	800.00	400.00	400.00	3 200.00	600.00	800.00	1600.00	19 000.00
合计	60 000.00	12 000.00	4 800.00	1 200.00	600.00	600.00	4 800.00	900.00	1 200.00	2 400.00	28 500.00

（30）12 月 18 日，将计提住房公积划拨市住房公积金管理中心，见凭证 3-91～凭证 3-93。

凭证 3-91

付 款 报 告 书

部门：财务部　　　　　　　　　　2014 年 12 月 18 日　　　　　　　　编号 20141207

开 支 内 容	金　额	结 算 方 式	
支付 11 月住房公积金	9 600.00	划转	附单据2张
		转账付讫	
合计（大写）玖仟陆佰元整			

主管会计：李志强印　　　　　单位负责人：赵玉彬印　　　　　出纳：刘丽印　　　　　经办人：张娟印

凭证 3-92

住 房 公 积 金 缴 存 回 单

| 哈尔滨住房公积金管理中心 | | 2014 年 12 月 18 日 | | No 00110930033 |

缴存单位	单位全称	哈尔滨冰雪商贸有限公司	收款单位	单位全称	哈尔滨市住房公积金管理中心
	付款账号	012314725836111		收款账号	601902017009777
	开户银行	中国工商银行哈尔滨市南岗支行		经办银行	中国建设银行哈尔滨南岗支行

汇（补）缴金额 大写	玖仟陆佰元整	千	百	十	万	千	百	十	元	角	分
					¥9	6	0	0	0	0	0

汇（补）缴凭证号	本月实缴金额	上月暂存款金额	本月实缴金额	本月暂存款金额
委托收款结算凭证 201311	9 600.00	0.00	9 600.00	0.00
单位公积金账号	2056800007111			

摘要：汇缴 2013 年 11 月，人数 20 人
单位汇缴款：4 800.00 元
个人汇缴款：4 800.00 元

上述款项已转入你单位个人公积金账户 2014.12.18

凭证 3-93

住房公积金补缴清册

单位账号：2056800007111　　　　　　　　　　　　　　　　单位：元

单位全称：公章

补缴 2014 年 11 月至 2014 年 11 月　　　　　　　共 1 页　　第 1 页

序号	姓名	个人账号										金额	备注
101	赵玉彬	8	0	1	0	3	0	0	0	1	1	400.00	
302	李志强	8	0	1	0	3	0	0	0	1	2	320.00	单位和个人缴存比例各为 50%
303	赵燕	8	0	1	0	3	0	0	0	1	3	320.00	
304	腾达	8	0	1	0	3	0	0	0	1	4	320.00	
⋮	⋮	⋮	⋮	⋮	⋮	⋮	⋮	⋮	⋮	⋮	⋮	⋮	
合　　　计												9 600.00	

（31）12 月 18 日，将计提社会保险划拨市社会保险基金结算管理中心，见凭证
3-94～凭证 3-99。

凭证 3-94

付 款 报 告 书

部门：财务部　　　　　　　　　2014 年 12 月 18 日　　　　　　　编号 20141208

开 支 内 容	金 额	结 算 方 式
支付 11 月份社会保险	25 800	划转
	转账付讫	
合计（大写）贰万伍仟捌佰元整		

附单据 5 张

主管会计：李志强印　　　　单位负责人：赵玉彬印　　　　出纳：刘丽印　　　　经办人：张娟印

凭证 3-95

财政票据监制专
黑龙江省
财政部监制

黑龙江省社会保险费票据

2014 年 12 月 18 日　　　　　　　　　　　　　　　　　　NO331801768101

缴费单位或缴费人	全　称	哈尔滨冰雪商贸有限公司	单位代码	110101222987654
	开户行	中国工商银行哈尔滨市南岗支行	行　号	04511
	账　号	012314725836111		

缴费金额	人民币（大写）壹万陆仟捌佰元整	￥16 800 .00

缴费日期	2014 年 11 月 至 2014 年 11 月

缴费项目 险种：养老社会保险 滞纳金：0.00 元 单位缴纳：12 000.00 元 个人缴纳： 4 800.00 元	备注 补打：中间业务流水号 768090 打印日期 2014.12.18

收款单位（盖章）：　　　　　　　　收款人：　　　　　　　　（微机专用手写无效）

第一联：收据

凭证 3-96

财政票据监制专
黑龙江省
财政部监制

黑龙江省社会保险费票据

2014 年 12 月 18 日　　　　　　　　　　　　　　　　　　NO331801768102

缴费单位或缴费人	全　称	哈尔滨冰雪商贸有限公司	单位代码	110101222987654
	开户行	中国工商银行哈尔滨市南岗支行	行　号	04511
	账　号	012314725836111		

缴费金额	人民币（大写）壹仟捌佰元整	￥1 800.00

缴费日期	2014 年 11 月 至 2014 年 11 月

缴费项目 险种：失业保险 滞纳金：0.00 元 2014.12.18 单位缴纳：1 200.00 元 个人缴纳： 600.00 元	备注 补打：中间业务流水号 768090 打印日期 2014.12.18

收款单位（盖章）：　　　　　　　　收款人：　　　　　　　　（微机专用手写无效）

第一联：收据

凭证 3-97

财政票据监制专
黑龙江省
财政部监制

黑龙江省社会保险费票据

2014 年 12 月 18 日　　　　　　　　　　　　　　　　　　NO331801768103

缴费单位或缴费人	全　称	哈尔滨冰雪商贸有限公司	单位代码	110101222987654
	开户行	中国工商银行哈尔滨市南岗支行	行　号	04511
	账　号	012314725836111		

缴费金额	人民币（大写）陆佰元整	￥600.00

缴费日期	2014 年 11 月 至 2014 年 11 月

缴费项目 险种：工伤保险 滞纳金：0.00 元 2014.12.18 单位缴纳：600.00 元 个人缴纳： 0.00 元	备注 补打：中间业务流水号 768090 打印日期 2014.12.18

收款单位（盖章）：　　　　　　　　收款人：　　　　　　　　（微机专用手写无效）

凭证 3-98

黑龙江省社会保险费票据

2014 年 12 月 18 日　　　　　　　　　　　　　　　　　　　NO331801768104

缴费单位或缴费人	全　称	哈尔滨冰雪商贸有限公司	单位代码	110101222987654
	开户行	中国工商银行哈尔滨市南岗支行	行　号	04511
	账　号	012314725836111		

| 缴费金额 | 人民币（大写）陆仟元整 | ￥6 000.00 |

| 缴费日期 | 2014　年　11　月　至　2014　年　11　月 |

| 缴费项目
险种：医疗保险　　滞纳金：0.00 元
单位缴纳：4 800.00 元
个人缴纳：1 200.00 元
大病保险：0.00 元 | 备注
补打：中间业务流水号 768090

打印日期 2014.12.18 |

收款单位（盖章）：　　　　　收款人：　　　　　　　　　　（微机专用手写无效）

凭证 3-99

黑龙江省社会保险费票据

2014 年 12 月 18 日　　　　　　　　　　　　　　　　　　　NO331801768105

缴费单位或缴费人	全　称	哈尔滨冰雪商贸有限公司	单位代码	110101222987654
	开户行	中国工商银行哈尔滨市南岗支行	行　号	04511
	账　号	012314725836111		

| 缴费金额 | 人民币（大写）陆佰元整 | ￥600.00 |

| 缴费日期 | 2013　年　11　月　至　2013　年　11　月 |

| 缴费项目
险种：生育保险　　滞纳金：0.00 元
单位缴纳：600.00 元
个人缴纳：0.00 元 | 备注
补打：中间业务流水号 765540

打印日期 2014.12.18 |

收款单位（盖章）：　　　　　收款人：　　　　　　　　　　（微机专用手写无效）

（32）12 月 19 日，将工会经费划拨市总工会，见凭证 3-100 和凭证 3-101。

凭证 3-100

付　款　报　告　书

部门：财务部　　　　　2014 年 12 月 19 日　　　　　编号 20141209

开　支　内　容	金　　额	结　算　方　式
支付 11 月份工会经费	480.00	划转
		转账付讫
合计（大写）肆佰捌拾元整		

附单据 1 张

主管会计：李志强印　　　单位负责人：赵玉彬印　　　出纳：刘丽印　　　经办人：张娟印

凭证 3-101

黑龙江省非税收入一般缴款书（收据）4

征收日期：2014 年 12 月 19 日　执收单位名称：哈尔滨市南岗区地方税务局　№ 00691588

组织机构代码　203100101-8

付款人	全　称	哈尔滨冰雪商贸有限公司	收款人	全　称	哈尔滨市南岗区地方税务局
	开户行	中国工商银行哈尔滨市南岗支行		开户行	中国银行南岗支行
	账　号	012314725836111		账　号	012314725800900

金额（大写）肆佰捌拾元整				（小写）￥480.00	
项目编码	收入项目名称	单　位	数　量	收费标准	金　额
88060003	工会经费		60 000.00	0.8%	480.00

执收执罚单位（盖章） 经办人盖章 2014.12.19	备注

第四联：执收执罚单位给缴款人的收据

（33）12 月 20 日，哈尔滨百利购物中心 17 日所购服装类商品款式与合同严重不符，要求全部退货，经协商同意退货，见凭证 3-102～凭证 3-105。

凭证 3-102

商　品　出　库　单　　商品出库编号：PF20141207 号

购货单位：哈尔滨百利购物中心　　2014 年 12 月 20 日　　仓库：　　批发库

产品名称	单　位	销售数量	单位成本	总成本	备　注
男时装	套	1 000			
女西装	套	400			
合　计					

库管员：王畅印　　　　　　销售员：朱德印　　　　　部门负责人：腾达印

凭证 3-103

黑龙江省增值税专用发票
发票联

2800124626

校验码 32121　12365　44678　6911

№ 01300726

开票日期：2014 年 12 月 20 日

购货单位	名　　　称：哈尔滨百利购物中心 纳税人识别号：237458159322765 地　址、电话：哈尔滨市平坊红旗大街 119 号 0451-88000171 开户行及账号：中国工商银行哈尔滨市平房支行 01231472589876	密码区	2489—1 ＜ 9—7—61355 8 ＜ 032/52 ＞ 9/29533　加密版本：28※ 1626 ＜ 8—3024 ＞ 36　4300204521 00015625 —47—6 ＜ 7 ＞ 2*—/ ＞ * ＞ 6/

第一联：发票联　销货方记账凭证

货物或应税劳务名称	规格型号	单位	数量	单价	金额	税率	税额
男西装		套	1 000	450	450 000.00	17%	76 500.00
女时装		套	400	300	120 000.00	17%	20 400.00
合　计					￥570 000.00		￥96 900.00

价税合计（大写）	陆拾陆万陆仟玖佰元整	（小写）￥666 900.00

销货单位	名　　　称：哈尔滨冰雪商贸有限公司 纳税人识别号：237458159378000 地　址、电话：哈尔滨市南岗西大直街 777 号　0451-88667799 开户行及账号：中国工商银行哈尔滨市南岗支行 012314725836111	备注	237458159378000 发票专用章

收款人：王美玉印　　　复核：刘小晓印　　　开票人：朱玉印　　　销货单位（章）

凭证 3-104

哈尔滨市国家税务局
企业进货退出及索取折让证明单

NO0128

销货单位	全称	哈尔滨冰雪商贸有限公司
	税务登记号	237458159378000

进货退出	货物名称	单价	数量	货款	税额
	男西装	450	1 000	450 000.00	76 500.00
	女时装	300	400	120 000.00	20 400.00

索取折让	货物名称	货款	税额	要求	
				折让金额	折让税额

退货或索取折让理由	款式不符 经办人：杨晓娜 单位签章： 2014 年 12 月 20 日	税务征收机关签章	同意 经办人：刘洪明 单位签章： 2014 年 12 月 20 日

购货单位	全　称	哈尔滨百利购物中心
	税务登记号	237458159322765

本证明单一式三联：第一联征收机关留存；第二联交销货单位；第三联购货单位留存。

凭证 3-105

中国工商银行转账支票存根

支票号码：	VI001369005
科　　目：	
对方科目：	
出票日期：	2014 年 12 月 20 日
收款人：	哈尔滨百利购物中心
金　　额：	666 900.00
用　　途：	退货款
单位主管：李志强　　会计：张娟	

（34）12 月 21 日，批发部从上海食品有限公司购糖果类食品入库并开出两个月的商业承兑汇票支付货款，见凭证 3-106～凭证 3-111。

凭证 3-106

收 货 单

收货单编号：PF1207　　　　　　　　　　　　　　　　　　　　　　　　存放地点：批发部仓库

收货部门：批发部　　　　　　　　2014 年 12 月 21 日　　　　　供货单位：上海食品有限公司

货　号	品名或规格	单 位	应收数量	实收数量	采购单价	运 费	金 额	购货单位成本
PS1203	水果糖	千克	2 000	2 000	21		42 000	21
PN1203	奶糖	千克	2 000	2 000	26		52 000	26
合　计							94 000	

采购员：赵立伟　　　　　　　　　　　　　　　　　　　　　　　　　　保管员：王畅

结算联

凭证 3-107

上海市增值税专用发票

2800124629　　　　　　　　　　发 票 联　　　　　　　　　No 02100746

校验码 22121　12365　44678　6900　　　　　　　　开票日期：2014 年 12 月 21 日

购货单位	名　　称：哈尔滨冰雪商贸有限公司 纳税人识别号：237458159378000 地 址、电 话：哈尔滨市南岗西大直街 777 号 　　　　　　0451-88667799 开户行及账号：中国工商银行哈尔滨市南岗支行 　　　　　　012314725836111	密码区	2489—1 < 9—7—61333 8 < 032/52 > 9/29533　加密版本：28※ 1626 < 8—3024 > 36　4300204521 —47—6 < 7 > 2*—/ > * > 6/　00015622

货物或应税劳务名称	规格型号	单 位	数 量	单 价	金 额	税 率	税 额
水果糖		千克	2 000	21.00	42 000.00	17%	7 140.00
奶糖		千克	2 000	26.00	52 000.00	17%	8 840.00
合　计					¥ 94 000.00		¥ 15 980.00

价税合计（大写）	拾万零玖仟玖佰捌拾元整	（小写）¥ 109 980.00	

销货单位	名　　称：上海食品有限公司 纳税人识别号：210103748246789 地 址、电 话：上海市南京路 100 号　24569009 开户行及账号：中国工商银行上海市南京支行 　　　　　　212314723336901	备注	

收款人：单玉婷印　　　　复核：刘小伟印　　　　开票人：赵可印　　　　销货单位（章）

第三联：发票联　购货方记账凭证

凭证 3-108

2800124629

校验码 22121 12365 44678 6900

上海市增值税专用发票

抵扣联

No 02100746

开票日期：2014 年 12 月 21 日

购货单位	名　　　称：哈尔滨冰雪商贸有限公司 纳税人识别号：237458159378000 地 址、电话：哈尔滨市南岗西大直街 777 号 0451-88667799 开户行及账号：中国工商银行哈尔滨市南岗支行 012314725836111	密码区	2489—1 ＜ 9—7—61333 8 ＜ 032/52 ＞ 9/29533 1626 ＜ 8—3024 ＞ 36 —47—6 ＜ 7 ＞ 2*—/ ＞ * ＞ 6/	加密版本：28※ 4300204521 00015622

货物或应税劳务名称	规格型号	单 位	数 量	单 价	金 额	税 率	税 额
水果糖		千克	2 000	21.00	42 000.00	17%	7 140.00
奶糖		千克	2 000	26.00	52 000.00	17%	8 840.00
合　计					¥94 000.00		¥15 980.00

价税合计（大写）	拾万零玖仟玖佰捌拾元整		（小写）¥109 980.00

销货单位	名　　　称：上海食品有限公司 纳税人识别号：210103748246789 地 址、电话：上海市南京路 100 号　24569009 开户行及账号：中国工商银行上海市南京支行 212314723336901	备注	210103748246789 发票专用章

第二联：抵扣联　购货方抵扣凭证

收款人：单玉婷印　　　　复核：刘小伟印　　　　开票人：赵可印　　　　销货单位（章）

凭证 3-109

银行承兑商业汇票

2 地 HH / 名 01　22334466

出票日期

（大写）贰零壹肆年拾贰月贰拾壹日

出票人全称	哈尔滨冰雪商贸有限公司	收款人	全　　称	上海食品有限公司									
出票人账号	012314725836111		账　　号	212314723336901									
付款行全称	中国工商银行哈尔滨市南岗支行		开户银行	中国工商银行上海市南京支行									
汇票金额	人民币 （大写）拾万零玖仟玖佰捌拾元整			千	百	十	万	千	百	十	元	角	分
					¥	1	0	9	9	8	0	0	0
汇票到期日 （大写）	贰零壹肆年拾贰月贰拾壹日	付款行	行号	04511									
承兑协议编号	20141201		地址	中国工商银行哈尔滨市南岗支行									

本汇票请你承兑，到期无条件付票款。

哈尔滨冰雪商贸有限公司
★
财务专用章

彬赵印玉

出票人签章

本汇票已经承兑，到期日由本行付款。

中国工商银行哈尔滨市南岗支行
汇票专用章

承兑行签章

承兑日期：2014 年 12 月 21 日

备注：

复核　记账

凭证 3-110

中 国 工 商 银 行　　　　　　　　　　　　　　收费凭条

INDUSTRIAL AND COMMERCIAL BANK OF CHINA

2014 年 12 月 21 日

付款人名称	哈尔滨冰雪商贸有限公司		付款人账号	中国工商银行哈尔滨市南岗支行 012314725836111									
服务项目（凭证种类）	数 量	工本费	手续费	小 计									上述款项请从我账户支付
				百	十	万	千	百	十	元	角	分	预留印鉴：
汇款手续费			109 980 × 0.5‰					5	4	9	9	0	
币种（大写）伍佰肆拾玖元玖角整							¥	5	4	9	9	0	
以下在购买凭证时填写													
			领购人证件类型										
			领购人证件号码										

事后监督：　　　　　　　　　　　　　　　　　　　　　　　　　　　　　记账：

凭证 3-111

银行承兑协议

编号：20131201

收款人全称：佳木斯纸箱厂　　　　　　　　　　付款人全称：哈尔滨冰雪商贸有限公司
开 户 银 行：中国工商银行佳木斯向阳支行　　　开 户 银 行：中国工商银行哈尔滨市南岗支行
账　　　号：231103748161718　　　　　　　　账　　　号：012314725836111
汇票 号码：22334466　　　　　　　　　　　　汇票金额（大写）：拾万零玖仟玖佰捌拾元整
签发日期：2014 年 12 月 21 日　　　　　　　到期日期：2015 年 03 月 02 日

以上汇票经承兑银行承兑，承兑申请人（下称申请人）愿遵守《银行结算办法》的规定及以下列条款：

一、申请人于汇票到期日前将应付票款足额交存承兑银行。

二、承兑手续费按票面金额的万分之五计划，在银行承兑时一次付清。

三、承兑汇票发生任何交易纠纷，均由收付双方自行处理，票款于到期前仍按第一条办理。

四、承兑汇票到期日，承兑银行凭票无条件支付票款。如到期之前申请人不能足额交付票款时，承兑银行对不足支付票款转作为对申请人逾期贷款，并按照有关规定计收罚息。

五、承兑汇票款付清后，本协议自动失效。本协议第一、二联分别由承兑银行信贷部门和承兑申请人存执，协议副本由承兑银行会计部门存查。

承兑申请人　　　　　　（盖章）
订立承兑协议日期　　2014 年 12 月 21 日　　　　　　　　　承兑银行　　　　　　（盖章）

（35）12 月 22 日，由于商品进价成本调整，通知牡丹江市大福源超市 15 日向其销售的糖果类商品进行调价，款项尚未收到，见凭证 3-112 和凭证 3-113。

凭证 3-112

销货更正单

2014 年 12 月 22 日

购货单位：牡丹江市大福源超市　　原货单编号：PF20141206 号　　日期：2014 年 12 月 15 日

项　目	规格品名	单位	数量	单价	金　额	税率	税　额	价税合计
原　价	水果糖	千克	200	26	5 200	17%	884	6 084
	奶糖	千克	700	32	22 400	17%	3 808	26 208
					27 600		4 692	32 292
新　价	水果糖	千克	200	27	5 400	17%	918	6 318
	奶糖	千克	700	33	23 100	17%	3 927	27 027
					28 500		4 845	33 345
调增金额					900		153	1 053
更正原因：价格变动								

凭证 3-113

黑龙江省增值税专用发票

发 票 联

2800124630

校验码　32121　12365　44678　6911

开票日期：2014 年 12 月 22 日

№ 01300730

购货单位	名　　称：牡丹江大福源超市 纳税人识别号：237458159333000 地址、电话：牡丹江东小一条路 20 号　0453-66888171 开户行及账号：中国工商银行牡丹江太平路支行 013414725834567	密码区	2489—1 < 9—7—61355 8 < 032/52 > 9/29533 1626 < 8—3024 > 36 —47—6 < 7 > 2*—/ > * > 6/	加密版本：28※ 4300204521 00013623

货物或应税劳务名称	规格型号	单位	数量	单价	金　额	税率	税　额
水果糖		千克	200	1	200.00	17%	34.00
奶糖		千克	700	1	700.00	17%	119.00
合　计					¥900.00		¥153.00

价税合计（大写）	壹仟零伍拾叁元整	（小写）¥1 053.00

销货单位	名　　称：哈尔滨冰雪商贸有限公司 纳税人识别号：237458159378000 地址、电话：哈尔滨市南岗西大直街 777 号　0451-88667799 开户行及账号：中国工商银行哈尔滨市南岗支行 012314725836111	备注	哈尔滨冰雪商贸有限公司 237458159378000 发票专用章

（36）12 月 22 日，批发部收到从上海华丽服装有限公司购入服装委托收款通知，承付货款但货未收到，见凭证 3-114～凭证 3-117。

凭证 3-114

付 款 报 告 书

部门：批发部　　　　　　2014 年 12 月 23 日　　　　　　编号 20141210

开　支　内　容	金　额	结　算　方　式
支付上海丽华服装厂货款	821 340.00	划转 转账付讫
合计（大写）捌拾贰万壹仟叁佰肆拾元整		

主管会计：李志强印　　　单位负责人：赵玉彬印　　　出纳：刘丽印　　　经办人：张娟印

凭证 3-115

上海市增值税专用发票

发票联

2800124630

校验码 22121　12365　44678　6901

No 02100789

开票日期：2014 年 12 月 22 日

购货单位	名　　　称：哈尔滨冰雪商贸有限公司 纳税人识别号：237458159378000 地址、电话：哈尔滨市南岗西大直街 777 号 　　　　　　0451-88667799 开户行及账号：中国工商银行哈尔滨市南岗支行 　　　　　　012314725836111	密码区	2489—1 < 9—7—61333 8 < 032/52 > 9/29533　　加密版本：28※ 1626 < 8—3024 > 36　　4300204521 —47—6 < 7 > 2*—/ > * > 6/　00015622

货物或应税劳务名称	规格型号	单位	数量	单价	金额	税率	税额
男西装		套	1 500	300.00	450 000.00	17%	76 500.00
女时装		套	1 200	210.00	252 000.00	17%	42 840.00
合　计					￥702 000.00		￥119 340.00

价税合计（大写）	捌拾贰万壹仟叁佰肆拾元整	（小写）￥821 340.00

销货单位	名　　　称：上海华丽服装有限公司 纳税人识别号：210103748246123 地址、电话：上海市南京路 200 号　24569120 开户行及账号：中国工商银行上海市南京支行 　　　　　　901011009225990789	备注	210103748246123 发票专用章

收款人：金玉印　　　　复核：刘达印　　　　开票人：赵可印　　　　销货单位（章）

第三联：发票联　购货方记账凭证

凭证 3-116

上海市增值税专用发票

抵扣联

2800124630

校验码 22121　12365　44678　6901

No 02100789

开票日期：2014 年 12 月 22 日

购货单位	名　　　称：哈尔滨冰雪商贸有限公司 纳税人识别号：237458159378000 地址、电话：哈尔滨市南岗西大直街 777 号 　　　　　　0451-88667799 开户行及账号：中国工商银行哈尔滨市南岗支行 　　　　　　012314725836111	密码区	2489—1 < 9—7—61333 8 < 032/52 > 9/29533　　加密版本：28※ 1626 < 8—3024 > 36　　4300204521 —47—6 < 7 > 2*—/ > * > 6/　00015622

货物或应税劳务名称	规格型号	单位	数量	单价	金额	税率	税额
男西装		套	1 500	300.00	450 000.00	17%	76 500.00
女时装		套	1 200	210.00	252 000.00	17%	42 840.00
合　计					￥702 000.00		￥119 340.00

价税合计（大写）	捌拾贰万壹仟叁佰肆拾元整	（小写）￥821 340.00

销货单位	名　　　称：上海华丽服装有限公司 纳税人识别号：210103748246123 地址、电话：上海市南京路 200 号　24569120 开户行及账号：中国工商银行上海市南京支行 　　　　　　901011009225990789	备注	210103748246123 发票专用章

收款人：金玉印　　　　复核：刘达印　　　　开票人：赵可印　　　　销货单位（章）

第二联：抵扣联　购货方抵扣凭证

凭证 3-117

中国工商银行委托收款凭证（付款通知）5

委托日期：2014 年 12 月 22 日

业务类型		委托收款（□邮划、□电划）			托收承付（□邮划、☑电划）			
汇款人	全　称	哈尔滨冰雪商贸有限公司		收款人	全　称	上海华丽服装有限公司		
	账　号	012314725836111			账　号	901011009225990789		
	地　址	黑龙江省哈尔滨市	开户行	中国工商银行南岗支行	地　址	上海市南京路200号	开户行	中国工商银行南京支行

金额	人民币（大写）	捌拾贰万壹仟叁佰肆拾元整	千 百 十 万 千 百 十 元 角 分
			￥8 2 1 3 4 0 0 0

款项内容	货款	托收凭据名称	专用发票	附寄单证张数	2 张

商品发运情况	货物已发	合同名称号码	3665123

备注：	款项收妥日期	中国工商银行南京支行 2014.12.22 转讫

复核　　记账　　　　　　年　月　日

收款人开户银行签章
2014 年 12 月 22 日

（37）12 月 23 日，独立核算的连锁分店开业，向其拨付经营费用，见凭证 3-118～凭证 3-120。

凭证 3-118

付 款 报 告 书

部门：财务部　　　　　　　2014 年 12 月 23 日　　　　　　　编号 20141211

开 支 内 容	金 额	结 算 方 式
支付道外区连锁店经费	150 000.00	转支 0005
		转账付讫
合计（大写）壹拾伍万元整		

附单据 2 张

主管会计：李志强印　　　单位负责人：赵玉彬印　　　出纳：刘丽印　　　经办人：张娟印

凭证 3-119

中国工商银行转账支票存根
支票号码：VI0011369005
科　目：
对方科目：
出票日期：2014 年 12 月 23 日

收款人：道外连锁店
金　额：150 000.00
用　途：经营费用

单位主管：李志强　会计：张娟

凭证 3-120

收　据

2013 年 12 月 24 日　　　　收第 20141201 号

收到人民币（大写）壹拾伍万元整	￥150 000.00	
收款原因：总店拨付的经营费用		现金付讫
批准人（签章）：	收款人（签章）：崔杰	

（38）12 月 23 日，收到批发部于 12 月 22 日购入的服装到货，部分服装已被水浸泡无法出售，故决定予以退货，其余部分正常入库待售，见凭证 3-121 和凭证 3-122。

凭证 3-121

收　货　单

收货单编号：PF1208　　　　　　　　　　　　　　　　存放地点：批发部仓库

收货部门：批发部　　　　　　　2014 年 12 月 23 日　　　供货单位：上海华丽服装有限公司

货号	品名或规格	单位	应收数量	实收数量	采购单价	运费	金额	购货单位成本
PN12003	男西装	套	1 500	1 500	300		450 000	300
PN1204	女时装	套	1 200	1 000	210		210 000	210
合计							670 000	

采购员：赵立伟　　　　　　　　　　　　　　　　　　　保管员：王畅

凭证 3-122

代管商品收货单

供货单位：上海华丽服装有限公司　　2014 年 12 月 23 日　　　　编号：20141201

商品名称	采购时间及凭证号	单价	采购数量	入库数量	代管商品数量	代管原因
女时装	12.22	210	1 200	1 000	200	浸水不能出售

采购员：赵立伟　　　　　　　负责人：腾达　　　　　　　保管员：王畅

（39）12 月 24 日，批发部已向上海华丽服装有限公司索取 22 日销售退回证明并取得红字增值税发票，见凭证 3-123～凭证 3-126。

凭证 3-123

代管商品收货单

供货单位：上海华丽服装有限公司　　　　2014 年 12 月 24 日　　　　编号：20141202

商品名称	采购时间及凭证号	单价	采购数量	入库数量	代管商品数量	代管原因
女时装	12.22	210	1 200	1 000	200	浸水不能出售

采购员：赵立伟　　　　　　　　负责人：腾达　　　　　　　　　　　保管员：王畅

凭证 3-124

上海市增值税专用发票

2800124630　　　　　　　　　　　　　　　　　　　　　　No 02100780

校验码 22121　12365　44678　6901　　　　　　开票日期：2014 年 12 月 23 日

购货单位	名　称：哈尔滨冰雪商贸有限公司 纳税人识别号：237458159378000 地址、电话：哈尔滨市南岗西大直街 777 号 　　　　　　0451-88667799 开户行及账号：中国工商银行哈尔滨市南岗支行 　　　　　　012314725836111	密码区	2489—1 < 9—7—61333 8 < 032/52 > 9/29533 1626 < 8—3024 > 36 —47—6 < 7 > 2*—/ > * > 6/	加密版本：28※ 4300204521 00015622

货物或应税劳务名称	规格型号	单位	数量	单价	金额	税率	税额
女时装		套	200	210.00	42 000.00	17%	7 140.00
合　计					42 000.00	17%	￥7 140.00

价税合计（大写）　　肆万玖仟壹佰肆拾元整　　　　　（小写）￥49 140.00

销货单位	名　称：上海华丽服装有限公司 纳税人识别号：210103748246123 地址、电话：上海市南京路 200 号　24569120 开户行及账号：中国工商银行上海市南京支行 　　　　　　901011009225990789	备注	210103748246123 发票专用章

收款人：金玉印　　　　复核：刘达印　　　　开票人：赵可印　　　　销货单位（章）

凭证 3-125

上海市增值税专用发票
抵扣联

2800124630

No 02100780

校验码 22121　12365　44678　6901

开票日期：2014 年 12 月 23 日

购货单位	名　称：哈尔滨冰雪商贸有限公司 纳税人识别号：237458159378000 地　址、电话：哈尔滨市南岗西大直街 777 号 　　　0451-88667799 开户行及账号：中国工商银行哈尔滨市南岗支行 　　　012314725836111	密码区	2489—1 < 9—7—61333 8 < 032/52 > 9/29533 1626 < 8—3024 > 36 —47—6 < 7 > 2*—/ > * > 6/	加密版本：28※ 4300204521 00015622

第二联：抵扣联　购货方抵扣凭证

货物或应税劳务名称	规格型号	单位	数量	单价	金　额	税率	税　额
女时装		套	200	210.00	42 000.00	17%	7 140.00
合　计					42 000.00	17%	￥7 140.00

价税合计（大写）	肆万玖仟壹佰肆拾元整	（小写）￥49 140.00

销货单位	名　称：上海华丽服装有限公司 纳税人识别号：210103748246123 地　址、电话：上海市南京路 200 号　24569120 开户行及账号：中国工商银行上海市南京支行 　　　901011009225990789	备注	上海华丽服装有限公司 210103748246123 发票专用章

收款人：金玉印　　　　复核：刘达印　　　　开票人：赵可印　　　　销货单位（章）

凭证 3-126

上海市国家税务局
企业进货退出及索取折让证明单

No 0456

销货单位	全　称	上海华丽服装有限公司			
	税务登记号	210103748246123			

进货退出	货物名称	单　价	数　量	货　款	税　额
	女时装	210	200	42 000	7 140

索取折让	货物名称	货　款	税　额	要　求	
				折让金额	折让税额

退货或索取折让理由	水浸 经办人：李晓路 单位签章： 2014 年 12 月 24 日 上海华丽服装有限公司	税务征收机关签章	同意 经办人：刘洪涛 单位签章： 2014 年 12 月 24 日 上海市南京国税分局

购货单位	全　称	哈尔滨冰雪商贸有限公司
	税务登记号	237458159378000

本证明单一式三联：第一联征收机关留存；第二联交销货单位；第三联购货单位留存。

（40）12月23日，偿还今日到期的短期借款，见凭证3-127。

凭证3-127

中国工商银行流动资金还款凭证（回单）

2014 年　12 月 23 日　　　　　　　　　借款合同编号 9558812345678900011203

借款单位	全　称	哈尔滨冰雪商贸有限公司	收款单位	全　称	中国工商银行哈尔滨南岗支行										
	账　号	237458159378000		账　号	012314725811111										
	开户银行	中国工商银行哈尔滨南岗支行		开户银行	中国工商银行哈尔滨南岗支行										

计划还款期限	2014 年 12 月 23 日		还款次序	第　　次还款									
					千	百	十	万	千	百	十	元	角	分
借款金额	人民币（大写）壹拾伍万元整					￥	1	5	0	0	0	0	0	0	0
还款内容	归还六个月流动资金短期借款本金												
备注		上述款项已从你单位往来账户内转还											

中国工商银行
南岗支行
2014.12.23
转讫

银行盖章　2014 年 12 月 23 日

（41）12月23日，支付下年度车辆保险费和车船使用税，见凭证3-128～凭证3-131。

凭证3-128

付 款 报 告 书

部门：行政部　　　　　　　2014 年 12 月 23 日　　　　　　　编号：20141212

开 支 内 容	金 额	结 算 方 式	
支付车辆保险费	18 000.00	支票 9007	附单据3张
支付车船使用税	2 000.00	支票 9007	
合计（大写）贰万元整			

主管会计：李志强印　　单位负责人：吴荣印　　出纳：刘丽印　　经办人：张山印

凭证 3-129

黑龙江省地方税务局通用机打发票
发票联

发票代码 223001306055
发票号码 00058201

开票日期：2014 年 12 月 23 日　　　　　　　　行业分类：保险业

付款人：哈尔滨冰雪商贸有限公司
Payer

承担险种：机动车辆保险　车牌号码：黑 ※ — ※　　　　　　期别：1
Coverage

保险单号：1192700100098009899　　　　　　　批单号：
Policy No　　　　　　　　　　　　　　　　　　End No

保险费金额（大写）：　　　人民币陆仟玖佰元整　　　　（小写）RMB6 900.00 元
Premium　Amount（In Words）　　　　　　　　　　（In　Figures）

代收车船税（小写）　　　　　　　　　　　　　滞纳金（小写）
Vehicle & Vessel Tax(In Figures)　　　　　　Overdue　Fine(In Figures)

合计（大写）　　　人民币陆仟玖佰元整　　　　　　（小写）RMB 6 900.00 元
Consist(In Words)　　　　　　　　　　　　　　　（In　Figures）

附注：　银行名称：　银行账号：　户名：
Remarks　意外保险单号：119270019000098010078

保险公司名称：　中国平安财产保险股份有限公司　　复核：admin 史宇航　　经手　史宇航
Insurance　Company 黑龙江分公司车行业务部　　Checked by　　　　　　　Handler

保险公司签章　　　地址哈尔滨南岗区先锋路平安大楼　　电话0451-55566677
Stamped by Insurance Company　　　　　Add　　　　　　Tel

保险公司纳税人识别号　　230198702836655
Taxpayear Identification No

凭证 3-130

黑龙江省地方税务局通用机打发票

发票发码 223001306033
发票号码 00058222

开票日期：2014 年 12 月 23 日　　　　　　行业分类：保险业

第一联：发票联（付款方付款凭证）

付款人：哈尔滨冰雪商贸有限公司	
Payer	

承担险种：机动车辆强制保险　车牌号码：黑※－※　　　　期别：1
Coverage

保险单号：1192700100098009899　　　　　　批单号：
Policy No　　　　　　　　　　　　　　　　　　End No

保险费金额（大写）：　　人民币壹仟元整　　　　（小写）RMB1 000.00 元
Premium Amount（In Words）　　　　　　　　　（In Figures）

代收车船税（小写）　　　　RMB400.00 元　　　　滞纳金（小写）
Vehicle & Vessel Tax(In Figures)　　　　　　　Overdue Fine(In Figures)

合计（大写）　　　　人民币壹仟肆佰元整　　　（小写）RMB 1 400.00 元
Consist(In Words)　　　　　　　　　　　　　（In Figures）

附注：　银行名称：　　银行账号：　　户名：
Remarks　意外保险单号：1192700019000098010061

保险公司名称：　中国平安财产保险股份有限公司　复核：admin 史宇航　经手　史宇航
Insurance Company 黑龙江分公司车行业务部　　Checked by　　　　　Handler

保险公司签章　　地址 哈尔滨南岗区花销路平安大厦　电话 0451-55566677
Stamped by Insurance Company Add　　　　　　230198702836655 Tel

保险公司纳税人识别号　　230198702836655
Taxpayear Identification No

（手写无效）

注：此类发票共 6 张，总金额 20 000 元，其中车船税为 2 000.00 元，其余均为车辆保险费（其余 4 章发票略）。

凭证 3-131

中国工商银行转账支票存根
支票号码：VI001369007
科　目：
对方科目：
出票日期：2014 年 12 月 23 日
收款人：平安保险
金　额：20 000.00
用　途：车保险及车船税
单位主管：李志强　会计：张娟

（42）12 月 24 日，提现金备用，见凭证 3-132。

凭证 3-132

中国工商银行现金支票存根

支票号码：VI0012580007

科　　目：＿＿＿＿＿＿＿＿＿＿

对方科目：＿＿＿＿＿＿＿＿＿＿

出票日期：2014 年 12 月 24 日

| 收款人：本企业 |
| 金　额：5 000.00 |
| 用　途：备用 |

单位主管：李志强　会计：张娟

（43）12 月 24 日，收到委托收款凭证，并支付电费，见凭证 3-133～凭证 3-135。

凭证 3-133

黑龙江省增值税专用发票

发票联

2800124688

No 01300788

校验码　32121　12365　44678　6911

开票日期：2014 年 12 月 24 日

购货单位	名　　称：哈尔滨冰雪商贸有限公司	密码区	2489—1 ＜ 9—7—61355
	纳税人识别号：237458159378000		8 ＜ 032/52 ＞ 9/29533　加密版本：28※
	地址、电话：哈尔滨市南岗西大直街 777 号		4300204521
	0451-88667799		1626 ＜ 8—3024 ＞ 36　　00015625
	开户行及账号：中国工商银行哈尔滨市南岗支行		—47—6 ＜ 7 ＞ 2*—/ ＞ * ＞ 6/
	012314725836111		

货物或应税劳务名称	规格型号	单 位	数 量	单 价	金 额	税 率	税 额
电费		千瓦时	10 000	0.80	8 000.00	17%	1 360.00
合　计					￥8 000.00	17%	￥1 360.00

| 价税合计（大写） | 玖仟叁佰陆拾元整 | （小写）￥9 360.00 |

销货单位	名　　称：哈尔滨市电力公司	备注
	纳税人识别号：237458159371234	
	地址、电话：哈尔滨市南岗东大直街 777 号　0451-88667712	
	开户行及账号：中国工商银行哈尔滨市南岗支行	
	012314725854321	

收款人：郭美玉印　　　复核：陈小晓印　　　开票人：李凤玉印　　　销货单位（章）

凭证 3-134

黑龙江省增值税专用发票

抵扣联

2800124688　　　　　　　　　　　　　　　　　　　　　　　No 01300788

校验码 32121　12365　44678　6911　　　　　开票日期：2014 年 12 月 24 日

| 购货单位 | 名　称：哈尔滨冰雪商贸有限公司
纳税人识别号：237458159378000
地址、电话：哈尔滨市南岗西大直街 777 号
　　　　　　0451-88667799
开户行及账号：中国工商银行哈尔滨市南岗支行
　　　　　　012314725836111 | 密码区 | 2489—1 < 9—7—61355
8 < 032/52 > 9/29533
1626 < 8—3024 > 36
—47—6 < 7 > 2*—/ > * > 6/ | 加密版本：28※
4300204521
00015625 |

货物或应税劳务名称	规格型号	单位	数量	单价	金额	税率	税额
电费		千瓦时	10 000	0.80	8 000.00	17%	1 360.00
合　计					¥ 8 000.00	17%	¥ 1 360.00

价税合计（大写）	玖仟叁佰陆拾元整	（小写）¥ 9 360.00

| 销货单位 | 名　　称：哈尔滨市电力公司
纳税人识别号：237458159371234
地址、电话：哈尔滨市南岗东大直街 777 号　0451-88667712
开户行及账号：中国工商银行哈尔滨市南岗支行
　　　　　　012314725854321 | 备注 | 哈尔滨市电力公司
237458159371234
发票专用章 |

收款人：郭美玉印　　　　复核：陈小晓印　　　　开票人：李风玉印　　　　销货单位（章）

第二联：抵扣联 购货方抵扣凭证

凭证 3-135

中国工商银行委托收款凭证（付款通知）5

委托日期：2014 年 12 月 24 日

业务类型	委托收款（□邮划、□电划）		托收承付（□邮划、☑电划）		
付款人	全　称	哈尔滨冰雪商贸有限公司	收款人	全　称	哈尔滨市电力公司
	账　号	012314725836111		账　号	012314725854321
	地　址	黑龙江省哈尔滨市	开户行	工商银行南岗支行	地　址 黑龙江省哈尔滨市　开户行 工商银行南岗支行

金额	人民币 （大写）	玖仟叁佰陆拾元整	千	百	十	万	千	百	十	元	角	分
					¥	9	3	6	0	0	0

款项内容	电费	托收凭据名称	专用发票	附寄单证张数	2 张

商品发运情况		合同名称号码	3665007

备注：	款项收妥日期		中国工商银行南岗支行 2014.12.24 业务专用章
复核　记账		年　月　日	收款人开户银行签章 2014 年 12 月 24 日

此联是付款人开户银行给付款人的付款通知

（44）12 月 24 日，批发部与红博购物中心天天商场签订合同，采取收取手续费的方式代销商品，见凭证 3-136。

凭证 3-136

委托代销商品移库单

委字第 1201 号   2014 年 12 月 24 日   发货部门：批发部

收货单位：红博购物中心天天商场					代销合同协议：20141201 号					
货 号	品 名	规 格	单 位	数 量	进 价		代 销 价		手 续 费	
					单价	金额	单价	金额	比例	金额
PF1208	男西装		套	400	300	120 000	450	180 000	10%	18 000
合 计						120 000		180 000		18 000

（45）12 月 24 日，批发部与哈尔滨服装城签订加工合同，将女时装进一步加为秋冬两用服装，现已将需加工女时装拨给加工厂，见凭证 3-137。

凭证 3-137

委托加工商品发货单

加工单位	哈尔滨服装城		加工成品名称	秋冬两用女时装	数 量	500 套
拨付商品名称	单 位	数 量	单 价	金 额	备 注	
女时装	套	500	210.00	105 000.00	加厚	
合 计				105 000.00		

发货人：王畅印   负责人：腾达印

（46）12 月 24 日，批发部支付委托加工女时装的加工费，见凭证 3-138～凭证 3-141。

凭证 3-138

付 款 报 告 书

部门：批发部   2014 年 12 月 24 日   编号：20141213

开 支 内 容	金 额	结 算 方 式	
支付女时装加工费	29 250.00	支票 9008	附单据3张
合计（大写）贰万元整			

主管会计：李志强印   单位负责人：吴荣印   出纳：刘丽印   经办人：张山印

凭证 3-139

中国工商银行转账支票存根
支票号码：VI001369008
科　目：
对方科目：
出票日期：2014 年 12 月 24 日
收款人：哈服装城
金　额：29 250.00
用　途：服装加工费
单位主管：李志强 会计：张娟

凭证 3-140

黑龙江省增值税专用发票
发票联

2800124627　　　　　　　　　　　　　　　　　　№ 01300728

校验码 32121　12365　44678　6912　　　　开票日期：2014 年 12 月 24 日

购货单位	名　　　称：哈尔滨冰雪商贸有限公司 纳税人识别号：237458159378000 地 址、电 话：哈尔滨市南岗西大直街 777 号 　　　　　　　0451-88667799 开户行及账号：中国工商银行哈尔滨市南岗支行 　　　　　　　012314725836111	密码区	2489—1 < 9—7—61355 8 < 032/52 > 9/29533　　加密版本：28※ 1626 < 8—3024 > 36　　　4300204521 —47—6 < 7 > 2*—/ > * > 6/　00015625

货物或应税劳务名称	规格型号	单位	数量	单价	金　额	税率	税　额
服装加工费		套	500	价	25 000.00	17%	4 250.00
合　计				50	￥25 000.00	17%	￥4 250.00

价税合计（大写）	贰万玖仟贰佰伍拾元整　　　　　　（小写）￥29 250.00		

销货单位	名　　　称：哈尔滨服装城 纳税人识别号：237458159378901 地 址、电话：哈尔滨市南岗西大直街 001 号　0451-88661212 开户行及账号：中国工商银行哈尔滨市南岗支行 　　　　　　　012354725836121	备注	哈尔滨服装城 237458159378901 发票专用章

第三联：发票联　购货方记账凭证

凭证 3-141

黑龙江省增值税专用发票
抵扣联

2800124627　　　　　　　　　　　　　　　　　　№ 01300728

校验码 32121　12365　44678　6912　　　　开票日期：2014 年 12 月 24 日

购货单位	名　　　称：哈尔滨冰雪商贸有限公司 纳税人识别号：237458159378000 地 址、电 话：哈尔滨市南岗西大直街 777 号 　　　　　　　0451-88667799 开户行及账号：中国工商银行哈尔滨市南岗支行 　　　　　　　012314725836111	密码区	2489—1 < 9—7—61355 8 < 032/52 > 9/29533　　加密版本：28※ 1626 < 8—3024 > 36　　　4300204521 —47—6 < 7 > 2*—/ > * > 6/　00015625

货物或应税劳务名称	规格型号	单位	数量	单价	金　额	税率	税　额
服装加工费		套	500	50	25 000.00	17%	4 250.00
合　计					￥25 000.00	17%	￥4 250.00

价税合计（大写）	贰万玖仟贰佰伍拾元整　　　　　　（小写）￥29 250.00		

销货单位	名　　　称：哈尔滨服装城 纳税人识别号：237458159378901 地 址、电话：哈尔滨市南岗西大直街 001 号　0451-88661212 开户行及账号：中国工商银行哈尔滨市南岗支行 　　　　　　　012354725836121	备注	哈尔滨服装城 237458159378901 发票专用章

第二联：抵扣联　购货方抵扣凭证

（47）12 月 24 日，收到 9～12 月当季度的存款利息，见凭证 3-142。

凭证 3-142

中国工商银行计算利息清单（收款通知）

单位名称：哈尔滨冰雪商贸有限公司　2014 年 12 月 24 日　　　账号：012314725836111

起息日期			结息日期			天 数	积 数	年利率	利 息								
年	月	日	年	月	日				百	十	万	千	百	十	元	角	分
2014	9	24	2014	12	24	90	400 000.00	0.36%				¥	1	4	4	0	0	0

上列存款利息已存入单位 012314725836111 账户。

（银行盖章）

分录

记账

第一联：收入凭证

（48）12 月 24 日，支付借款利息，见凭证 3-143。

凭证 3-143

中国工商银行计收利息清单（付款通知）

2014 年 12 月 24 日

单位名称	哈尔滨冰雪商贸有限公司	账　号	012314725836111
贷款金额	100 000.00	计息起讫日期	2013.12.24～2014.12.24
计息总计数	—	利率（年）	6%
利息金额	人民币（大写）陆仟元整		¥：6 000.00

你单位上述应偿还利息已从你单位账户划出。

此致

借款单位　（银行盖章）　　　复核：　记账：

（49）12 月 24 日，收到流动资金短期借款，见凭证 3-144。

凭证 3-144

中国工商银行贷款凭证（收款通知）

2014 年 12 月 24 日

贷款单位	哈尔滨冰雪商贸有限公司	种类	短期	贷款账号	012314725836111								
金　额	人民币（大写）伍佰万元整				千	百	十	万	千	百	十	元	角	分
					¥	5	0	0	0	0	0	0	0	0

用　途	扩大生产规模周转借款	单位申请期限	自 2014 年 12 月 24 日至 2015 年 06 月 24 日
		银行核定期限	自 2014 年 12 月 24 日至 2015 年 06 月 24 日

上述款项已核准发放，并划入你单位账号。年利率 5.0%。

单位会计分录

收入

付出

银行盖章　　　复核　　　　记账

年　月　日　　主管　　　　会计

（50）12 月 25 日，由于季节的变化，部分男西服发生减值，成本与可变现净值对比表见凭证 3-145。

凭证 3-145

存货成本与可变现净值对比表

填报部门：批发部　　　　　　　　　　2014 年 12 月 25 日

品　名	规　格	计量单位	结存数量	成本金额	可变现净值	减值金额	减值原因
男西服		套	1 700	510 000	493 000	17 000	过季
合　计						17 000	

制表：王畅　　　　　　　　　　　　　　　　　　　　　　　审核：腾达

（51）12 月 25 日，购买印花税票用于经济合同和会计账簿，见凭证 3-146。

凭证 3-146

中华人民共和国
税收通用缴款书
（2013）哈国缴

隶属关系：区
注册类型：其他有限责任公司　填发日期：2013 年 12 月 25 日　征收机关：哈尔滨市南岗地税局

缴款单位	代　码	237458159378000	科目预算	编　码	101111900										
	全　称	哈尔滨冰雪商贸有限公司		名　称	印花税										
	开户银行	中国工商银行哈南岗支行		级　次	地方 100%										
	账　号	012314725836111	收缴国库		国家金库哈尔滨南岗区支库										

税款所属时期 2013 年 11 月 1 日至 11 月 30 日　　　税款限缴日期 2013 年 12 月 10 日

品目名称	课税数量	计税金额或销售收入	税率或单位税额	已缴或扣除额	实缴金额									
					亿	千	百	十	万	千	百	十	元	角	分
印花税											3	0	0	0	0
金额合计	（大写）叁佰元整									¥	3	0	0	0	0

缴款单位（人）	税务机关	上列款项已收妥并划转收款单位账户	备注：未按规定办理纳税申报
哈尔滨冰雪商贸有限公司 ★ 财务专用章（盖章） 经办人（章）李梅印	哈尔滨市南岗区地税局 1 号 （盖章）征税专用章 填票人（章）李可印	中国工商银行南岗支行 2014.12.25 转讫 国库（银行）盖章　年　月　日	

第一联：（收据）国库（经收处）收款盖章后退缴款单位（个人）作完税凭证

（52）12 月 25 日，转来固定资产报费申请单及发生的相关费用，见凭证 3-147 和凭证 3-148。

凭证 3-147

固定资产处置审批表

单位：行政部　　　　　　　　　　　　　　2014 年 12 月 25 日

固定资产名称	电　脑	规定使用年限	6 年	原　值	7 400
型号规格	486 联想	已年折旧年限	6 年	已提折旧	7 100
单　位		数量	5	预计收回残值		净　值	
资产编号	0101、0102、0103、0210、0211	存放地点		经理室 1 台、行政部 2 台、营销部 2	
处置原因	到期报废，设备陈旧，影响工作。				
处置方式	出售。				

| 经办人签章：
赵立伟印
2014 年 12 月 25 日 | 技术鉴定小组意见
同意
负责人签章
吴英印
2014 年 12 月 25 日 | 主管领导意见
同意
主管领导签章
赵玉彬印
2014 年 12 月 25 日 |

凭证 3-148

固定资产入账（出账）一览表

资产编号：0101

资产名称	电　脑		类　别	办公设备	固定资产附件	无
入账原因	外购		购置或安装日期	2008-01-15	竣工或交付使用日期	2009-01-15
制造厂商	哈尔滨电脑城 221		使用部门	经理室	存放地点	经理办公室
型号或规格	486 联想		折旧方法	直线法	出账　时　间	2014.12.25
					原　因	将要到期报废

项　目	金　额	折　旧				折　旧			
		年份	年折旧	月折旧	累计折旧	年份	年折旧	月折旧	累计折旧
成本或买价	7 400.00	2009	1 200	100	1 100				
不抵扣税费		2010	1 200	100	2 300				
运杂费		2011	1 200	100	3 500				
安装调试费		2012	1 200	100	4 700				
固定资产原值	7 400.00	2013	1 200	100	5 900				
预计净残值	200	2014	1 200	100	7 100				
预计使用年限	6								
已使用年限	0								
尚可使用年限	10								
已提折旧	0								

固定资产后续支出记录							
日　期	变动原因	变动减少额	变动增加额	变动后价值	月折旧额	年折旧额	累计折旧

固定资产会计：张娟印　　　　　　单位负责人：吴英印　　　　　　批准调出人员：赵玉彬印

注：另还有 4 张同样的资产编号分别是 0101、0102、0103、0210、0211 的固定资产入账（出账）一览表（略）。

（53）12 月 25 日，收到处置固定资产变价款，见凭证 3-149 和凭证 3-150。

凭证 3-149

中国工商银行进账单（收账通知）3

2014 年 12 月 25 日

出票人	全 称	哈尔滨电脑维修技工学校	收款人	全 称	哈尔滨冰雪商贸有限公司
	账 号	012314333836666		账 号	012314725836111
	开户银行	工商银行哈尔滨香坊支行		开户银行	中国工商银行哈南岗支行

金额	人民币（大写）叁仟壹佰贰拾元整	百	十	万	千	百	十	元	角	分
					￥3	1	2	0	0	0

票据种类	转支	票据张数	壹张
票据号码		12398765	
二手电脑款			
复核	记账		

中国工商银行
南岗支行
2014.12.25
转讫

收款人开户行盖章

凭证 3-150

黑龙江省增值税专用发票

黑龙江
发票联

2300224629

校验码 32121 12367 44678 55990

№ 01302719

开票日期：2014 年 12 月 25 日

购货单位	名　　　称：哈尔滨电脑维修技工学校 纳税人识别号：237458159333322 地址、电话：哈尔滨香坊大街 48 号 0451-87081001 开户行及账号：工商银行哈尔滨香坊支行 012314333836666	密码区	2489—1 ＜ 9—7—61596 8 ＜ 032/52 ＞ 9/29578 1626 ＜ 8—3024 ＞ 36 —47—6 ＜ 7 ＞ 2*—/ ＞ * ＞ 6/	加密版本：01※ 4300204522 00015641

货物或应税劳务名称	规格型号	单位	数量	单价	金额	税率	税额
旧电脑	486 联想	台	5	624	3 000.00	4%	120.00
合　计					￥3 000.00		￥120.00

价税合计（大写）	叁仟壹佰贰拾元整	（小写）￥3 120.00

销货单位	名　　　称：哈尔滨冰雪商贸有限公司 纳税人识别号：237458159378000 地址、电话：哈尔滨市南岗区哈平路 777 号 0451-88667799 开户行及账号：中国工商银行哈尔滨市南岗支行 012314725836111	备注	

哈尔滨冰雪商贸有限公司
237458159378000
发票专用章

（54）12 月 25 日，计算处置固定资产净损益，见凭证 3-151。

凭证 3-151

固定资产清理净损益计算表

2014 年 12 月 25 日

固定资产名称	电脑		使用单位	经理室、行政部	
原始价值	37 000.00	累计折旧	35 500.00	账面价值	1 500.00
清理费用	—	残料入库	—	变价收入	3 120.00
应交增值税	60.00	保险赔偿	—	过失人赔偿	—
应交营业税	—	清理净收益	1 560.00	清理净损失	

主管会计：李志强印　　　　　　　　　　　　　　　　固定资产会计：张娟印

（55）12 月 26 日，批发部收到委托哈尔滨红博购物中心天天商场的代销商品清单，见凭证 3-152 和凭证 3-153。

凭证 3-152

代销商品清单

2014 年 12 月 26 日　　　　　　　　　字第 1203

售货单位：哈尔滨红博购物中心天天商场			委托方：哈冰雪商贸公司		代销合同协议：20141201 号			
货 号	品 名	规 格	单 位	数 量		代销货款		增值税	手续费	
				委托	已销	单价	总金额		比 例	金 额
PF1208	男西装		套	400	400	450	180 000	30 600	10%	18 000
合 计				400	400	450	180 000	30 600	10%	18 000

凭证 3-153

黑龙江省增值税专用发票

发票联

2800124628　　　　　　　　　　　　　　　　No 01300728

校验码 32121　12365　44678　6900　　　　开票日期：2014 年 12 月 25 日

购货单位	名　　称：哈尔滨红博购物中心天天商场 纳税人识别号：237458159333456 地址、电话：哈西大街 200 号　0451-86681234 开户行及账号：中国工商银行哈西支行 013515725834567	密码区	2489—1 < 9—7—61355 8 < 032/52 > 9/29533 1626 < 8—3024 > 36 —47—6 < 7 > 2*—/ > * > 6/	加密版本：28※ 4300204521 00015625

货物或应税劳务名称	规格型号	单 位	数 量	单 价	金 额	税 率	税 额
男西服		套	400	450	180 000.00	17%	30 600.00
合 计					180 000.00		￥30 600.00

价税合计（大写）	贰拾壹万零陆佰元整	（小写）￥210 600.00

销货单位	名　　称：哈尔滨冰雪商贸有限公司 纳税人识别号：237458159378000 地址、电话：哈尔滨市南岗西大直街 777 号　0451-88667799 开户行及账号：中国工商银行哈尔滨市南岗支行 012314725836111	备注	哈尔滨冰雪商贸有限公司 237458159378000 发票专用章

第一联：发票联　销货方记账凭证

（56）12月26日，收回委托加工的秋冬两用女时装，见凭证3-154和凭证3-155。

凭证3-154

委托加工商品成品发货单

委托方	哈尔滨冰雪商贸有限公司		加工方	哈尔滨服装城
委托日期	2014 年 12 月 24 日		收回日期	2014 年 12 月 26 日
成品名称	秋冬两用女时装			

原材料	数 量	单 价	金 额	加工费	增值税
女时装	500	210.00	105 000.00	25 000.00	4 250.00

合计金额（大写）壹拾叁万肆仟贰佰伍拾元整				
合格品数量	500		废品数量	

委托方经手人：王畅印　　　　　　　　　　　　　　　　　　加工方经手人：田杰印

凭证3-155

收 货 单

收货单编号：PF1209　　　　　　　　　　　　　　　　　存放地点：批发部仓库
收货部门：批发部　　　　　　2014 年 12 月 26 日　　　　供货单位：哈服装城

货 号	品名或规格	单 位	应收数量	实收数量	采购单价	运 费	金 额	购货单位成本
PN1203	女时装	套	500	500	260		130 000	260
合 计								

结算联

采购员：委托加工　　　　　　　　　　　　　　　　　　　　保管员：王畅

（57）12月26日，用现金支付业务招待费，见凭证3-156和凭证3-157。

凭证3-156

费 用 报 销 单

部门：行政部　　　　　　　2014 年 12 月 25 日　　　　　编号：20141203

支出内容	金 额	结 算 方 式
报销业务招待费	3 000.00	1. 冲借款＿＿＿＿＿＿＿元
		2. 转账＿＿＿＿＿＿＿元
		3. 汇款＿＿＿＿＿＿＿元
		4. 现金付讫　3 000.000　元
合计（大写）		

附单据　张

会计主管：李志强印　　　　单位负责人：赵玉彬印　　　　出纳：刘美丽印　　　　经办人：吴荣印

凭证 3-157

黑龙江省饮食业定额发票
HEILONGJIANG CATERING INDUSTRY GENERAL INVOICE
发票联
INVOICE

兑奖联
Part for collecting a prize
奖区 D P S P
AWARD AREA

哈尔滨市市区专用

发票代码：223011371116
INVOICE CODE
发票号码：34403305
INVOICE NUMBER
密码区 D P S P
PASSWORD AREA

壹拾元
TEN YUAN
¥10.00

37137111-66834011-74033053

收款单位（加盖发票专用章）开票日期 年 月 日
PAYEE(SEAL) DATE ISSUED Y M D

告知事项：1、刮开奖区覆盖层显示中奖金额即为中奖。
2、兑奖前不得将"发票联"和"兑奖联"斯开，否则不予兑奖。
Notice:1. Scrape open the coverage layer at the prize area, and a prize is won if an amount of winning a prize is displayed.
2. Do not tear the "Invoice part" and "Part for collecting a prize" before collecting a prize, otherwise collecting a prize is not allowable.

37137111-66834011-74033053

注：行政部王一春报销业务招待费 30 张，每张金额不等，发票金额共 3 000.00 元，其余 29 发票张略。

（58）12 月 26 日，水产部购入水产品，见凭证 3-158～凭证 3-162。

凭证 3-158

付 款 报 告 书

部门：水产部　　　　　　　　　　2014 年 12 月 04 日　　　　　　　　编号 20141214

开 支 内 容	金 额	结 算 方 式
黄花鱼	93 600.00	转支票 9009
合计（大写）玖万叁仟陆佰元整		

附单据 4 张

主管会计：李志强印　　　单位负责人：赵玉彬印　　　出纳：刘美丽印　　　经办人：赵立伟印

凭证 3-159

黑龙江省增值税专用发票

发票联

2800124629　　　　　　　　　　　　　　　　　　　　　　　No 01300711

校验码 32121　12365　44678　6900　　　　　　开票日期：2014 年 12 月 26 日

购货单位	名　　　　称：哈尔滨冰雪商贸有限公司 纳税人识别号：237458159378000 地 址、电 话：哈尔滨市南岗西大直街 777 号　　0451-88667799 开户行及账号：中国工商银行哈尔滨市南岗支行　　012314725836111	密码区	2489—1 < 9—7—61355 8 < 032/52 > 9/29533 1626 < 8—3024 > 36 —47—6 < 7 > 2*—/ > * > 6/	加密版本：28※ 4300204521 00015625

货物或应税劳务名称	规格型号	单位	数量	单价	金 额	税率	税 额
黄花鱼		盒	1 000	80	80 000.00	17%	13 600.00
合 计					¥ 80 000.0 0		¥ 13 600.00

价税合计（大写）	玖万叁仟陆佰元整	（小写）¥ 93 600.00

销货单位	名　　　　称：哈尔滨哈达水产品公司 纳税人识别号：280103748243434 地 址、电 话：哈尔滨市南岗区西大直街 100 号　　80564001 开户行及账号：中国工商银行哈尔滨市南岗支行 2310011009225991234	备注	

收款人：王美玉印　　　　复核：刘小晓印　　　　开票人：朱玉印　　　　销货单位（章）

第三联：发票联　购货方记账凭证

凭证 3-160

黑龙江省增值税专用发票

发票联

2800124629

校验码 32121　12365　44678　6900

No 01300711

开票日期：2014 年 12 月 26 日

购货单位	名　　称：	哈尔滨冰雪商贸有限公司	密码区	2489—1 < 9—7 - 61355
	纳税人识别号：	237458159378000		8 < 032/52 > 9/29533 加密版本：28※
	地 址、电 话：	哈尔滨市南岗西大直街 777 号		1626 < 8—3024 > 36 4300204521
		0451-88667799		—47—6 < 7 > 2*—/ > * > 6/ 00015625
	开户行及账号：	中国工商银行哈尔滨市南岗支行		
		012314725836111		

第三联：抵扣联　购货方抵扣凭证

货物或应税劳务名称	规格型号	单 位	数 量	单 价	金 额	税 率	税 额
黄花鱼		盒	1 000	80	80 000.00	17%	13 600.00
合　计					¥80 000.00	17%	¥13 600.00

价税合计（大写）	玖万叁仟陆佰元整	（小写）¥93 600.00

销货单位	名　　称：	哈尔滨哈达水产品公司	备注	
	纳税人识别号：	280103748243434		哈尔滨哈达水产品公司
	地 址、电 话：	哈尔滨市南岗区西大直街 100 号　80564001		280103748243434
	开户行及账号：	中国工商银行哈尔滨市南岗支行		发票专用章
		231011009225991234		

收款人：王美玉印　　　　复核：刘小晓印　　　　开票人：朱玉印　　　　销货单位（章）

凭证 3-161

收 货 单

收货单编号：SC1202　　　　　　　　　　　　　　　　　　　　　存放地点：水产部

收货部门：水产部　　　　　　2014 年 12 月 26 日　　　　供货单位：哈尔滨哈达水产品公司

货　号	品名或规格	单　位	应收数量	实收数量	采购单价	运 费	金　额	购货单位成本
SD1202	黄花鱼	盒	1 000		80		80 000	80
合计							80 000	

结算联

采购员：赵立伟　　　　　　　　　　　　　　　　　　　　　　保管员：朱德

凭证 3-162

中国工商银行转账支票存根

支票号码：VI001369009

科　目：＿＿＿＿＿＿

对方科目：＿＿＿＿＿

出票日期：2014 年 12 月 23 日

收款人：哈达水产
金　额：93 600.00
用　途：购黄花鱼

单位主管：李志强　会计：张娟

（59）12 月 26 日，计提固定资产折旧，见凭证 3-163。

凭证 3-163

12 月固定资产折旧计算表

借记科目	使用部门	固定资产类别	月初固定资产原值	本月折旧额
管理费用	管理部门	房屋及建筑物	600 000	1 125
		设备	100 000	1 600
		车辆	200 000	1 600
		小计	900 000	4 325
销售费用	营业部门	房屋及建筑物	800 000	1 500
		设备	200 000	1 600
		车辆	200 000	1 600
		小　计	1 200 000	4 700
		合　计		9 025

（60）12 月 27 日，收到道外分店上交的利润，见凭证 3-164。

凭证 3-164

中国工商银行进账单（收账通知）3

2014 年 12 月 26 日

出票人	全　称	哈尔滨冰雪商贸有限公司道外分店	收款人	全　称	哈尔滨冰雪商贸有限公司
	账　号	012314725836987		账　号	012314725836111
	开户银行	工商银行哈尔滨市道外支行		开户银行	工商银行哈尔滨市南岗支行

金额	人民币（大写）伍万元整	百	十	万	千	百	十	元	角	分
			¥	5	0	0	0	0	0	0

票据种类	转支	票据张数	壹张	

中国工商银行
南岗支行
2014.12.26
转讫

收款人开户行盖章

（61）12 月 27 日，用现金支付职工王江医药费和职工崔红困难补助，见凭证 3-165 和凭证 3-166。

凭证 3-165

注：电子票号与纸质票号不一致则为无效票

电子票号：222201337878

数字指纹：007A7832993A11FB35

黑龙江省医疗门诊费收据

就诊号：　　　　　　　日期：2014/12/27　　　　No0013114042000

保险编号	2314	姓　名	王江	性　别	男
就诊科室	外科	人员类别	职工	医保类别	无

西药 1 000.00 元　中药 600.00　处置费 400

第二联：收据

金额合计（大写）贰仟元整	￥：2 000.00

收款单位盖章：　　　　　　　　收款人：张波　　　　　　　（微机专用　手写无效）

凭证 3-166

职工生活困难补助申请表

2014 年 12 月 27 日

部　门	批发仓库	申请人	崔红
申请原因	老人生病		
金　额	人民币（大写）壹仟元整	小写 ￥1 000.00	
部门意见	同意　　腾达印　2014.12.27		现金付讫
工会意见	同意　　杨杨印　2014.12.27		

（62）12 月 28 日，行政（总务）部门报来周转材料领用明细表，见凭证 3-167。

凭证 3-167

周转材料领用明细表

品　名	计量单位	数　量	单　价	金　额	用　途	领料人签字
柴油	升	150	7.00	1 050.00	营业用	略
铁锁	把	2	25.00	50.00	营业用	
日光灯管	支	4	15.00	60.00	营业用	
碳素笔	只	50	2.00	100.00	营业用	
胶带	卷	20	10.00	200.00	营业用	

品　名	计量单位	数　量	单　价	金　额	用　途	领料人签字
木材	立方米	0.1	1 000.00	100.00	营业用	
塑料袋	盒	10	20.00	200.00	营业用	
小计				1 760.00		
日光灯管	支	10	15.00	150.00	办公用	
复印纸	封	20	22.00	440.00	办公用	
墨盒	只	4	50.00	200.00	办公用	
拖把	把	10	10.00	100.00	办公用	
账簿	本	10	10.00	100.00	办公用	
信纸	本	10	2.00	20.00	办公用	
小计				1 010.00		
合计				2 770.00		

（63）12月28日，核销无法收回的应收账款，见凭证3-168。

凭证3-168

核销应收账款坏账的请示

北京西宁商场因火灾使商店关闭，应收的40 000元货款因此无法收回成为坏账，特申请核销该应收账款。

	同意	同意	同意
申请人：金浩印	部门负责人：赵燕印	企业负责人：赵玉彬印	会计主管：李志强印
2014 年 12 月 26 日	2014 年 12 月 28 日	2014 年 12 月 28 日	2014 年 12 月 28 日

（64）12月30日，计提本月工资及社会保险等，见凭证3-169～凭证3-171。

凭证3-169

2014 年 12 月职工工资结算汇总表
2014 年 12 月 30 日

部门名称	编号	姓名	工资项目							应付工资合计
			薪级工资	岗位工资	计件工资	计时工资	岗位津贴	绩效奖金	…	
办公室	0101	赵玉彬	3 000	1 000			500	500		5 000
财务部	0301	李志强	2 500	800			400	300		4 000
…	…	…	…	…			…	…	…	…
小计		行政	12 000	4 000			2000	2 000		20 000
营销部	0201	赵燕	2 500	800			400	300		4 000
…	…	…	…	…			…	…	…	…
小计		经销	22 000	8 000			5 000	5 000		40 000
合　计			34 000	12 000			7 000	7 000		60 000

制表人：张娟印　　　　部门负责人：李志强印　　　　单位公章：　　　　经办人：刘丽印

凭证 3-170

2014 年 12 月职工工资结算汇总扣款明细表

部门	应付工资	各种扣款						
		养老保险（8%）	医疗保险（2%）	失业保险（1%）	公积金（8%）	个人所得税	扣款合计	实发工资
行政	20 000.00	1 600.00	400.00	200.00	1 600.00	1 000.00	4 800.00	15 200.00
经销	40 000.00	3 200.00	800.00	400.00	3 200.00	1 500.00	9 100.00	30 900.00
合计	60 000.00	4 800.00	1 200.00	600.00	4 800.00	2 500.00	13 900.00	46 100.00

凭证 3-171

2014 年 12 月职工薪酬企业负担部分汇总表

部门	应付工资	企业承担部分									
		养老保险（20%）	医疗保险（8%）	失业保险（2%）	生育保险（1%）	工伤保险（1%）	公积金（8%）	职工教育经费（1.5%）	工会经费（2%）	福利费（4%）	合计
行政	20 000.00	4 000.00	1 600.00	400.00	200.00	200.00	1 600.00	300.00	400.00	800.00	9 500.00
经销	40 000.00	8 000.00	3 200.00	800.00	400.00	400.00	3 200.00	600.00	800.00	1 600.00	19 000.00
合计	60 000.00	12 000.00	4 800.00	1 200.00	600.00	600.00	4 800.00	900.00	1 200.00	2 400.00	28 500.00

（65）12 月 31 日，水产部和水果部下半月收入月报表，见凭证 3-172～凭证 3-177。

凭证 3-172

商品销售收入缴款单

缴款部门：水产部　　　　　　　　　2014 年 12 月 31 日

货款种类	张 数	金 额	货款种类	张 数	金 额
现金：			银行卡	1	10 000
票面 100 元	200	20 000	支票		
票面 50 元	219	10 950			
票面 20 元					
票面 10 元					
票面 5 元					
票面 1 元					
角票					
分币					
缴款金额（大写）肆万零玖佰伍拾元整					￥40 950.00
缴款所属期限：2014 年 12 月 16 日至 12 月 31 日					
备注：该批水产的进价为 25 000 元。					

凭证 3-173

POS 签购单	UnionPay
POS SALES SLIP	银联

商户名称（中英文）：哈尔滨冰雪商贸有限公司
MERCHANT NAME：

商户编号：012314725836111
MERCHANT NO：

终端编号：14010777　　操作员　01
TERMINAL

卡号：622909********24738/S
CARD NO

发卡行号：中国银行 收单行号：工商银行
ISS NO　　　　　　ACQ NO

交易类型：购货　　有效期：2016/03
TXN TYPE　　　　 EXP DATE

批次号：000009　　凭证号：
BATCH NO：　　　　000470

授权码：814617　　日期/时间：
AUTH NO：　　　　2014/12/31 14：45：00

参考码：31100222
REE NO：

金额：RMB 10 000.00
AMOUNT

备注：预授权码/AUTH NO：
REFEREYY

持卡人签名 CARDHOLDER　SIGNATURE
　　　温美美

本人确认以上交易，同意将其记入本卡账户
I ACKNOWLEDGE SATISFACTORY RECEIPT
OF RELATIVE GOODS、SERVICES

收款凭证

凭证 3-174

商品销售收入缴款单

缴款部门：水果部　　　　　　　　　　2014 年 12 月 31 日

货款种类	张　数	金　额	货款种类	张　数	金　额
现金：			银行卡		
票面 100 元	200	20 000	支票	1	6 800
票面 50 元	400	20 000			
票面 20 元					
票面 10 元					
票面 5 元					
票面 1 元					
角票					
分币					

缴款金额（大写）肆万陆仟捌佰元整　　　　　　￥46 800.00

缴款所属期限：2014 年 12 月 16 日至 12 月 31 日

备注：

凭证 3-175

中国工商银行进账单（收账通知） 3

2014 年 12 月 31 日

出票人	全 称	哈尔滨微利水果超市	收款人	全 称	哈尔滨冰雪商贸有限公司
	账 号	012314725836336		账 号	012314725836111
	开户银行	工商银行哈尔滨市南岗支行		开户银行	工商银行哈尔滨市南岗支行

| 金额 | 人民币（大写）陆仟捌佰元整 | 千 | 百 | 十 | 万 | 千 | 百 | 十 | 元 | 角 | 分 |
| | | | | | ¥ | 6 | 8 | 0 | 0 | 0 | 0 |

| 票据种类 | 转支 | 票据张数 | 壹张 |
| 票据号码 | 12398309 | | |

水果款

中国工商银行
南岗支行
2014.12.31
转讫

复核　　记账

收款人开户行盖章

凭证 3-176

现金存款凭证

2014 年 12 月 31 日

存款人	全 称	哈尔滨冰雪商贸有限公司	项款来源	销售款
	账 号	012314725836111	交款人	
	开户行	中国工商银行哈尔滨市南岗支行		

| 金额大写 | 柒万零玖佰伍拾元整 | （小写） | RMB 70 950.00 |

票 面	张 数	票 面	张 数	票 面	张 数
一百元	400	五角			
五十元	619	二角			
二十元		一角			
十元		分币			
五元					
二元					
一元					

中国工商银行
南岗支行
2014.12.31
收讫

经办　　复核

凭证 3-177

商 品 出 库 单

产品出库编号：PF20141208 号

购货单位：个人　　　　　2014 年 12 月 31 日　　　　　仓库：批发库

产品名称	单 位	销售数量（吨）	单位成本（元）	总成本（元）	备 注
水果	千克	5 000	5	25 000	
合 计				25 000	

库管员：王畅印　　　　销售员：朱海印　　　　部门负责人：腾达印

（66）12月31日，对无形资产进行摊销，见凭证3-178。

凭证3-178

无形资产摊销明细表

无形资产名称	原　值	使用年限	月摊销额
商标权	96 000	5	1 600
土地使用权	144 000	10	1 200
合　计	240 000		2 800

（67）12月31日，外币的市场汇率1美元＝6.35元人民币，计算外币汇兑损益，见凭证3-179。

凭证3-179

应收账款汇兑损益计算表

期　　末			期　　初			汇兑收益
原　币	汇率	本位币	原　币	汇率	本位币	
32　000	6.35	203 200	32　000	6.25	200 000	3 200

（68）12月31日，批发部销售服装给哈尔滨远大购物广场，见凭证3-180～凭证3-182。

凭证3-180

商　品　出　库　单

产品出库编号：PF20141209号

购货单位：哈市远大购物广场　　　　2014年12月31日　　　　仓库：批发库

产品名称	单　位	销售数量	单位成本（元）	总成本（元）	备　注
女时装	套	800			
男西装	套	2 500			
秋冬两用女装	套	400			
合　计					

库管员：王畅印　　　　　　销售员：朱海印　　　　　　部门负责人：腾达印

凭证 3-181

黑龙江省增值税专用发票

发票联

2800124625

校验码 32121　12365　44678　6911

№ 01300725

开票日期：2014 年 12 月 10 日

购货单位	名　　　称：哈尔滨远大购物广场 纳税人识别号：237458159311981 地址、电话：哈尔滨市南岗西大直街 199 号 　　　　　　0451-88666663 开户行及账号：中国工商银行哈尔滨市南岗支行 　　　　　　012314725836789	密码区	2489—1 < 9—7—61355 8 < 032/52 > 9/29533　　加密版本：28※ 1626 < 8—3024 > 36　　4300204521 　　　　　　　　　　　　00015625 —47—6 < 7 > 2*—/ > * > 6/

货物或应税劳务名称	规格型号	单位	数量	单价	金额	税率	税额
男西装		套	2 500	450	1 125 000.00	17%	191 250.00
女时装		套	800	300	240 000.00	17%	40 800.00
秋冬两用女装		套	400	360	144 000.00	17%	24 480.00
合　计					¥ 1 509 000.00		¥ 256 530.00

价税合计（大写）	壹佰柒拾陆万伍仟伍佰叁拾元整	（小写）¥ 1 765 530.00

销货单位	名　　　称：哈尔滨冰雪商贸有限公司 纳税人识别号：237458159378000 地址、电话：哈尔滨市南岗西大直街 777 号 　　　　　　0451-88667799 开户行及账号：中国工商银行哈尔滨市南岗支行 　　　　　　012314725836111	备注	

收款人：王美玉印　　　复核：刘小晓印　　　开票人：朱玉印　　　销货单位（章）

第一联：发票联　销货方记账凭证

凭证 3-182

中国工商银行进账单（收账通知）3

2014 年 12 月 31 日

出票人	全　称	哈尔滨远大购物广场	收款人	全　称	哈尔滨冰雪商贸有限公司
	账　号	012314725836789		账　号	012314725836111
	开户银行	工商银行哈尔滨市南岗支行		开户银行	工商银行哈尔滨市南岗支行

金额	人民币（大写）壹佰柒拾陆万伍仟伍佰叁拾元整	千	百	十	万	千	百	十	元	角	分
		¥	1	7	6	5	5	3	0	0	0

票据种类	转支	票据张数	壹张	
票据号码	12398300			中国工商银行 南岗支行 2014.12.31 转讫
二手电脑款				
复核　　　记账				开户行盖章

（69）12 月 31 日，批发部销售糖果给牡丹江大福源超市，见凭证 3-183～凭证 3-185。

凭证 3-183

商 品 出 库 单

商品出库编号：PF201412010 号

购货单位：牡丹江大福源超市　　　2014 年 12 月 31 日　　　仓库：批发库

产品名称	单 位	销售数量	单位成本（元）	总成本（元）	备 注
水果糖	千克	2 000			
奶糖	千克	2 000			
合 计					

库管员：王畅印　　　　　销售员：朱海印　　　　　部门负责人：腾达印

凭证 3-184

黑龙江省增值税专用发票
发票联

2800124627　　　　　　　　　　　　　　　　　　　　　No 01300733

校验码 32121　12365　44678　6911　　　　开票日期：2014 年 12 月 31 日

<table>
<tr><td rowspan="4">购货单位</td><td colspan="2">名　　　称：牡丹江大福源超市</td><td rowspan="4">密码区</td><td colspan="2">2489—1 ＜ 9—7-61355</td></tr>
<tr><td colspan="2">纳税人识别号：237458159333000</td><td>8 ＜ 032/52 ＞ 9/29533</td><td>加密版本：28※
4300204521</td></tr>
<tr><td colspan="2">地 址、电 话：牡丹江东小一条路 20 号　0453-66888171</td><td>1626 ＜ 8—3024 ＞ 36</td><td>00015625</td></tr>
<tr><td colspan="2">开户行及账号：中国工商银行牡丹江太平路支行
013414725834567</td><td colspan="2">—47—6 ＜ 7 ＞ 2*—/ ＞ * ＞ 6/</td></tr>
</table>

货物或应税劳务名称	规格型号	单 位	数 量	单 价	金 额	税 率	税 额
水果糖		千克	2 000	27	54 000.00	17%	9 180.00
奶糖		千克	2 000	33	66 000.00	17%	11 220.00
合 计					￥120 000.00		￥20 400.00

价税合计（大写）	壹拾肆万零肆佰元整	（小写）￥140 400.00

<table>
<tr><td rowspan="4">销货单位</td><td colspan="2">名　　　称：哈尔滨冰雪商贸有限公司</td><td rowspan="4">备注</td><td rowspan="4">哈尔滨冰雪商贸有限公司
237458159378000
发票专用章</td></tr>
<tr><td colspan="2">纳税人识别号：237458159378000</td></tr>
<tr><td colspan="2">地 址、电 话：哈尔滨市南岗西大直街 777 号　0451-88667799</td></tr>
<tr><td colspan="2">开户行及账号：中国工商银行哈尔滨市南岗支行
012314725836111</td></tr>
</table>

凭证 3-185

中国工商银行委托收款凭证（受理回单）1
委托日期：2014 年 12 月 31 日

业务类型	委托收款（□邮划、☑电划）				托收承付（□邮划、电划□）												
付款人	全 称	牡丹江大福源超市			收款人	全 称	哈尔滨冰雪商贸有限公司										
	账 号	013414725834567				账 号	012314725836111										
	地 址	黑龙江省哈尔滨市	开户行	工商银行牡太平支行		地 址	黑龙江省哈尔滨市	开户行	工商银行南岗支行								
金额	人民币（大写）	壹拾肆万零肆佰元整					千	百	十	万	千	百	十	元	角	分
							¥	1	4	0	4	0	0	0	0	0
款项内容	货款		托收凭据名称	专用发票		附寄单证张数			2 张								
商品发运情况	货物已发		合同名称号码	3665135													
备注：		款项收妥日期														
复核	记账			年 月 日		收款人开户银行签章 2014 年 12 月 31 日											

此联作收款人开户银行给收款人的受理回单

中国工商银行南岗支行
★
2014.12.31
业务章

（70）12 月 31 日，结转批发部和水产部的销售成本，见凭证 3-186 和凭证 3-187。

凭证 3-186

产品销售成本期末加权平均单价计算表
2014 年 12 月 31 日　　　　　　　　　　　　单位：元

材料名称	期初		本期增加		期末平均单价
	数量	金额	数量	金额	
男西装					
女时装					
秋冬					
秋冬两用女装					
水果糖					
奶糖					
合计	34 000	12 000	7 000	7 000	60 000

财务主管：李志强印　　　　　　　　复核：周瑞雪印　　　　　　　　制单：赵大伟印

凭证 3-187

产品销售成本计算汇总表
2014 年 12 月 31 日　　　　　　　　　　　　单位：元

部 门	商品名称	期初库存商品金额	本期收入商品金额	本期非销售发出商品金额	期末商品结存金额	本期商品销售成本
水产部	对虾	18 000	20 000		3 000	
水产部	黄花鱼		80 000		70 000	
合计						

制单：王畅印　　　　　　　　　　　　　　　　　　　复核：张娟印

（71）12月31日，收到哈尔滨红博购物中心天天商场的代销商品款，见凭证3-188。

凭证 3-188

中国工商银行进账单（收账通知）3

2014 年 12 月 31 日

出票人	全　称	哈尔滨红博购物中心天天商场	收款人	全　称	哈尔滨冰雪商贸有限公司									
	账　号	013515725834567		账　号	012314725836111									
	开户银行	工商银行哈尔滨哈西支行		开户银行	中国工商银行哈南岗支行									

金额	人民币（大写）叁拾玖万贰仟陆佰元整	百	十	万	千	百	十	元	角	分
			¥	3	9	2	6	0	0	0	0

票据种类	转支	票据张数	壹张	中国工商银行 南岗支行 2014.12.31 转讫
票据号码	12398001			
二手电脑款				
复核　　　　记账				收款人开户行盖章

（72）12月31日，计提坏账准备，见凭证3-189。

凭证 3-189

坏账准备计算表

2014 年 12 月 31 日

项　目	金　额	备　注
期初坏账准备余额	（贷）46 100	
本期核销的坏账准备	（借）40 000	
本期收回的坏账准备		
期末坏账准备余额	（贷）6 100	
期末应收款项余额	268 341.4	
坏账准备计提比例	5%	
本期应提的坏账准备	7 317	

（73）本公司有一台自带打印、复印系统的一体计算机，每台原值12 500元，已提折旧4 800元，可收回金额是6 000元。计提固定资产减值准备，见凭证3-190。

凭证 3-190

固定资产入账（出账）一览表

资产编号：0103

资产名称	电脑一体机	类 别	办公设备	固定资产附件	打印机、复印机
入账原因	外购	购置或安装日期	2012-12-30	竣工或交付使用日期	2012-12-30
制造厂商	哈尔滨电脑城221	使用部门	经理室	存放地点	经理办公室
型号或规格	586 联想	折旧方法	直线法	出账 时间 / 原因	

项 目	金 额	折 旧				折 旧			
		年份	年折旧	月折旧	累计折旧	年份	年折旧	月折旧	累计折旧
成本或买价	12 500.00	2013	2 400	200	2 400				
不抵扣税费		2014	2 400	200	4 800				
运杂费									
安装调试费									
固定资产原值	12 500.00								
预计净残值	500								
预计使用年限	6								
已使用年限	0								
尚可使用年限	6								
已提折旧	0								

固定资产后续支出记录							
日 期	变动原因	变动减少额	变动增加额	变动后价值	月折旧额	年折旧额	累计折旧
2014.12.31	市场降价	2 000.00		6 000.00			
备 注	市场可收回金额为 6 000.00 元，此前没提减值准备，仍可用 4 年。						

固定资产会计：张娟印　　　　　单位负责人：吴荣印　　　　　批准调出人员：赵玉彬印

（74）12 月 31 日，计算本月应交增值税并进行结转，见凭证 3-191 和凭证 3-192。

凭证 3-191

增值税计算简表

2014 年 12 月 31 日

借 方				贷 方				应纳税额	备 注
进项税额	出口抵减内销商品应纳税额	减免税款	小 计	销项税额	进项税额转出	出口退税	小 计		
									见纳税申报表

财务主管：李志强印　　　　　复核：周瑞雪印　　　　　制单：赵大伟印

凭证 3-192

增值税纳税申报表

（适用于增值税一般纳税人）

根据《中华人民共和国增值税暂行条例》第二十二条和第二十三条的规定制定本表。纳税人不论有无销售额，均应按主管税务机关核定的纳税期限按期填报本表，并于次月 1 日起 15 日内，向当地税务机关申报。

税款所属时期：自　年　月　日至　年　月　日

填表日期　　年　月　日　　　金额单位：元（列至角分）

纳税人识别号											所属行业：		
纳税人名称		（公章）	法定代表人姓名		注册地址			营业地址					
开户银行及账号			企业登记注册类型					电话号码					

项 目		栏 次	一般货物及劳务		即征即退货物及劳务	
			本月数	本年累计	本月数	本年累计
销售额	（一）按适用税率征税货物及劳务销售额	1				
	其中：应税货物销售额	2				
	应税劳务销售额	3				
	纳税检查调整的销售额	4				
	（二）按简易征收办法征税货物销售额	5				
	其中：纳税检查调整的销售额	6				
	（三）免、抵、退办法出口货物销售额	7			—	—
	（四）免税货物及劳务销售额	8			—	—
	其中：免税货物销售额	9			—	—
	免税劳务销售额	10			—	—
税款计算	销项税额	11				
	进项税额	12				
	上期留抵税额	13		—		—
	进项税额转出	14				
	免抵退货物应退税额	15			—	—
	按适用税率计算的纳税检查应补缴税额	16			—	—
	应抵扣税额合计	17=12+13 – 14 – 15+16			—	—
	实际抵扣税额	18（如 17<11，则为 17，否则为 11）				
	应纳税额	19=11 – 18				
	期末留抵税额	20=17 – 18			—	—
	简易征收办法计算的应纳税额	21			—	—
	按简易征收办法计算的纳税检查应补缴税额	22			—	—

项　目	栏　次	一般货物及劳务		即征即退货物及劳务	
		本月数	本年累计	本月数	本年累计
税款缴纳 应纳税额减征额	23				
应纳税额合计	24=19+21－23				
期初未缴税额（多缴为负数）	25				
实收出口开具专用缴款书退税额	26			—	—
本期已缴税额	27=28+29+30+31				
（1）分次预缴税额	28		—		—
（2）出口开具专用缴款书预缴税额	29		—		—
（3）本期交纳上期应纳税额	30				
（4）本期缴纳欠缴税额	31				
期末未缴税额（多缴为负数）	32=24+25+26－27				
其中：欠缴税额（≥0）	33=25+26－27			—	—
本期应补（退）税额	34=24－28－29				
即征即退实际退税额	35	—		—	
期初未缴查补税额	36			—	—
本期入库查补税额	37			—	—
期末未缴查补税额	38=16+22+36－37			—	—

授权声明	如果你已委托代理人申报，请填写以下资料： 　为代理一切税务事宜，现授权 （地址）　　　为本纳税人的代理申报人，任何与本申报表有关的往来文件，都可寄予此人。 　　　　　　　授权人签字：	申报人声明	此纳税申报表是根据《中华人民共和国增值税暂行条例》的规定填报的，我相信它是真实的、可靠的、完整的。 　　　　　声明人签字：

以下由税务机关填写：

收到日期：　　　　接收人：　　　　　主管税务机关盖章：

（75）计算企业应负担的城建税和教育费附加，见凭证 3-193 和凭证 3-194。

凭证 3-193

城建税和教育费附加计算表

2014 年 12 月 31 日

税　种	计税依据				税　率	应交税费	备　注
	增值税	消费税	营业税	合　计			
城建税							具体见城建税和教育费附加纳税申报表
教育费附加							
合　　　计							

财务主管：李志强印　　　　　　复核：高军印　　　　　　制单：张娟印

凭证 3-194

城市维护建设税、教育费附加申报表

（适用于增值税、消费税、营业税纳税人）

填表日期： 年 月 日

纳税人识别号：

纳税人名称：

申报所属期起：

申报所属期止： 单位：元（列至角分）

税（费种）	计税（费）依据			税（费）率	应纳税（费）额	减免税（费）额	应缴纳税（费）额
	增值税额	消费税额	营业税额				
1	2	3	4	5	6=(2+3+4)×5	7	8=6－7

如纳税人填报，由纳税人填写以下各栏		如委托税务代理机构填报，由税务代理机构填写以下各栏	
会计主管（签章）	经办人（签章）	税务代理机构名称	税务代理机构（公章）
		税务代理机构地址	
		代理人（签章）	

申报声明	此纳税申报表是根据国家税收法律的规定填报的，我确信它是真实的、可靠的、完整的。申明人：法定代表人（负责人）签字或盖章（公章）	以下由税务机关填写			
		受理日期		受理人	
		审核日期		审核人	
		审核记录			

（76）12 月 31 日，将损益类账户结转至本年利润，见凭证 3-195。

凭证 3-195

2014 年 12 月损益类账户发生额计算表

2014 年 12 月 31 日

项 目	借 方	贷 方
主营业务收入		
其他业务收入		
投资收益		
公允价值变动损益		
营业外收入		
主营业务成本		
其他业务成本		
营业税金及附加		

项 目	借 方	贷 方
财务费用		
管理费用		
销售费用		
资产减值损失		
营业外支出		
合计		

（77）12 月 31 日，计算本年应交所得税，见凭证 3-196～凭证 3-199。

凭证 3-196

纳税调整明细简表

2014 年 12 月 31 日　　　　　　　　　　　　　　单位：元

项 目	调增金额	调减金额
合计		

财务主管：李志强印　　　　　　　复核：高军印　　　　　　　制单：张娟印

凭证 3-197

2014 年企业所得税计算简表

2014 年 12 月 31 日　　　　　　　　　　　　　　单位：元

项 目	金 额	项 目	金 额
2014 年会计利润		企业所得税税率	
纳税调整增加项目金额		应交所得税额	
纳税调整减少项目金额		企业已预缴所得税额	
应纳税所得额		应补缴企业所得税	

财务主管：孙大可印　　　　　　　复核：周瑞雪印　　　　　　　制单：赵大伟

凭证 3-198

中华人民共和国企业所得税年度纳税申报表（A类）

税款所属期间　　年　月　日至　年　月　日

纳税人名称：

纳税人识别号：□□□□□□□□□□□□□□□　　　金额单位：元（列至角分）

类　别	行　次	项　目	金　额
利润总额计算	1	一、营业收入（填附表一）	
	2	减：营业成本（填附表二）	
	3	营业税金及附加	
	4	销售费用（填附表二）	
	5	管理费用（填附表二）	
	6	财务费用（填附表二）	
	7	减产减值损失	
	8	加：公允价值变动收益	
	9	投资收益	
	10	二、营业利润	
	11	加：营业外收入（填附表一）	
	12	减：营业外支出（填附表二）	
	13	三、利润总额（10+11－12）	
应纳税所得额计算	14	加：纳税调整增加额（填附表三）	
	15	减：纳税调整减少额（填附表三）	
	16	其中：不征税收入	
	17	免税收入	
	18	减计收入	
	19	减：免税项目所得	
应纳税所得额计算	20	加计扣除	
	21	抵扣应纳税所得额	
	22	加：境外应税所得弥补境内亏损	
	23	纳税调整后所得（13+14－15+22）	
	24	减：弥补以前年度亏损（填附表四）	
	25	应纳税所得额（23－24）	

类　别	行　次	项　目	金　额
应纳税额计算	26	税率（25%）	
	27	应纳所得税额（25×26）	
	28	减：减免所得税额（填附表五）	
	29	减：抵免所得税额（填附表五）	
	30	应纳税额（27-28-29）	
	31	加：境外所得应纳所得税额（填附表六）	
	32	减：境外所得抵免所得税额（填附表六）	
	33	实际应纳所得税额（30+31-32）	
	34	减：本期累计实际已预缴的所得税额	
	35	其中：汇总纳税的总机构分摊预缴的税额	
	36	汇总纳税的总机构财政调库预缴的税额	
	37	汇总纳税的总机构所属分支机构分摊的预缴税额	
	38	合并纳税（母子体制）成员企业就地预缴比例	
	39	合并纳税企业就地预缴的所得税额	
	40	本年应补退的所得税额（33-34）	
附列资料	41	以前年度多缴的所得税额在本年抵减额	
	42	以前年度应缴未缴在本年入库所得税额	

纳税人公章：	代理申报中介机构公章：	主管税务机关受理专用章：
经办人：	经办人执业证件号码：	受理人：
申报日期：　年 月 日	代理申报日期：　年 月 日	受理日期：　年 月 日

注：本实训涉及的附表只填涉及的主要附表。下同。

凭证 3-199

企业所得税年度纳税申报表附件三
纳税调整项目明细表

填报时间：　　　年　　月　　日　　　　　　　　　金额单位：元（列至角分）

	行次	项　目	账载金额	税收金额	调增金额	调减金额
			1	2	3	4
	1	一、收入类调整项目	※	※		
	2	1.视同销售收入（填写附表一）	※	※		
#	3	2.接受捐赠收入				※
	4	3.不符合税收规定的销售折扣和折让				※
※	5	4.未按权责发生制原则确认的收入				※

	行 次	项 目	账载金额	税收金额	调增金额	调减金额
			1	2	3	4
※	6	5.按权益法核算长期股权投资对初始投资成本调整确认收益	※	※	※	
	7	6.按权益法核算的长期股权投持有期间的投资收益	※	※		
※	8	7.特殊重组				
※	9	8.一般重组				
※	10	9.公允价值变动损益（填写附表七）	※	※		
	11	10.确认为递延收益的政府补助				
	12	11.境外应税所得（填写附表六）	※	※	※	
	13	12.不允许扣除的境外投资损失	※	※		※
	14	13.不征税收入（填写附表一）	※	※	※	
	15	14.免税收入（填写附表五）	※	※	※	
	16	15.减计收入（填写附表五）	※	※	※	
	17	16.减、免税项目所得（填写附表五）	※	※	※	
	18	17.抵扣应纳税所得（填写附表五）	※	※	※	
	19	18.其他				
	20	二、扣除类调整项目	※	※		
	21	1.视同销售成本（填写附表二）	※	※	※	
	22	2.工资、薪金支出				
	23	3.职工福利支出				
	24	4.职工教育经费支出				
	25	5.工会经费支出				
	26	6.业务招待费支出				※
	27	7.广告费和业务宣传支出（填写附表八）	※	※		
	28	8.捐赠支出				※
	29	9.利息支出				
	30	10.住房公积金				※
	31	11.罚金、罚款和被没收财产物资损失				※
	32	12.税收滞纳金				※
	33	13.赞助支出				※

行 次	项 目	账载金额	税收金额	调增金额	调减金额
		1	2	3	4
34	14. 各类基本社会保障性缴款				
35	15. 各类基本养老保险、补充医疗保险				
36	16. 未实现融资收益相关在当期确认的财务费用				
37	17. 与取得收入无关的支出		※		※
38	18. 不征税收入用于支出所形成的费用		※		
39	19. 加计扣除（填写附表五）	※	※	※	
40	20. 其他				
41	三、资产类调整项目	※	※		
42	1. 资产损失				
43	2. 固定资产折旧（填写附表九）	※	※		
44	3. 生产性生物资产折旧（填写附表九）	※	※		
45	4. 长期待摊费用的摊销（填写附表九）	※	※		
46	5. 无形资产摊销（填写附表九）	※	※		
47	6. 投资转让、处置所得（填写附表十一）	※	※		
48	7. 油气勘探投资（填写附表九）				
49	8. 油气开发投资（填写附表九）				
50	9. 其他				
51	四、准备金调整项目（填写附表十）	※	※		
52	五、房地产企业预售收入	※	※		
53	六、特别纳税调整应税所得	※	※		※
54	七、其他	※	※		
55	合计	※	※		

经办人（签章）：　　　　　　　　　　法定代表人（签章）：

注：1. 标有 ※ 的行次为执行新企业会计准则的企业填列，标有 # 的行次为除执行新会计准则以外的企业填列。

　　2. 没有标注的行次，无论执行何种会计核算方法，有差异就填报相应行次，填 ※ 处不可填列。

　　3. 有二级附表的项目只填调增、调减金额，账载金额、税收金额不再填写。

（78）12 月 31 日，进行利润分配及结转并计算年末未分配利润，见凭证 3-200。

凭证 3-200

净利润分配表

2014 年 12 月 31 日

项　目	金　额	备　注
2014 年税后净利润		
2014 年提取法定盈余公积		
2014 年分配股利		
2014 年未分配利润		
2014 年 12 月初未分配利润		
2014 年末未分配利润		

（79）12 月 31 日，编制资产负债表、利润表、所有者权益表和现金流量表，见凭证 3-201～凭证 3-204。

凭证 3-201

资 产 负 债 表

会企 01 表

编制单位：　　　　　　　　　　____年__月__日　　　　　　　　　　单位：元

资　产	期末余额	年初余额	负债和所有者权益（股东权益）	期末余额	年初余额
流动资产：		（略）	流动负债：		（略）
货币资金			短期借款		
交易性金融资产			交易性金融负债		
应收票据			应付票据		
应收账款			应付账款		
预付账款			预收账款		
应收利息			应付职工薪酬		
应收股利			应交税费		
其他应收款			应付利息		
存货			应付股利		
一年内到期的非流动资产			其他应付款		
其他流动资产			一年内到期的非流动负债		
流动资产合计			其他流动负债		
非流动资产：			流动负债合计		
可供出售金融资产			非流动负债：		
持有至到期投资			长期借款		

资　　产	期末余额	年初余额	负债和所有者权益（股东权益）	期末余额	年初余额
长期应收款			应付债券		
长期股权投资			长期应付款		
投资性房地产			专项应付款		
固定资产			预计负债		
在建工程			递延所得税负债		
工程物资			其他非流动负债		
固定资产清理			非流动负债合计		
生产性生物资产			负债合计		
油气资产			所有者权益（或股东权益）:		
无形资产:			实收资本（或股本）		
开发支出			资本公积		
商誉			减：库存股		
长期待摊费用			盈余公积		
递延所得税资产			未分配利润		
其他非流动资产					
非流动资产合计			所有者权益（或股东权益）合计		
资产总计			负债和所有者权益（或股东权益）总计		

凭证 3-202

利　润　表

会企 02 表

编制单位：　　　　　　　　　　　____年____月　　　　　　　　　　　单位：元

项　　目	行　次	本期金额	上期金额
一、营业收入			（略）
减：营业成本			
营业税金及附加			
销售费用			
管理费用			
财务费用			
资产减值损失			
加：公允价值变动收益（损失以"－"号填列）			
投资收益（损失以"－"号填列）			

项　　目	行　次	本期金额	上期金额
二、营业利润（亏损以"－"号填列）			
加：营业外收入			
减：营业外支出			
其中：非流动资产处置净损失（收益以"－"号填列）			
三、利润总额（亏损总额以"－"号填列）			
减：所得税费用			
四、净利润（净亏损以"－"号填列）			
五、每股收益			
（一）基本每股收益			
（二）稀释每股收益			
六、综合收益			
（一）其他综合收益			
（二）综合收益总额			

凭证 3-203

现金流量表

会企业 03 表

编制单位：　　　　　　　　　　　　年　　　　　　　　　　　　单位：元

项　　目	本期金额	上期金额
一、经营活动产生的现金流量：		
销售商品、提供劳务收到现金		
收到的税费返还		
收到其他与经营活动有关的现金		
经营活动现金流入小计		
购买商品、接受劳务支付的现金		
支付给职工以及为职工支付的现金		
支付的各项税费		
支付其他与经营活动有关的现金		
经营活动现金流出小计		
经营活动产生的现金流量净额		
二、投资活动产生的现金流量		
收回投资收到的现金		

项　　目	本期金额	上期金额
取得投资收益收到的现金		
处置固定资产、无形资产和其他长期资产收回的现金净额		
处置子公司及其他营业单位收到的现金净额		
收到其他与投资活动有关的现金		
投资活动现金流入小计		
购建固定资产、无形资产和其他长期资产支付的现金		
投资支付的现金		
取得子公司及其他营业单位支付的现金净额		
支付其他与投资活动有关的现金		
投资活动现金流出小计		
投资活动产生的现金流量净额		
三、筹资活动产生的现金流量		
吸收投资收到的现金		
取得借款收到的现金		
收到其他与筹资活动有关的现金		
筹资活动现金流入小计		
偿还债务支付的现金		
分配股利、利润或偿付利息支付的现金		
支付其他与筹资活动有关的现金		
筹资活动现金流出小计		
筹资活动产生的现金流量净额		
四、汇率变动对现金及现金等价物的影响		
五、现金及现金等价物净增加额		
加：期初现金及现金等价物余额		
六、期末现金及现金等价物余额		

凭证 3-204

所有者权益（股东权益）变动表

会企04表
单位：元

编制单位＿＿＿＿＿＿　年度＿＿＿＿＿＿

项　目	行次	本年金额						上年金额					
		实收资本（或股本）	资本公积	减：库存股	盈余公积	未分配利润	所有者权益合计	实收资本（或股本）	资本公积	减：库存股	盈余公积	未分配利润	所有者权益合计
一、上年末余额													
加：会计政策变更													
前期差错更正													
二、本年初余额													
三、本年增减变动金额（减少以"－"号填列）													
（一）净利润													
（二）直接计入所有者权益的利润和损失													
1. 可供出售金融资产公允价值变动净额													
2. 权益法下被投资单位其他所有者权益变动的影响													
3. 与计入所有者权益项目相关的所得税影响													
4. 其他													
上述（一）和（二）小计													
（三）所有者投入和减少资本													
1. 所有者投入资本													
2. 股份支付计入所有者权益的金额													
3. 其他													
（四）利润分配													
1. 提取盈余公积													
2. 对所有者（或股东）的分配													
3. 其他													
（五）所有者权益内部结转													
1. 资本公积转增资本（或股本）													
2. 盈余公积转增资本（或股本）													
3. 盈余公积弥补亏损													
4. 其他													
四、本年末余额													

【任务要求】

（1）根据出纳岗位职责，完成出纳岗位工作

根据发生的交易或事项，完成现金及银行票据的填写、工资的发放工作，收付款凭证的填制及货币资金的保管工作，完成银行存款和现金日记账的登记工作，并按规定完成收付款凭证的传递工作。

（2）根据会计岗位职责，完成相应的会计岗位工作

完成库存商品的收入、领用及结存的核算；根据发生的交易或事项，计算和缴纳各种税费、计算职工工资、计提折旧、计算和分配损益并编制转账凭证；审核记账凭证并登记相应明细账和总账并编制财务报表。

（3）根据会计主管岗位职责，完成相应的岗位工作

贯彻单位的财务会计制度，审核单位的财务收支；分析财务报表，审核对外报送的财务报表。

【任务实施】

依据《中华人民共和国会计工作基础规范》、《企业会计准则》、《中华人民共和国会计法》和模拟企业的具体情况，以实训小组为单位，通过咨询、计划、决策和实施，按岗位职责分工及任务要求，采用真实会计工作凭据在仿真的会计工作环境中完成实训任务。出纳人员应熟悉出纳岗位职责，按出纳岗位职责要求完成相应的岗位工作。会计人员应熟悉会计岗位职责，按会计岗位职责要求完成相应的岗位工作。会计主管应熟悉会计主管工作职责，并按会计主管岗位职责要求完成相应岗位工作。

计 划 单

学习领域	会计综合实训		
实训情境三	商贸企业会计业务处理	学 时	24
计划方式	小组讨论共同制订计划		
序 号	实施步骤		使用资源

学习领域	会计综合实训		
实训情境三	商贸企业会计业务处理	学 时	24
制订计划说明			
计划评价	班 级		第 组	组长签字	
	教师签字		日 期	
	评语：			

决 策 单

学习领域	会计综合实训		
实训情境三	商贸企业会计业务处理	学 时	24
	讨论方案				
方案对比	组 号	方案合理性	实施可操作性	安全性	综合评价
	1				
	2				
	3				
	4				
	5				
	6				
	7				
	8				
	9				
	10				
方案评价	评语：				
班 级		组长签字		教师签字		月 日

学习领域	会计综合实训		
实训情境三	商贸企业会计业务处理	学　时	24
实施方式	小组成员合作；动手实践		

序　号	实施步骤	使用资源
1		
2		
3		
4		
5		
6		
7		
8		
9		
10		

实施说明：

班　级		第　　组	组长签字	
教师签字			日　期	

评　语	

检 查 单

学习领域		会计综合实训		
实训情境三		制造企业会计业务处理	学　时	24
序　号	检查项目	检查标准	学生自查	教师检查
1	出纳人员业务处理	是否全面、规范、正确		
2	会计人员业务处理	是否全面、规范、正确		
3	会计主管业务处理	是否规范、规范正确		

检查评价	班　级		第　组	组长签字	
	教师签字		日　期		
	评语：				

会计综合实训

586

学习领域	会计综合实训				
实训情境三	商贸企业会计业务处理	学　时		24	
考核项目	考核内容及要求	分值	学生自评（10%）	小组评分（20%）	教师评分（70%）	实得分
专业能力	全面性检查。包括咨询单、计划单、决策单、装订成册的凭证、账簿、报表（少任何一项不能参加评价；不规范一处扣1分，错一处扣2分，该部分分值扣完为止）	20				
方法能力	岗位工作（岗位工作少一项扣3分，错一处扣2分，不规范一处扣1分该部分分值扣完为止）	50				
	计划可行并能组织实施（优秀5分，良4分，及格3分，不及格2分）	5				
	能够进行信息的收集及加工处理（优秀5分，良4分，及格3分，不及格2分）	5				
	具有归纳总结和汇报工作成果的能力（优秀5分，良4分，及格3分，不及格2分）	5				
社会能力	团队精神。团队互相帮助完成实训任务（优秀5分，良4分，及格3分，不及格2分）	5				
	职业态度。无旷工、认真、无抄袭，按时完成并上交实训资料（旷工或抄袭一次扣1分，该项目扣完为止）	5				
	办事能力。准确表述需求和所办事务，按时上交实训资料（如果晚交一天扣2分，该部分扣完为止）	5				
小　计						

班　级		姓　名		学号		总　评	
教师签字		第　组	组长签字			日　期	
评价评语	评语：						

学习领域	会计综合实训			
实训情境三	新开办商贸企业会计综合实训	学　时		24
序　号	调查内容	是	否	理由陈述
1	是否清楚商品流通企业库存商品核算的几种方法？			
2	是否清楚冰雪商贸企业经营的主要业务是什么？有什么特点？			
3	是否清楚该企业的会计核算岗位设置？各自的岗位职责是什么？			
4	是否清楚商贸企业和制造企业核算的共同点和不同点是什么？			
5	是否知道企业需要对外编制的报表有哪些？每个报表由哪些项目构成？是否会编？			
6	是否清楚本年利润的核算方法有几种？都是什么？有何不同？			
7	是否清楚会计利润和应纳税所得额之间的关系？是否会计算应纳税所得额？			
8	是否清楚利润分配账户期末是否有余额？若有余额是哪个账户？其意义是什么？			
9	是否清楚利润表和现金流量表的不同？			
10	是否清楚现金流量表各项目的构成及编制？			

你的意见对改进教学非常重要，请写出你的建议和意见。

被调查人签名		调查时间	

会计综合实训

参 考 文 献

ATEP 项目组. 2013. 商业会计实务. 北京：清华大学出版社.

财政部会计资格评价中心. 2014. 中级会计实务. 北京：经济科学出版社.

丁元霖. 2009. 商品流通业会计. 2 版. 上海：上海财经大学出版社.

樊彩霞，刘欣华. 2009. 会计模拟综合实验教程. 2 版. 北京：中国纺织出版社.

刘平，等. 2012. 会计模拟实验教程（商业企业）. 北京：清华大学出版社.

隋秀娟，何丽，徐晓静. 2010. 会计岗位综合实训. 上海：上海财经大学出版社.

孙丽敏，李晓兵. 2012. 财务会计实务. 北京：中国铁道出版社.

孙万军. 2011. 会计综合实训. 北京：高等教育出版社.

王爱国，侯君邦，韩志刚. 2011. 企业设立及会计相关业务（工商、金融、税收、统计）. 北京：高等教育出版社.

赵宝芳. 2012. 会计基础. 北京：中国铁道出版社.

郑毅，张爱美. 2012. 会计综合模拟实训. 北京：电子工业出版社.

中国注册会计师协会. 2013. 税法. 北京：经济科学出版社.

中华人民共和国财务部会计司. 1998. 会计基础工作规范培训教材. 北京：经济科学出版社.